0~1岁

蒙特梭利101问

——给新手妈妈的育儿枕边书

申妈　杰西妈妈　昱唯◎编著

西南交通大学出版社
·成　都·

图书在版编目（CIP）数据

蒙特梭利 101 问：给新手妈妈的育儿枕边书 / 申妈，杰西妈妈，昱唯编著. — 成都 ：西南交通大学出版社，2022.7

ISBN 978-7-5643-8669-6

Ⅰ. ①蒙… Ⅱ. ①申… ②杰… ③昱… Ⅲ. ①幼儿教育 – 家庭教育 – 问题解答 Ⅳ. ①G781-44

中国版本图书馆 CIP 数据核字（2022）第 073139 号

Mengtesuoli 101 Wen
—— Gei Xinshou Mama de Yu'er Zhenbian Shu

蒙特梭利 101 问
——给新手妈妈的育儿枕边书

申妈　杰西妈妈　昱唯　编著

责任编辑	梁　红
封面设计	阎冰洁
出版发行	西南交通大学出版社 （四川省成都市金牛区二环路北一段 111 号 西南交通大学创新大厦 21 楼）
发行部电话	028-87600564　028-87600533
邮政编码	610031
网址	http://www.xnjdcbs.com
印刷	四川玖艺呈现印刷有限公司
成品尺寸	143 mm × 208 mm
印张	13.5
字数	378 千
版次	2022 年 7 月第 1 版
印次	2022 年 7 月第 1 次
书号	ISBN 978-7-5643-8669-6
定价	98.00 元

申妈说

育儿，是一场长途旅程，

需要的不只是体力，还有心理和知识的预备。

· 医疗健康管理博士（在读）

· 公众号iAMU蒙特梭利翻转星球创始人

· 15本蒙氏品格教材《自觉自醒的孩子》译者

· 美国蒙特梭利协会AMS认证3~6主教

曾是中学英语老师，生娃后对蒙特梭利教育感兴趣，便转行投身幼教事业，曾创办3所蒙氏儿童之家。在家实践蒙特梭利教育，希望能陪孩子终身成长。

自序一

申　妈

我和蒙特梭利教育的故事

怀大宝的时候，我还是传统学校的中学英语老师，虽然从事教育工作，但是0~6岁的早期教育知识很匮乏，怀上大宝后，我疯狂购买各种育儿书籍恶补，准备当妈妈。

在一堆育儿书里，让我印象最深刻的是意大利的教育学家玛利亚·蒙特梭利[①]所写的《童年的秘密》这本书。

很巧的是，我在产后4个月，去朋友开的蒙特梭利儿童之家参观，我看到教室里摆放着各种精致的木质蒙特梭利教具，我看到老师耐心地为孩子们做擦鼻涕的示范，2岁大的孩子可以独立地洗抹布。我很好奇，为什么他们如此独立？同时，我也感到很惊讶，因

---

① 蒙特梭利（1870—1952），或译为“蒙台梭利”，意大利教育学家、医学博士，蒙特梭利教学法创始人。

为我所在的班上总是有10多岁的孩子每周五把一周的脏衣服塞进书包，带回家让父母清洗，为什么中学生的独立能力还不如幼儿园的小朋友？

经过观察，我发现蒙特梭利儿童之家的教师并没有规定孩子必须自己清洗毛巾或者抹布，他们是自发地去做这样的事情，而且在这个过程中，孩子们的专注力得到培养。这让我对蒙特梭利教育产生了很大的兴趣。几个月后，我辞职和朋友一起做蒙特梭利儿童之家。

作为新手妈妈和创业路上的小白，我开始努力恶补蒙特梭利教育知识，先后参加国内外的蒙特梭利师训，也和昱唯一起组建了数万人的iAMU蒙特梭利学习型社群，在实践和学习中不断自我精进，也希望在传播蒙特梭利教育理念的同时，陪孩子终身成长。

为什么写这本书

这本书的大部分文字是我在怀着二宝期间完成的。

一个高龄大肚婆怀孕已经够折腾了，为什么还要腾出时间去写一本书？说起来挺有意思的。

记得孕期的某一天，杰西妈妈和我通电话，我们聊起有关“孕妈妈给新生儿的准备”相关话题，她说给我寄来了一些给新生儿的蒙特梭利教具，语气中透露出为人母的喜悦，我很开心，同时也意识到：“我应该早一点为即将到来的二宝做准备了。”

于是，除了开始倒腾家里的房间和各种买买买外，我开始思考一个问题：“作为孕妈妈，我们到底应该做怎样的准备？”那段时间，我经常和杰西妈妈、昱唯讨论关于“孕妈妈给新生儿的准备”这个话题。在讨论中，大家头脑风暴，思维碰撞，总是有很多不错的灵感。于是我提议大家一起写一本相关话题的书，把我在孕期做的相关准备记录下来，把我们在家实践蒙特梭利教育的内容记录下来，为那些想在家实践蒙特梭利教育的孕妈妈、新手妈妈提供育儿经验参考，书中的很多插图是我在孕期或二宝1岁内拍摄的。

怀孕写书确实比较辛苦，我不断鼓励自己：写这本书的过程也是“胎教”的过程，因为写作让我内心平静，我希望在孕期把这种积极的情绪传递给胎儿。能够在宝宝出生前以及出生后1年内，用文字和图片记录下他的成长，也是很有意义的。

这本书叫《蒙特梭利101问——给新手妈妈的育儿枕边书》，其实，我们三位作者是因为蒙特梭利教育结缘，也都是蒙特梭利家庭教育实践者。我们平时做公众号和蒙特梭利社群，经常有妈妈会问各种关于在家实践蒙特梭利教育的问题，于是我们把相关的问题进行汇总，希望这本书能给予新手妈妈力量。

欢迎大家关注我的公众号“iAMU蒙特梭利翻转星球”获得更多的蒙氏学习资源，也欢迎大家加入蒙氏学习社群，一起学习，共同交流。

愿初为人母的你，内心从容而淡定。

昱唯说

基于了解的爱，才是真正的爱。

- 俩男娃的妈妈
- 公众号iAMU蒙特梭利翻转星球联合创始人
- 15本蒙氏品格教材《自觉自醒的孩子》 译者
- 国际蒙特梭利协会AMI认证0~3主教
- 美国蒙特梭利协会AMS认证3~6主教

被蒙特梭利深深吸引，从外企高薪岗位转行做学前教育，越学习越实践，越体会到育儿先育己，越意识到0~3岁，特别是生命第一年对儿童的重要性。新手爸妈们，让我们一起，蹲下来，做孩子发展的桥梁。

自序二

王昱唯

基于了解的爱，才是真正的爱

我完成国际蒙特梭利协会（AMI）荷兰培训中心0~3岁认证主教课程的那个月，我的大儿子刚好满6岁，小儿子也快5岁了。朋友们都揶揄我说，“前几年你带着二宝，一边喂奶一边在上海学蒙特梭利3~6岁的课程，我们还钦佩你有远见，老大老二都用得上。现在俩小伙子都过了年龄，要上小学了，你还反过去学习0~3岁的课程。”

是啊，传统的教育观念里，似乎是孩子的年龄段愈大，需要的教育资源越多，对教师的能力要求越高。可在蒙特梭利教育的求学路上，越前行，我越认可蒙特梭利博士提出的，“生命头几年的教育，才更有价值”。生命的头几年，是最值得成人投入精力来协助孩子发展，至少不阻碍孩子发展的阶段。

孩子生命最重要的是前三年，特别是第一年！

众所周知，蒙特梭利教育最经典的部分是学龄前教育（3~6岁）。几年前，我以一名蒙特梭利3~6岁主班教师的身份，工作在教学一线。我和班级不同年龄段的孩子一起工作（蒙特梭利的教室是混龄教室，3~6岁的孩子在一个空间学习生活），当然也和孩子们的家长一起工作。通过对3~6岁阶段孩子的观察，以及与家长们的沟通，我逐渐意识到，某些孩子在学龄前出现的“状况”，其实根结并不在状况现场，而是要追溯到他们的婴幼儿时期，甚至孕期。

例如，我班上一个四岁多的男孩子，在语言活动中基本不发言。后来才知道他开口说话晚，家人经常当着他的面说他胆小怕生，不会在众人面前说话。这孩子就真的成为大人描述的样子；还有一个三岁多的小女孩，一直拒绝触碰有昆虫标本、树叶或松果等自然物品的工作。因为从她学步开始，一旦要去摸一摸或者捡起大自然里的东西，就会被跟在后面的大人训斥“那个脏！不要碰！”还有一个刚刚三岁的小男生，他开心时会拍别人的头，生气了也会拍别人的头。原来他七八个月的时候，出于肢体发展的需要，会拍抱着他的大人的头，大人不但没有阻止，反而笑着跟他玩起来，他就自然认为这是被允许的社交方式。

当然，上述这些“状况”，在学龄前阶段蒙特梭利教育的环境下，都能得到很好的引导和改善。但这些“状况”的背后都有相似的原因——我们爱孩子，但我们不了解孩子。我们自以为正确的养育方式，反而成为孩子发展的阻碍。

蒙特梭利婴幼儿教育的起源和简介

也就是这个原因，就算自己的孩子已经长大，我还是义无反顾地学习蒙特梭利0~3主教课程。我的老师是帕特丽夏·沃纳女士，她是目前全球蒙特梭利0~3课程的资深培训师之一。她的老师是蒙特梭利婴幼儿课程医学板块的创始人，也是经典的蒙特梭利婴幼儿教育书籍——《生命重要的前三年》的作者西尔瓦娜·夸特洛奇·蒙塔纳罗女士。

其实，蒙特梭利婴幼儿课程的创始人并不是蒙特梭利本人，而是她的学生兼朋友阿黛拉女士。蒙特梭利本人虽然没有参与0~3岁教育的研究，但她晚年在印度避战期间，提出了0~3岁教育的重要性，并在与阿黛拉女士的书信中支持和鼓励她创设针对辅助0~3岁婴幼儿发展的课程。阿黛拉女士基于当时已经被践行了半个世纪的蒙特梭利教育法，创设了蒙特梭利婴幼儿教育课程的主体。后来，身为儿科医生的西尔瓦娜女士在课程中加入了医学板块，自此，课程内容涵盖了婴幼儿发展的生理、心理和教育三大方面，是目前世界上最系统、最全面的婴幼儿教育法之一。

阿黛拉女士培训的蒙特梭利婴幼儿教师，一开始并不是如传统教师一样在教室里和孩子一起进行教学，而是进入到有或即将有新生儿的家庭，对父母的能力预备和环境的布置进行指导。婴幼儿的养育和教育本就应回归家庭，这段特殊时期是你和宝宝建立亲密关系、享受亲子共同成长的最佳时期。老师不一定是爸爸妈妈，但每一位父母毫无疑问是孩子的第一任老师！

所谓的婴幼儿教育，本质是对父母的教育

然而，每一位准父母并不会因为孕育孩子就获得做父母的认知和能力。我、申妈以及杰西妈妈联合完成这本实用的“枕边书”，分享我们的所学所思。希望帮助你在孕育孩子的第一年，在物质条件和精神思想上，为孩子、自己和家人，做好充分的准备；希望当你翻完这本书时，你可以自信满满地说：“宝宝，我准备好了！”

杰西妈说

你是妈妈，你也是你自己。

· 发展心理学博士生在读

· 公众号杰西宝宝Montessoribaby创始人

· 国家二级心理咨询师

· 美国蒙特梭利协会 AMS认证0~3／3~6 主教

从蒙氏老师到蒙氏妈妈，两年以来，全程陪伴娃成长的每一个瞬间都令我难忘。其间，我把所学应用于实践，有欢乐，有焦虑，有烦恼，但更多的还是成长。教育的过程，既是帮助孩子成长的过程，也是妈妈自我完善、自我成长的过程。现在把这些宝贵的经验分享给新手妈妈们，在育儿的道路上，你不是一个人！

自序三

杰西妈妈

相信每一个妈妈在成为妈妈的那一刻，甚至在决定准备成为妈妈的那一刻，就开始希望能够尽自己所能，把最好的都给孩子。因为这样的希望，我们开始了漫漫的学习之路，看了无数的育儿书，关注了很多育儿博主，被推荐了很多婴儿用品，接触了许多过去从没听说过的教育理念。在这个学习的过程中，的确是有许多在后来育儿的过程中让我真实感觉到有帮助的建议，但我也踩过很多“雷”区，一些错误的理念给自己和家人带来了许多的困扰和不必要的压力。

例如，由于自己执着“顺产对孩子好”，当胎儿过大，医生建议我剖宫产时，我拒绝了，结果顺产失败，差点导致生命危险。再比如，我坚持母乳喂养，可产后几天奶水少得可怜，但我却不让护士给宝宝喝奶粉，宝宝每天饿得哇哇大哭。我每天都不停地自责，为什么别的妈妈都有奶水而自己却没有，感觉自己非常失败，家人也因此被弄得压力很大。家庭关系曾经因为我坚持一些莫名其妙的育儿理念而变得非常紧张，我自己也是身心俱疲，既委屈又自责。

现在回想起来，觉得那时候的自己很可笑，但又很想抱抱自己。想做一个好妈妈没有错，但错就错在我没有结合自身情况，而是一味地追求做到书上所说的“好妈妈”，忽略了个体差异，没有考虑到自己的现实情况。这个世界上本没有“最好妈妈”大赛，因为对于宝宝来说，自己的妈妈就是这个世界上唯一最好的妈妈。人生很漫长，你有足够的时间向宝宝表达你有多爱他，不是只有顺产、母乳喂养才是表达爱的方式。要相信，只有妈妈先快乐了，宝宝才会快乐，全家才会快乐。

相比较从书上学来的育儿知识，我深深地被身边的宝藏妈妈们所感动，她们与我分享宝贵的经验，让我在育儿的道路上少走了很多弯路，感受到了支持和力量，重建起了自信，还收获了珍贵的友谊。后来，我将这些宝贵的经验和蒙氏教育的专业知识相结合，把它们变成了微信公众号杰西宝宝Montessoribaby里的一篇篇文章，让更多的新手妈妈受益。

无论你在成为妈妈之前做了多少准备，当你成为新手妈妈后都会有力不从心、自我怀疑的时候。我常常在想，如果当时在我还是新手妈妈的时候，有这样一本书，不仅告诉我很多的育儿知识，还能和我分享实践的经验和心得，那么，我在新手妈妈人生最脆弱的阶段，也许就可以少走很多弯路，对自己少一些怀疑，多一些爱。

在构思这本《蒙特梭利101问》的时候，我们采用了最直接的问答形式。这些问题有的来自我们自己，有的来自身边的朋友，每一个都是曾经令我们困惑的问题。相信你在阅读这本书的时候，一定会有一种“原来你也是这么想”的感觉。在编写过程中，我们力求把抽象的理论知识与真实的案例相结合，用最朴素、简单的语言呈现。在把知识应用于实践的过程中，我们把深奥的理论变成能帮助自己的利器，而不是束缚自己的绳索。我们不想做高高在上的育儿专家，只想做能和你在枕边聊天的贴心好闺蜜。虽然考虑到书的结构完整性，我们做了章节的编排，但我更希望这是一本无序书，一本随手翻开就能读的书，问题不分先后。

如果这本书能够帮助你找到解决当下困惑的答案或是对你有所启发，那这本书的意义和价值也就得到了体现。

知识本没有力量，但因为实践和传递而力大无穷。

育儿自始至终都是一件很私人的事情，不盲目攀比，找到适合自己的方法，能让自己和宝宝都舒服的方法，才是最好的、最长久的育儿之道。

想了解更多的实用育儿信息，欢迎关注杰西妈妈微信公众号“杰西宝宝 Montessoribaby”，一起学习，共同成长。

愿这条路上，每个新手妈妈都能和更好的自己相遇！

目　录

Part2 教子有道：经典蒙特梭利理论

Part3 新生儿的秘密世界

第二章

新手妈妈实用指南

Part1　新手妈妈实用好物推荐

Part2　蒙氏家居环境设计指南

Part3　新手妈妈有办法

第三章
做一个幸福的新手妈妈

Part1　准妈妈的自我修养

Part2 和新生儿的相处之道

Part3 新手妈妈不焦虑

Part4　你先是自己，然后才是妈妈

第一章　新手妈妈的精神预备

Part1　走进蒙特梭利

第 1 问：什么是“蒙特梭利”？

问：自从备孕开始关注早期教育以来，就经常会在各个地方听到“蒙特梭利”这个词，第一次听说这个词的时候就产生了很大的好奇心，很想深入地了解到底什么才是“蒙特梭利”？

和很多妈妈一样，第一次听说“蒙特梭利”这个词就忍不住被吸引，很想深入地了解，下面就和大家分享一下，究竟什么是“蒙特梭利”。

一、第一次听说“蒙特梭利”

我第一次听说“蒙特梭利”，是在一所小小的儿童之家。

当我走进那间简单但不失温馨的蒙特梭利教室，我发现里面的孩子们并不处于同一个年龄阶段，3~6岁的孩子都混龄安排在同一间教室里学习，一位小女孩正在安静地插花，一位小男孩正在切香蕉，还有一位高个子的女孩正在帮一位3岁左右的小女孩系围裙，一位小朋友给我端来一杯她自己泡的热茶。孩子们可以自由地选择教具，也可以自由地选择学习区域，大家各自选择自己喜欢做的事情，教室里虽然有18位混龄的孩子，但是他们相处得格外融洽，互不干扰，一切井然有序。

让我印象最深刻的是：这些孩子太独立了！2岁的孩子居然可以自己洗抹布，孩子们居然还会给教室里的客人准备热茶。那时，我还在传统的中学担任英语老师，每个周五，我都看到一些十二三岁的中学生把穿了一周的衣服塞进书包，带回家让父母帮忙清洗。为什么中学生还不如幼儿园的孩子独立？为什么这些蒙特梭利教室里的小孩可以如此独立？

从那一天开始，我开始对“蒙特梭利教育”产生了强烈的好奇心。

二、蒙特梭利的卓越贡献

我们经常会看到或者听说“蒙特梭利”或者“蒙台梭利”这几个字，其实都是指的同一个人，她就是伟大的教育家——意大利的玛利亚·蒙特梭利。她提出的蒙特梭利教学理念风靡了全球。她曾经在1949—1951年连续三次被提名“诺贝尔和平奖”，也被联合国教科文组织评论为“教育和世界和平的伟大象征”，《西方教育史》称她是“20世纪赢得欧洲和世界承认的最伟大的科学与进步的教育家。”

蒙特梭利是幸运的，她从小接受良好的教育，后来进入罗马大学医学院学习，成为意大利历史上第一批女医学博士中的一员。

毕业后，她就职于罗马大学的附属精神病诊所，成为一名助理医生，在业余时间，开展对于智力缺陷儿童的研究。1907年，蒙特梭利在罗马圣洛伦佐建立了世界上第一所儿童之家。这所儿童之家招收了一些当地3~6岁贫困家庭的、智力发育正常的儿童。人们惊讶地发现，通过蒙特梭利的教育方式，普通贫民区的儿童在几年后心智发生了非常大的变化。

调查追踪发现，这些孩子中的大部分在成年后都取得了生活和事业上的成功。他们有教养、守纪律，举止得体，热爱学习，而且在很多测试项目中，他们的表现都优于贵族学校的学生。在教育实践过程中，蒙特梭利发现了儿童发展的秘密，形成了独特的早期教育观念。1909年，蒙特梭利完成了她的学术著作——《蒙特梭利方法》，这本书已成为经久不衰的教育经典。

蒙特梭利儿童之家的孩子们的学习方式到底有什么不同？蒙特梭利教学法的核心教育观点是什么？今天，我们先了解一下蒙特梭利教育哲学的两大核心观点：吸收性心智和敏感期。

三、蒙特梭利教育的核心观点

1. 儿童的“吸收性心智”

蒙特梭利认为，成人和孩子的学习方式不同，孩子可以通过吸收环境中的事物来学习，具有“吸收性心智”。换句话说，孩子可以在环境中轻松地、独立地、自发地学习。就拿学习语言来说，我们是不是经常发现，孩子不知不觉就学会了当地的语言？

我曾经所带的班上有一位中法混血的孩子。她和爸爸说法语，和妈妈说普通话，和外公外婆交流时说着一口流利的四川话。

蒙特梭利博士将吸收性心智比喻成照相机。照相机只要轻轻一按，就会将所有的细节记录下来。我们的孩子就像一台小相机，走到哪里，就照到哪里。

例如，一次，我看到女儿没有把牙刷和牙膏放回原位，于是引导她："你刚刚忘记什么事情了？"她指着洗手台的一角说："妈妈，爸爸也忘记把牙刷和牙膏还原了。昨天爸爸也是把牙膏放在洗手台的这个位置。今天早上，爸爸刷完牙，他把牙膏放在了我的杯子里。"我说："好的，晚上你可以告诉爸爸，爸爸会感谢你提醒他，现在我们把物品还原。"

我们身边的孩子，就像一台小小的照相机，记录着我们的一举一动。

所以，成人的言传身教对孩子而言非常重要。

2. 儿童发展具有"敏感期"

蒙特梭利认为，儿童在其成长过程中，会经历一系列敏感期，如秩序的敏感期、语言的敏感期、细小事物的敏感期等。在敏感期里，孩子自发地学习，自然而然地吸收知识。而在敏感期内，顺应孩子发展需求的教育和引导，当然也最有效。

蒙特梭利举过一个关于孩子秩序感的有趣例子。故事发生在一位英国孩子的身上。有一天，孩子的保姆因为临时有事，需要请假几天，于是她请另外一位很能干的保姆帮忙照看孩子。

临时保姆帮孩子洗澡时，孩子总是哭闹不停，一边大哭，一边用手推开她。

家里人搞不清楚到底是怎么回事。原来的保姆回来后，孩子恢复往常安安静静的样子，高高兴兴地去洗澡。原来的保姆曾经接受过蒙特梭利的教育，孩子向她"告状"，说那位临时保姆是"坏人"，她耐心倾听，分析原因，原来问题出在洗澡的秩序上。

原来的保姆用右手靠近孩子的头，左手靠近孩子的脚，而临时保姆给孩子洗澡的方式和原来的保姆给孩子洗澡的方式不同，动作恰好相反。

洗澡的秩序对于孩子来说非常重要，是不可以改变的生活规则，是孩子秩序感的体现。但是，孩子在生活中出现的类似行为，常常被成人看作是“不听话”，或者“无理取闹”。其实他们“发脾气”，是因为其敏感期的发展需求得不到满足或受到阻碍。

关于敏感期和吸收性心智的更多内容，我们在后面的章节会详细介绍。

概括来讲，蒙特梭利教育是以玛利亚·蒙特梭利的名字命名的教学法，是世界著名的教学体系之一。作为世界公认的20世纪最伟大的教育家之一，蒙特梭利赢得了世界各国教育者的尊敬和崇高评价，其开创的蒙特梭利早期教育法也备受推崇，极大地推动了世界各国儿童早期教育的发展。

第 2 问：蒙特梭利博士的一生传奇吗?

问：听说蒙特梭利博士被3次提名“诺贝尔和平奖”，很想了解蒙特梭利的传奇人生，是什么样的家庭环境和社会环境造就了这样一位传奇的教育家?

在19世纪的欧洲，意大利独立之初，整个社会千疮百孔，传统保守，女性地位低下，但一位妈妈竟然对自己的女儿说：“女性可以打破常规，去创造属于自己的人生道路。”

这个女孩后来真的不走寻常路，她成为意大利第一批女性医学博士中的一员，她推崇的教学法曾得到甘地和泰戈尔的支持，她曾经在1949—1951年连续三次被提名“诺贝尔和平奖”。1990年，意大利发行印有其头像的1000里拉纸币，以此表达对她的尊敬。

她不但为自己创造了奇迹的人生道路，而且给全世界留下了宝贵的教育财富。

这个人就是玛利亚·蒙特梭利。

一、家庭背景

蒙特梭利的母亲瑞尼尔出身于书香门第，家境富裕，接受过良好的教育，是一位优雅的、思想先进的女性，她的父亲亚历山德鲁是一位从事财务工作的公务员。1870年，瑞尼尔生下了玛利亚·蒙特梭利，她遵守传统，在家相夫教子，但对于教育她有自己独特的看法，她相信教育要从生活做起，教导蒙特梭利从小在家帮忙做家务，于是，小蒙特梭利经常帮助妈妈擦地板、洗碗、准备餐点。虽然是独生女，但父母对她管教严格，坚决不让她成为骄傲、任性的孩子。

二、教育背景

蒙特梭利博士其实一开始并不是学霸，她在一年级时成绩平平，但是得到品性优良奖，这当然和良好的家庭教育息息相关。小学毕业时，13岁的蒙特梭利做了一个大胆的决定，她打算去一所技术学校继续学习。那是一所男生才能就读的男校，名字叫作罗马皇家米开朗琪罗技术学校。因为蒙特梭利喜欢数学，而当时只有在男校才提供数学课程。

她的母亲特别支持女儿继续求学，而父亲却坚决反对，他认为女孩子应该学点艺术和文学，将来当个贤妻良母。但是父亲终究没有拗过妻子和蒙特梭利，1883年，蒙特梭利如愿以偿去技术学校学习。

20岁的蒙特梭利萌发了“学医”的想法，但是在当时保守的意大利，女子学医是没有先例的。她仍然打算就读医学院，因为选择医学院的事，蒙特梭利竟然登上了罗马头条新闻，父亲也因此事与蒙特梭利断绝父女关系，并切断其经济来源。当时的罗马社会，男女两性地位极不平等，只有男子才可以考取医学院。按照当时的道德观，女性触摸异性的身体是有伤风化的，所以具有大男子主义的父亲极为反对。

蒙特梭利没有气馁，她说：“我知道我会成为一名医生。”蒙特梭利克服重重困难，最终如愿进入罗马大学医学院。

蒙特梭利顺利成为意大利第一批女医学博士中的一员，但是她的大学生活却是困难重重。

上课时，男生不愿意挨着她坐，因为大家觉得这是一种耻辱。有一次上课时，一位男生踢她的椅背，她回头看了那位男生一眼。男生对她说：“你一定不是普通人，你的眼光可以把人杀死。”

因为男生都不愿意和她一组解剖尸体，有时候，她不得不独自面对医学实验室里的骷髅。在医学院中，很多人都只是来混个文凭的，但是蒙特梭利对于学习，一直秉持认真的态度。一次暴风骤雨，无一人去教室上课，唯独蒙特梭利按时去上课，教授非常感动，为蒙特梭利单独讲了一天的课。与此同时，很多男生也逐渐改变了对蒙特梭利的看法。

靠着天生的勇气，蒙特梭利渡过了各种难关。1896年，蒙特梭利以优异的成绩毕业了，并获得医学博士学位，成为意大利历史上第一批女性医学博士中的一员。

三、蒙特梭利与教育

1. 与教育结缘（1897—1900年）

毕业后，蒙特梭利在罗马大学附属精神病诊所担任助理医师。那么问题来了，从事医学的蒙特梭利博士怎么开始做教育了呢？这里有一个小故事。一次，蒙特梭利发现，一些智障儿童也和精神病人、有暴力倾向的人一样，被关在精神病院。医院里的一些看护者对这些智障儿童的态度非常不友好，她们常常议论："这些孩子吃饱饭后，居然去抓地上的面包屑，太脏了。"受母亲影响，她很关心和同情这些智障儿童，同时，蒙特梭利觉得孩子"抓面包屑"这件事没有那么简单，她发现每个孩子都很专注地看着地上的面包屑，她认为："他们缺乏的不是食物，而是可以触摸和感受的东西，他们的手和眼因为没有适当的引导，才会去抓地上的面包屑。"于是，蒙特梭利开始持续观察这些孩子，她最后得出结论："教育可以帮助这些心智存在缺陷的孩子，而不是医学。"于是，她四处演讲，推动针对智障儿童的教育改革。

在都灵的教育大会上，蒙特梭利发表了关于训练智障儿童的演说，会场上的意大利教育部长被她的演讲感动了，后来任命她为罗马第一所精神异常矫正学校的负责人。

她的第一次巨大成功是她教授的8岁的学生申请参加了国家的读写考试。这些被认为有"瑕疵"的孩子不仅通过了考试，而且还超出了一般水平的孩子，人们把她的成功描述为“蒙特梭利的第一个奇迹”。蒙特梭利想，如果智障儿童通过教育可以达到正常儿童的水平，那么，正常孩子的潜力如何呢？

1901年，蒙特梭利辞卸校长一职，离开了这所特殊学校，决心致力正常儿童教育的研究，她再次回到罗马大学，学习哲学、人类学、教育学以及实验心理学。

1904年，蒙特梭利担任罗马大学的特聘教授，在罗马大学教育学院开设的自然科学与医学课程中讲授人类学。

2. 第一所儿童之家成立（1907—1909年）

1907年，正好有一个机会让蒙特梭利实践自己的想法。在罗马的贫民区，建筑商正在筹备房屋重建计划，他们修建了一些廉价公寓，租售给年轻的夫妇。但是当地学龄前的孩子们趁父母上班的时候，在公寓的墙上乱涂乱画，建筑商们很是头疼，于是找到蒙特梭利，对她说：“我们可以提供一个大房间，只希望你能把这些调皮的孩子聚集到一起，不要再在墙上乱涂乱画。”于是，1907年1月6日，全世界第一所“儿童之家”成立了。在那里，她将自己的理论付诸实践，并且深入发展。三个月展现出的卓越效果很快传遍了世界各地，世界各地的人纷纷来到意大利，学习蒙特梭利的方法。

3. 蒙特梭利教育法的发展（1909—1952年）

1909年，蒙特梭利出版了儿童教育著作*Montessori Method*，这本书是她对“儿童之家”教育经验的总结，引起了巨大轰动，数年内20多种语言的译本不断涌现。正是由于这本书的问世，她成为全世界最有影响力的教育家之一。

全球各地开始建立蒙特梭利学校，例如1911年意大利与瑞士的公立学校经政府当局认可正式采用蒙氏教学法；美国第一所蒙特梭利学校在纽约塔里设立；巴黎成立蒙特梭利示范学校；法国、瑞士、德国、比利时等国陆续开设儿童教育之家。

1913年，罗马开设第一届蒙特梭利教师培训班，来自17个国家的87个人参加培训，蒙特梭利亲自授课。

1917年，蒙特梭利访问荷兰，在荷兰的阿姆斯特丹演讲，荷兰蒙特梭利协会成立。

1929年，在弗洛伊德、马可尼、皮亚杰、泰戈尔等文化名人的支持下，蒙特梭利和她的儿子马里奥创立AMI（Association Montessori Internationale）。

1934年4月，墨索里尼领导的法西斯统治意大利，他下令关闭所有蒙特梭利学校，同时禁止阅读并焚烧了蒙特梭利所有的书籍。

墨索里尼本是蒙特梭利的学生，彼此是很好的朋友。墨索里尼曾想利用蒙特梭利的国际声望为自己服务，但是墨索里尼和蒙特梭利的政见不同，蒙特梭利反对墨索里尼的法西斯主义，墨索里尼的"信仰、服从、战斗"的愚民和奴化教育政策与蒙特梭利的观念水火不容。于是，担任意大利政府督学的蒙特梭利于1934年被迫逃亡去了西班牙。

1936年，西班牙内战爆发，蒙特梭利移居荷兰。

1939年，蒙特梭利受邀访问印度，得到甘地和泰戈尔的支持，在印度各地多次开办教师培训班课程。

1949—1951年，蒙特梭利连续三度被提名诺贝尔和平奖。蒙特梭利教育成为整个意大利的荣耀，她的头像还被印在意大利的钱币上，后来，印度还专门印发了蒙特梭利头像的邮票。

1952年，在蒙特梭利82岁生日之前，蒙特梭利正考虑去非洲演讲，但是因为身体状况不佳，亲友都极力劝阻，她对儿子马里奥说："我没有用了吗？"不久，她突发疾病，在荷兰诺德维克的朋友家花园里去世。

蒙特梭利的后半生都在致力推广"蒙特梭利教学法"和"和平教育"，她去到世界各地，为世界各地注入了新的教学理念，让不计其数的孩子生活得到改变，她经历了两次世界大战，克服种种困难，创造了种种奇迹，给人类留下了宝贵的教育财富。

第3问：蒙特梭利教具有什么特点？

问：走进蒙特梭利儿童之家会看见很多的教具柜和教具，这些教具和玩具有什么区别？现在市面上也有很多这样的蒙氏教具套装，适合家长买回家自己教孩子吗？

有这样两种真实的场景。

场景1：

教室里，孩子A取来五颜六色的积木，一块一块地往上堆，最后搭建了一座美丽的城堡，孩子A搭建好了积木城堡后，发现旁边还有一盒雪花片，于是将城堡留在桌上，开始组装雪花片。5分钟后，教室里一片狼藉，到处都是雪花片和积木。

场景2：

教室里，孩子B取来一块工作毯，然后从教具架上取来粉红塔，先将粉红塔摆放在工作毯的右侧，随后拿出最大和最小的粉红塔，孩子B观察了几秒，将两块粉红塔放回了其他正方体中。然后，孩子B取来最大的一块正方体，开始专注地搭建粉红塔，每次都在正方体中寻找最大的一块正方体，小心地摞在上面。

搭建完成后，孩子B站起来欣赏自己的杰作，并且露出了微笑。

然后，孩子B拆掉粉红塔，重复搭建了3次。

37分钟后，孩子B把粉红塔拆掉，并将立方体一个一个地放回教具架上，最后把工作毯卷好，放回了原位。

大家注意到了这两种活动有什么不同吗？分别可以给孩子带来什么？为什么同样是“玩”，但带给孩子的学习意义却不同？为什么有的“玩具”能让孩子变得越来越专注？

一、“玩具”和“教具”的本质差异

其实，孩子A玩的是“玩具”，孩子B取来的是“蒙特梭利教具”。

“玩具”和“教具”存在本质的区别。

“教具”具有教育的特殊意义，而且是严肃的。“教具”被放在专属的空间，例如教具架上，而不是随意摆放在某个角落。“教具”的使用需要遵循一定的顺序和原则，不是提供给孩子随意摆弄的，最重要的是，“教具”具有特定的教学意义。

例如场景2中的“粉红塔”就是蒙特梭利感官教具领域的“教具”，它可以培养孩子的观察力、比较力以及专注力。为了让孩子用触觉和视觉辨别立方体的大小，在设计上采用了单一的粉红色，避免不同色彩对孩子的视觉干扰，让孩子专注于分辨物品体积的“大”和“小”。这是教具“感官隔离”的特点。而且，孩子在使用“教具”的过程中，一直注意取放教具的顺序和归还教具的顺序，整个过程非常有秩序。老师虽然没有口头上教过孩子“要尊重教具”，但是孩子具有尊重“教具”的素养。这其实在潜移默化中培养了孩子的社会秩序感。这样教养的孩子，长大后更懂得遵守“长幼有序”等社会秩序。

“玩具”虽然或多或少有一些教育的作用，但是很多玩具厂商生产玩具的目的是赚家长包里的钱，一些花哨的玩具不仅不能提高孩子的专注力，有时还会起反作用。

经常会遇到下面的情况：孩子哭着买玩具，但是买回玩具后，玩不了几天，孩子就开始闹着买更“好玩儿”的玩具。从本质上来讲，这些“玩具”满足不了孩子的内在发展需求。

二、蒙特梭利教具的三大显著特点

严格来讲，蒙特梭利本人将“教具”称作“工作材料”，她说：“这是提供给幼儿工作时的工作材料，具有自我教育的意义。”

在打造蒙特梭利儿童之家时，蒙特梭利教具无疑是非常重要的组成部分。那么，蒙特梭利教具有什么特点呢？

1. 美观性

蒙特梭利说：“儿童之家应该是一个真正的家。”

说得具体一点，这个“家”应看起来赏心悦目，在家里，有一些美观舒适的房间和一个美丽的花园。孩子就是家里的主人。

孩子可以在室内外玩耍、休息和学习，还可以把小桌子搬到花园里吃饭或者工作。

蒙特梭利教具大多数是实木做成的，外观大方、富有美感，能陶冶儿童的审美情操，提升儿童的艺术素养。

一般的玩具常常是塑料制品，毫无美感，甚至有的玩具材料来路不明，商家为了吸引家长和孩子购买，不顾孩子的身心健康和发展，制造了各种各样“鲜艳的”玩具。但需要注意的是，一些色彩鲜艳的玩具往往铅含量超标。所以，家长在购买玩具时，一定要慎重。另外，一定要提醒孩子，玩后要及时将手洗干净，尤其是橡皮泥或蜡笔、水彩笔一类的玩具。

2. 错误控制

当我们买回来一套玩具，孩子常常会缠着家长问玩具的玩法，有时候即使家长读完说明书，自己也有点懵——不知道到底怎么玩新买的玩具。于是孩子胡乱拼凑一番，最后发现方法错误，失去兴趣，干脆把玩具扔在一边置之不理。

每一套蒙特梭利教具都具有“错误控制”的功能。当成人给孩子示范教具后，孩子可以独立地操作，实现“自我教育”。

例如，拿出“带插座圆柱体”（蒙特梭利经典教具），我们发现，只要其中一个圆柱体放错位置，其余的也会错，孩子就没办法把圆柱体放入对应的位置。于是，孩子可以独立地操作带插座圆柱体，因为答案只有一个，教具本身具有自我纠错般的“错误控制”功能。

蒙特梭利教具可以起到反馈的作用。在教具操作过程中，儿童可以自行发现错误并纠正。教具设计中的“错误控制”有助于儿童独立操作、自我订正，由此实现蒙特梭利博士所追求的“自我教育”的目的，而不是靠老师“教”出来的教育模式。

在蒙特梭利儿童之家的教室里，不是教师直接将知识教给幼儿，而是幼儿通过自己操作教具来自我学习。

蒙特梭利教具的“错误控制”功能使幼儿自我教育、自我提高成为可能。

3. 尺寸的合理性

我们布置儿童房和成人房时，有没有发现它们之间的差异？

最明显的区别是，孩子家具的尺寸和父母房间里家具的尺寸不同。

当我们走进某些幼儿园时，有时候会看到很多昂贵的装饰画，如果我们蹲下来会发现，很多画的高度都不适合孩子，孩子是看不到那些高高悬挂着的画的，那些名贵的画其实是给成人看的。

这样的设计，并非从孩子的角度出发。

蒙特梭利儿童之家教室里的家具、装饰画，以及其他物品，都是按照孩子的年龄特征来搭配的。例如，教室里会摆放小黑板，而黑板一般挂得很低，这样就方便孩子在上面写字、画画；另外，教室里还会摆放木质小桌子和小椅子，这样方便孩子们轻松地挪动。

家长们也可以在家给孩子打造小阅读空间、小健身房、小休息室等。在那里，孩子可以自由地活动。这样的空间符合儿童的内在需要，可以培养孩子的独立能力。

总之，蒙特梭利的教具和普通的玩具不同，不仅美观，而且尺寸和大小适宜，每一个教具都有“错误控制”的纠错功能，孩子自发选择适合自己的蒙特梭利教具，进行反复操作，其各方面的能力都将得到提升。

关于“适不适合将蒙特梭利教具买回家自己教孩子”这个问题，相信大家在了解了教具和玩具的本质区别之后就会明白，教具是放在教室里的，孩子可在老师的操作指导下完成各项工作。现在也有很多寓教于乐的玩具，能让孩子们在玩耍的过程中学习知识，家长们不妨为孩子选择此类型的玩具，而非需要指导才能完成的教具。

第 4 问：有哪些值得一读的蒙特梭利著作？

问：想学习蒙特梭利的教育方法，应该从哪些书开始入手？

当我们上网搜索与蒙特梭利有关的书籍时，大家是不是会发现：关于蒙特梭利教育理念的书籍太多了。各种出版社出版的，各种主题的，以及各种畅销排行榜推荐的。那么，零基础的家长到底应该如何选择？下面给大家推荐几本经典的著作。

如果阅读时间有限，大家不妨先从蒙特梭利博士本人的原著开始阅读。

一、中文版蒙特梭利书籍

1. 童年之谜

出版社：中国台湾省及幼出版社

作者：玛利亚·蒙特梭利；译者：李田树

推荐理由：蒙特梭利原著，蒙特梭利教育入门必读书籍。

2. 吸收性心智

出版社：中国台湾省及幼出版社

作者：玛利亚·蒙特梭利；译者：魏宝贝

推荐理由：蒙特梭利原著，这是最能体现蒙特梭利理论具有创新性的书。

3. 发现儿童

出版社：中国台湾省及幼出版社

作者：玛利亚·蒙特梭利；译者：吴玥玢、吴京

推荐理由：蒙特梭利原著。这本书非常实用，讲述了培养孩子的方法，让我们更加了解儿童。

4. 教育与和平

出版社：中国发展出版社

作者：玛利亚·蒙特梭利；译者：喻华慧

推荐理由：蒙特梭利原著。蒙特梭利认为，成人要多关注儿童，构建和平的世界，完成教育的使命。这本书不是入门级的蒙特梭利书籍，不容易读懂，但是阅读这本书，可以帮助我们更好地理解蒙特梭利的教育理念。

5. 家庭中的儿童

出版社：中国发展出版社

作者：玛利亚·蒙特梭利；译者：郭景皓　郑艳

推荐理由：蒙特梭利原著。蒙特梭利原著的全译本，经国际

蒙特梭利协会（AMI）独家授权和严格审核。虽然是一百年前的书，但是观点一点都不过时，例如“孩子帮助成人上进，帮助成人重新考虑他的人生”。

6. 人的成长

出版社：中国发展出版社

作者：玛利亚·蒙特梭利；译者：郭景皓、郑艳

推荐理由：蒙特梭利原著的全译本，经国际蒙特梭利协会（AMI）独家授权和严格审核。蒙特梭利十分关注人的成长，在这本书中她尤其强调人格的培养。

7. 新世纪的教育

出版社：中国发展出版社

作者：玛利亚·蒙特梭利；译者：郭景皓

推荐理由：蒙特梭利原著，它完整并精确地呈现了蒙特梭利教育的精髓，并经过国际蒙特梭利协会（AMI）独家授权及严格审核。通过这本书，我们可以了解蒙特梭利的核心观点：“吸收性心智”的本质，也可以系统了解蒙特梭利教育从0到1的发展过程。

8. 生命中最重要的前三年

出版社：中国台湾省及幼出版社

作者：西尔瓦娜·夸特洛奇·蒙塔纳罗（Silvana Quattrocchi Montanaro）；译者：魏渭堂、吴锦凤

推荐理由：这本书让家长弄清楚自己和孩子的关系，明白“孩子出生的前三年十分重要”。

二、英文版蒙特梭利书籍

9. *Montessori from the Start*

出版社：SCHOCKEN BOOKS

作者：Paula Polk Lillard，Lynn Lillard Jessen

推荐理由：这本书很经典、很实用，从婴儿卧室的设计到儿童餐桌的设计，从食物准备到衣服选择，作者一一为大家呈现。可帮助父母学习创设婴幼儿实用的环境。

10. *How to Raise an Amazing child the Montessori Way*

出版社：DK

作者：Maria Montessori

推荐理由：这是一本很畅销的蒙氏家长指南。作者用深入浅出的方式，指导家长为孩子创造一个安全的、有教育意义的蒙氏环境。内容实用，插图精美，简单易懂，帮助家长在家用蒙特梭利的方式养育出具有创造力的、独立的、自信的孩子。

11. *The Montessori Method*

出版社：Williams Press

作者：Maria Montessori

推荐理由：蒙特梭利原著，中文版本叫作《蒙特梭利方法》或《蒙特梭利早期教育法》。这是蒙特梭利本人所写的第一本儿童教育专著，是对“儿童之家”教育经验的总结。该书出版后，在世界上引起了轰动，蒙特梭利也因此成为全世界闻名遐迩的教育家。

12. *Montessori in the Classroom*：*A Teacher's Account of How Children Really Learn*

出版社：SCHOCKEN BOOKS

作者：Paula Polk Lillard

推荐理由：在蒙特梭利教室，孩子如何学习？老师扮演什么角色？这本书可以帮助我们了解蒙特梭利教师的思维方式，方便家长了解孩子在蒙特梭利学校的情况。

13. *The Montessori Toddler*：*A Parent's Guide to Raising a Curious and Responsible Human Being*

出版社：Workman Publishing Company

作者：Simone Davies（作者），Hiyoko Imai（插图作者）

推荐理由：这是一本针对新手父母和学步儿父母的蒙特梭利指导用书，非常实用，里面包含了上百种常见问题的指导策略，例如刷牙、如厕训练、安抚奶嘴使用等，值得一读。

14. *Montessori*：*A Modern Approach*

出版社：SCHOCKEN BOOKS

作者：Paula Polk Lillard

推荐理由：《芝加哥论坛报》曾这样评价这本书："这本书回答了父母和老师可能存在的诸多问题。"

第 5 问：蒙氏教育适合中国孩子吗？

问：蒙氏教育源自西方，和中国传统教育能融合吗？孩子从小学西方的那一套，会不会把中国的传统文化给丢了？

蒙特梭利教学法源于意大利，创始人是伟大的教育家蒙特梭利博士。亚马逊创始人杰夫·贝佐斯，谷歌创始人谢尔盖·布林和拉里·佩奇，维基百科创始人吉米·威尔士等都曾受惠于蒙特梭利教育。在中国，蒙特梭利学校也是遍地开花，不少人传来质疑的声音：“蒙特梭利教育来自西方，是否适合中国孩子？”

在判断“蒙特梭利教育方法是否适合中国孩子”这个问题上，首先，我们要弄明白什么是“蒙特梭利教育法”。

一、蒙特梭利教育法是什么？

关于蒙特梭利教育法，有两个非常重要的概念需要了解。

一个是“跟随儿童”（Follow the Child），另外一个是“协助生命”（Aid to Life）。

先谈谈“跟随儿童”这个概念。

“跟随儿童”体现了蒙特梭利教师和儿童之间的关系，教师不是高高在上的，而是孩子生命中的观察者和协助者。蒙特梭利说：“教育不是教师自上而下地传授，而是教师协助儿童自下而上地发展。”教师需要充分观察和了解每个孩子的特质，然后帮助他们各方面能力的发展，进而激励教师自我不断学习和不断进步。这其实和我国传统的“教学相长”的概念有异曲同工之妙。

英国浪漫主义诗人威廉·华兹华斯在《彩虹》诗中写道：“儿童是成人之父。”儿童眼里的世界才是最纯真的世界，他们没有受到半点玷污，儿童有一种神秘的精神生命，激励着成人。蒙特梭利将这句话引用到了《童年的秘密》一书。除了《彩虹》诗中本身的含义外，还有一层意思，即成人表现的一切情绪、智能、习惯和道德，大多是由他童年时代的经历所决定的。儿童是未来的成人。

蒙特梭利说：“成人所面临的最紧迫的任务，就是去了解这个尚未被认识的儿童，并把他从所有障碍物中解放出来。”要完成这个任务，教师就必须去掉自己内心的傲慢等脾性，放弃过去被认为是教师神圣权利的那些特权，使自己不仅在仪表上具有吸引力和令儿童喜爱，而且具备沉静、谦虚、慈爱、耐心、机智等品质。

蒙特梭利教师对儿童心存敬重和合作之心，心存景仰之情。

另外一个蒙特梭利的核心概念是“协助生命”。

在日常生活中，我们常常发现，成人不但没有协助孩子的生命发展，反而成为孩子成长路上的“绊脚石”。例如觉得孩子扣纽扣太慢，就顺手帮孩子扣上；孩子要自己梳头，我们觉得孩子做不好，于是拿过梳子帮忙梳头；担心孩子吃饭速度太慢，担心饭菜放凉，便拿过孩子手中的勺子，开始喂饭。有时候，我们甚至不需要和孩子商量，因为我们“傲慢地”认为：“我吃过的盐比孩子吃过的米还多”“我可以教会孩子很多事情”等。但“代劳”剥夺了孩子自我学习的宝贵机会。蒙特梭利曾直言：“协助生命，使孩子的生命能自发地绽放，才是教育的基本任务。”

“成人是孩子生命的协助者。”这其实进一步诠释了成人和孩子的关系，成人是孩子生命发展过程中的环境创造者，成人是孩子生命发展过程中的协助者。

二、蒙特梭利教育法的优劣势

我们客观地分析一下蒙特梭利教育法的优劣势。

1. 蒙特梭利教育的优点

孩子常常具有较强的独立性。

很多家长感叹，孩子进入蒙特梭利环境后，有了很明显的变化——会自己穿鞋、洗脸。一位家长说：“孩子刚刚去蒙特梭利幼儿园，也就一个月左右，现在回家开始打扫卫生了，还主动收拾玩具，变化太大了，以前怎么说都不听。”这些只是蒙特梭利孩子的日常，孩子甚至可以自主思考并且解决问题，不再依赖父母。这一点无论是对孩子的未来的生活还是学习，甚至是以后的工作都有非常大的益处。

孩子具有较高的专注力。

曾经有一位清华的高材生做了这样的总结，学霸和一般的学生之间的差距就是课堂上多出的5分钟专注力。

每天上午，在蒙特梭利教室里有2~3个小时“工作”时间，孩子们可以专注地完成自己想做的工作，例如为植物除尘、搭粉红塔、照顾小动物等。我们常常会看到一个新入园的孩子逐步变化，从一开始的3~5分钟专注于某份“工作”，逐步延长到30分钟、50分钟，甚至是1小时以上。

2. 蒙特梭利教育的缺点

蒙特梭利教育对教师的要求较高。

教师要充分了解孩子，要具有足够的专业背景知识和足够的耐心，需要适当地对其进行引导。

最重要的一点，教师要真正做到尊重儿童，不过多干涉。

这句话说起来容易，但是实践起来却真的很难。

当孩子用错误的方法拖动椅子，教师忍不住去帮一把。

当孩子多次尝试倒水，仍然把水洒到桌上、地板上，成人忍不住制止，并亲自示范。

当孩子整个上午都在“闲逛”，没有选择任意一份工作，成人忍不住把孩子引导到数学区、语言区……

总结起来，蒙特梭利教育和任何一种其他教育理念一样，并非完美无瑕。蒙特梭利是来自西方文明的教育思想，在中国，我们在实践这种教育体系的过程中，应尝试与中国传统文化相结合，注重儿童完善人格的培养，真正理解和形成尊重儿童的教育观，最终促进具有中国特色幼教体系的建设。

其实，蒙特梭利教育思想与中国优秀传统文化的精髓是相通的，例如二者都以“尊重生命”为核心。中国有着五千年的灿烂文明，素有礼仪之邦的美誉，蒙特梭利教育强调“优雅与礼仪”，这一点也不谋而合。

当然，我们没必要也不能全盘采用西方的教学方式，而应该结合中国优秀传统文化与教育教学实际开设相关课程。例如，我们设置蒙特梭利文化区主题时，考虑到四川人传统的饮茶习惯，曾设计“盖碗茶”主题。“盖碗茶”是一种上有盖、下有托、中有碗的茶具，又称“三才碗”，盖为天、托为地、碗为人。孩子学会泡茶，邀请他人一起品茶，以及了解和“盖碗茶”相关的语言表达——“茶盖、茶碗、茶船子”。在这个过程中，我们不仅坚持了蒙特梭利文化板块的教学方法，也教给了孩子们待人接物的社交礼仪，让孩子们熟悉了四川地域文化。

教育无国界。从某些方面来说，虽然蒙特梭利教育来自西方，但其某些教育理念适合全世界。

让我们把目光聚焦在儿童身上，任何对儿童有益的教育模式都值得借鉴和学习。

第 6 问：混龄教育为什么对孩子好？

问：听说蒙氏教育是混龄教育，也就是不分大中小班，各个年龄的孩子都放在一个班，这样一来，年龄小的孩子容易被欺负吗？

接触蒙特梭利教育后，我们会发现，它和传统教育有太多不同之处。其中有一个很大的差异——蒙特梭利混龄教育。

混龄教育是指，将年龄不同的幼儿编排在一个班级，让不同年龄和发展水平的幼儿身处同一环境共同学习和生活。混龄教育是蒙特梭利教育最具代表性的特点之一。

“混龄啊？大大小小的孩子在一起？”

“小孩子会不会被大孩子欺负啊？”

“混龄到底有什么好处？”

家长们对于混龄教育有不少疑问，觉得这种模式太理想化，不可能实现。很多人从小到大都是和同龄人一起学习，没有直观感受到混龄教育带来的好处。

一、促进孩子社会交往能力的发展

现在很多孩子都是独生子女，当他们来到混龄的环境，和与自己年龄不同的孩子一起生活和学习，这样既弥补了独生子女家庭玩伴不足的遗憾，又能促进孩子社会交往能力的发展。

在蒙特梭利的混龄环境中，孩子可以是哥哥、弟弟、姐姐或者妹妹，可以感受到被照顾的美好，也可以体会帮助他人带来的喜悦，这样不知不觉就提高了孩子的社会交往能力。

娜娜3岁进入蒙特梭利儿童之家，班上有一位5岁的姐姐琳琳“认领”了这个妹妹，每天她们都一起学习、一起吃饭。有一次，娜娜发烧没去幼儿园，琳琳姐姐晚上打电话来关心她：“妹妹，你生病了吗？记得吃药哦！”不愿意吃药的娜娜听到姐姐的话，赶紧起床吃药。老师说：“因为娜娜妹妹今天没来幼儿园，琳琳姐姐整天都不开心，不停地问妹妹在哪里。”

两年后，娜娜也成为蒙特梭利CASA班（3~6岁的混龄班级）里的大姐姐，她也“认领”了一位刚刚来到班上的小男生卢卡，她每天回来总是聊关于卢卡的趣事，“卢卡自己扣扣子啦！”“我教会了卢卡排队。”从被照顾的小朋友逐渐成为照顾他人的“小大人”，孩子积累了丰富的、多层次的社交经验，并且在这个过程中，孩子不断适应和接受自己的新角色。很多蒙特梭利教师会和孩子一起建立课堂常规，“大欺小”的情况比较少。

在蒙特梭利的混龄教育中，儿童照顾自己和他人的能力得到提升，拥有较强的社会责任感，自身的社会交往能力也有所提高。

二、促进孩子认知能力的提高

孩子很喜欢模仿他人，和不同认知水平的孩子在一起相处，他们会有不同认知水平的模仿对象，无形中就促进了自身认知水平的提高。大家会发现，小一些的孩子总是喜欢跟着大孩子的身后，模仿对方的行为。例如，幼儿喜欢重复大孩子的话，并很快地习得对方的语言，其实孩子就是在模仿中学习，然后“内化”和“迁移”，混龄学习能达到事半功倍的学习效果。

一次家长会上，有位二胎妈妈说：“记得二宝刚刚开始学习爬行的时候，我教他爬，他怎么都学不会，4岁的大宝放学回到家，和二宝一起玩玩具，他们的小球滚到沙发底下去了，于是大宝爬过去捡小球，二宝也模仿大宝的动作，他居然就这样学会爬行了，我当时都惊呆了。”

有一种力量叫作“吸收性心智”，孩子吸收环境中的一切，尤其是0~3岁的孩子，他们通过无意识地吸收形成自己的认知。

蒙特梭利认为：“把人根据年龄分隔开来是一件非常冷酷，而又不符合人性的事情，对于儿童也是这样。这样会打断他们与社会生活之间的联系，使人与人之间无法互相学习。在传统教育中，老师常常是根据孩子的性别和年龄分班。”

总的来说，在混龄的环境中，蒙特梭利教育打破了常规做法，孩子们就像待在一个由兄弟姐妹组成的小家庭里，在这个温馨的家庭里，孩子们能够提高社会交往能力和认知能力。

第7问：蒙氏教育中的自由与规则是什么？

问：听说蒙氏教育对孩子挺宽松的，孩子在教室里有很大的自由，这样的话，孩子长大以后会不会变得散漫？

一、蒙氏教室中的“自由与纪律”

一天上午，我负责接待一位来蒙特梭利园所参观的家长，她看着孩子们安静地工作，有的孩子在浇花，有的孩子在工作毯旁做文化区的工作，有的孩子在看书，还有一位孩子卷好工作毯后，独自去喝水和上卫生间了，教室里井然有序，每个孩子都自由地选择自己想做的事情。这位妈妈很犹豫要不要报名，她说：“蒙特梭利教育挺好的，培养了很多优秀的毕业生，只是蒙特梭利幼儿园的孩子太自由了，这种教育方式可能不适合我家孩子，我家孩子太调皮了，需要严加管教，否则以后没办法适应传统的小学教育。”

我能理解这位妈妈的担心。其实，很多刚刚接触蒙特梭利教育的人对于蒙特梭利教育中的“自由”都持怀疑的态度。

在蒙特梭利著作《新世纪的教育》第12章中，蒙特梭利提道：“给孩子自由，孩子才会有纪律。”对于这个观点，很多人觉得不可思议。

在100多年前的意大利罗马，就有一个人表示怀疑，这个人就是阿根廷驻意大利大使。

当时，这位大使正好在罗马，他想亲自去蒙特梭利儿童之家看看，但他没有提前告知，想突然造访，令学校无法预先做准备。这位大使把自己的想法告诉了当时的意大利教育部长的女儿，他们决定一起前往。但他们忽略了一个问题，当天是星期四——意大利的假日，孩子们当天是不上课的。到达儿童之家时，大门紧锁。旁边有一个4岁左右的孩子走上来，问他们是否需要帮忙。他们告诉这个孩子想去看一看学校，可惜今天没有课。这位4岁的孩子自然大方地说："没关系！管理员有钥匙，我们都住在附近，我去叫他们。"

令人惊讶的是，孩子们很快到齐了，并且开始自由地、热心地选择"工作"，虽然老师不在却秩序井然。

在去参观之前，他不相信"给孩子自由，孩子会遵守纪律"，甚至怀疑，老师早就训练过孩子们如何应付参观者，或者老师让孩子们看他们的眼神行事。

当天，这位大使终于见识了蒙特梭利教室里的"自由和纪律"，他最后也成为蒙特梭利教育的忠实拥护者。

那么，蒙特梭利教育中的"自由"到底是什么？

"自由"并不代表"放纵"。

蒙特梭利对于"自由"和"放纵"的观点是："纪律是自由的基础，没有纪律的自由并非真正的自由，而是放纵。"

在蒙特梭利教育中，纪律是自由的基础，自由与纪律如同硬币的两面，不可分割，永远同时存在。

在蒙特梭利教室，老师们会给孩子们展示"班级常规"，例如"轻声说话""玩具要放回原位""轻轻关门""爱护教具"等，而并不是任由孩子想做什么就做什么。

二、真正的自由

其实，在不违背“三大规则”（不伤害自己、不打扰他人、不破坏环境）的情况下，孩子们是“自由”的。

蒙特梭利环境下的自由，其实是“有限制的自由”。

打个比方，就好像人生来就具有某些权利，比如人身自由权，使我们可以凭借自己的意志，想去哪里就去哪里。但这种自由权有没有限制呢？当然有！男生能随意进女厕所或女生宿舍吗？我们可以随意去军事重地吗？我们可以随意跨越国家边界吗？我们开车的时候可以随意闯红灯吗？

没有限制的自由是“假”的自由。也就是说没有规矩、纪律，将造成失序、紊乱，所以先要遵守规矩，才有真正的自由可言。

在蒙特梭利教室，这种“自由”是有限制的。孩子需要遵守班级常规，不能违背“三大规则”。如果在教室里，一个孩子遵守以上三大规则，他就拥有自由：拥有自由选择“工作”的权利，拥有选择和谁一起“工作”的权利，也拥有“选择工作”或者“暂时不工作”的权利。作为教育者，我们要做的就是尊重孩子的独立性，为他们的成长提供预备好的、自由的环境。

有了自由，儿童就会选择自己感兴趣的事情或工作；因为有兴趣，他们就会反复做，就变得专注；在长久的专注中，他会逐渐感知并把握事物的规则，继而愿意遵守它，就有了自我控制能力。

这才是“自由”的意义所在。

三、小学前，孩子需要做何准备？

最后回到家长们最关心的问题：“接受蒙特梭利教育的孩子可以适应中国传统的小学教育吗？”其实是可以的。

首先，问大家一个问题，上小学前，您认为孩子应该具备什么能力？孩子需要做何准备？

然后，我们来看一看蒙特梭利教育可以给孩子带来什么。

（1）生活自理能力。

走进蒙特梭利教室，你可能会发现孩子的鞋子左右反穿着，或者是衣服的纽扣错位了，但是老师们不会去刻意纠正孩子的“错误”。因为“日常生活”自理能力的培养是蒙特梭利教育的一大核心目标。渐渐地，孩子们学会自己扣纽扣、系鞋带、穿脱衣服、吃饭、上厕所等。这些自理能力的培养可以帮助孩子们适应小学的独立生活。

（2）专注力。

为什么蒙特梭利宝宝的专注力不会差呢？每天上午，在蒙特梭利儿童之家教室，孩子们有2~3个小时不间断的工作时间。我曾经看到一位3岁的小女孩做“穿珠子”的工作，持续时间达1小时之久，她不断地重复这份工作，其专注力也得到了很好的训练。

生活中是不是经常出现如下的情况？

当孩子正在聚精会神地读绘本，成人递上一杯水，提醒孩子：“每天八杯水哦。”

孩子正在专注地看电视，爷爷或者奶奶凑过去询问：“宝贝，你看的什么啊？”

其实，我们如上的一些行为，都会破坏孩子的专注力。

在完备的蒙特梭利教室中，老师们是观察者，不会干扰孩子的工作，孩子们可以专注于自己选择的工作，这种专注力会一直延续到今后乃至一生。

在家里，父母也可以扮演观察者的角色。需要做到以下两点：

第一，安静地观察，尽量用最简单的语言或者行动来引导。不需要和孩子一直说“你做错啦”“要这样做”之类的话。静静地观察，在适当的时机正面引导孩子。

第二，等孩子需要时再去帮助他，而且家长要知道应该怎么帮助孩子。可以参考蒙氏教育理论中的“孤立困难”。

举个例子：孩子做彩虹套圈，遇到两个困难，即手眼协调能力不足，做不好“套”这个动作；无法按照套圈大小依次套入。

我们可以先解决手眼协调能力不足这个困难，只给孩子一个圈让他练习，另外，还可以多引进一些类似的工作，加强手眼协调和三指抓握训练。等第一个困难解决了，我们就可以引导宝宝套两个；宝宝再大一些时，可以引导他们按照大小排序套入。最后，还可以延伸练习，让宝宝闭着眼睛套入，说出套圈的颜色和顺序等。

（3）自控能力。

在传统小学的教室里，孩子上课不能随意说话，不能随意走动。但在蒙特梭利教室，孩子可以自由活动2~3小时。这是家长们最大的疑惑和担心。

蒙特梭利宝宝的自控能力比较强，我们常常会看到：6岁左右的孩子，不但自己可以做到“轻声说话”，而且会带着弟弟妹妹们遵守这样的班级常规。

（4）思辨能力。

很多人习惯了“填鸭式”教育模式，不管是否有兴趣，同一位老师在同样的时间给几十位孩子教授同样的课程，慢慢地，我们可能会失去思辨的能力，以至于我们当了家长，还是习惯完全听从专家的意见，完全听从老师的建议。

往往到最后，我们发现：专家不一定全对，不能照本宣科，我们应该找到适合自己孩子的学习方式。

接受蒙特梭利式教育的孩子，在自由选择工作的过程中，会形成对世界的自我认知，在未来的学习中，他们乐于探索，具备良好的思辨能力。

当孩子具备以上优势，您还有什么好担心的？

即使是传统幼儿园毕业的孩子，也需要一个适应过程，不是吗？幼儿园教室的环境布置和小学不一样，幼儿园的作息时间和小学不一样，幼儿园的教学方式和小学不一样……

无论我们在任何幼儿园，孩子都会面临这样或那样的问题。传统幼儿园毕业的孩子有其自身的优势，而接受蒙特梭利式教育的孩子也有其自身的优势，那就是可以很好地适应新环境。

第8问：在家进行蒙氏教育的基本原则有哪些？

问：我是7个月孩子的妈妈，为了学习科学育儿知识，最近加入了一个蒙特梭利的读书会，开始了解蒙特梭利的一些基本知识，也想在家实践蒙特梭利教育，有没有什么建议？

有很多妈妈都选择在家践行蒙特梭利教育。蒙特梭利教育确实能够帮助成人“读懂儿童”，真正走进儿童的世界。蒙特梭利博士在《家庭中的儿童》一书中建议家长们遵循以下三条基本原则。

一、尊重儿童，读懂儿童

在家中培养蒙特梭利宝宝，家庭教育的首要原则是尊重儿童正在进行的所有合理活动，并试着去了解他们。

——玛利亚·蒙特梭利《家庭中的儿童》

10个月的东东最近喜欢扔东西。一开始，东东妈妈以为东东只是拿不稳玩具，所以玩具掉在地上，后来发现，东东见什么拿什么，拿什么扔什么，而且越扔越开心。

一天，东东外婆走过来，大声呵斥东东：“再扔玩具，奶奶要打手手了哦！”东东妈妈看到满屋子乱七八糟的玩具，并没有生气，她逐个捡起地上散落的玩具，将它们放在一个藤编的篮子里，然后把篮子放到东东面前，东东的小手继续抓握篮子里面的玩具，一个一个地再次扔在地上，而且，一边扔，一边呵呵地笑着。

东东妈妈的做法让很多家长不解，这不是在助长孩子乱扔玩具的坏习惯吗?

孩子“扔玩具”大致会经历如下的发展阶段：

（1）6~8个月的婴儿：开始出现扔东西的行为，不过这种行为是无意识的；

（2）10个月左右的婴儿：凡是能够抓到的东西，都会被孩子有意识地扔出去；

（3）2~3岁的孩子：把扔东西当作一种有趣的游戏。

当我们理解孩子的发展规律后，很多问题就迎刃而解了。但是很多家长还是无法理解，虽然孩子在成长过程中会出现扔玩具的情况，但是家长是不是应该纠正这样的不良行为呢？为什么东东妈妈允许东东肆无忌惮地扔玩具？

扔玩具的背后，其实是孩子在探索这个世界。

瑞士儿童心理学家让·皮亚杰将儿童的发展阶段概况成四个阶段。第一个阶段叫作“感觉动作认知阶段”（Sensorimotor Intelligence Period）（出生~2岁），这个阶段的孩子是用自己的动作来感知外在世界的，例如吸吮、抓握、扔以及拍打等。也就是说，孩子扔玩具，其实是自我学习的过程，孩子通过“扔”的动作来感知这个世界和自己的关系。

当孩子逐步学会“坐”和“走”之后，活动的视野范围扩大，他们通过自己的肢体语言去探索世界，感受物体与空间的关系，从而逐步形成空间的概念。扔玩具和搭积木垒高高一样，都是帮助孩子习得空间认知的能力，此外，孩子可以在扔玩具的过程中，提升手眼协调能力，促进视觉、触觉和听觉的共同发展。

所以，家长们要尊重孩子，在保证孩子安全的前提下，让他们自由探索，尽力去了解孩子行为背后的原因，真正读懂宝宝。

二、支持儿童，但是千万不要“伺候”儿童

家庭教育的第二项原则：我们尽可能支持儿童活动的意愿，但

不是“伺候”儿童，而是培养儿童独立的个性，不让儿童养成依赖的习惯。

——玛利亚·蒙特梭利《家庭中的儿童》

在一次家长开放日，丁丁（1岁6个月的男孩）的妈妈坐在蒙特梭利教室里观察。观察结束后，她很激动地告诉我：“这是我第一次看到丁丁自己吃饭、自己擦鼻涕，在家里，他可什么都不会啊！”

丁丁妈妈说：“在家里，丁丁很多事情都做不好。比如他有时候想自己吃饭，但总是把饭菜洒得到处都是。在家里，因为他吃饭不专心，喜欢一边看电视一边吃饭，这样饭菜很快就凉了，于是奶奶就得抓紧时间喂饭。”

最后，丁丁妈妈说希望丁丁在学校和家里都一样独立。

仔细思考一下，为什么孩子总是说“我不会”？成人总是顺理成章地归因于孩子太小，但是孩子真的不会吗？还是我们成人习惯代劳？

其实，是我们剥夺了孩子动手的权利。

当孩子自己吃饭时，虽然一开始动作很慢，或者吃饭现场“惨不忍睹”，但是在吃饭的过程中，孩子手眼协调能力得到提高，专注力和独立性提升，所有的活动都会逐渐变得有秩序。

穿衣、刷牙、洗脸、整理玩具，实际上都是孩子探索世界的过程。让孩子动手做这些事，能帮助孩子的动作变得越来越协调，提高孩子解决问题的能力，有利于幼儿良好性格的形成。

孩子终究要走向独立，这是生命发展的必然规律。

当孩子说“让我来倒水”的时候，尽管你知道孩子会把水洒出来，仍然可以鼓励他独立完成，因为没有谁天生就会各种技能，千万不要做一个全能型“保姆”家长。

三、留意和儿童的相处之道，关注儿童的情感世界

家庭教育的第三项原则：我们必须非常留意和儿童的相处之道，因为儿童对外界影响十分敏感，他们的感情世界比我们想象的还要细腻。

——玛利亚·蒙特梭利《家庭中的儿童》

一次，我带女儿去打预防针，在门口等候时，遇到一对夫妇和他们的儿子。小男孩大约2岁，当时，爸爸抱着小男孩，妈妈正忙着接电话。等了大约10分钟，还没有轮到我们进去打针。小男孩有些坐不住，他蹲在地上，开始摸地上的一块小纸片。爸爸立刻把他拉过来，对他说：“太脏了，不要去碰！”小男孩还是对地上的那一块小纸片很感兴趣，他挣脱爸爸的怀抱，再次蹲下来，开始摆弄小纸片。妈妈接完电话，看到孩子几乎是趴在地上的状态，于是责怪爸爸：“你是怎么带孩子的？”爸爸和妈妈开始小声争吵。这时，医生出来叫小男孩进去打针，小男孩使劲抓住门把手，不愿进门，妈妈说：“要勇敢！不要怕打针！”小男孩突然哇哇大哭……

生活中，这样的场景是不是很熟悉？

我们成人理所当然地认为，孩子胆小，害怕打针。真的是这样吗？

当时，这位小男孩的真实需求是什么？是不愿意打针，还是

对地上的细小事物感兴趣？

其实，成人经常忽略的，是孩子真正需要的到底是什么？哪些是成人自己的需要？哪些才是孩子的需要？

孩子掉眼泪的原因不是那么难以捉摸，最难的是成人的自我觉察。

很多时候，成人是孩子成长路上的绊脚石。

这位2岁的小男孩或许正处于“细小事物”的敏感期，这个年龄的孩子往往喜欢探索地上的小蚂蚁、小洞洞等。但是，成人阻止了他的探索。

当我们在路上遇到残障人士时，往往会慢下脚步、耐心帮忙。但当我们面对家里可爱的小孩“犯错”时，却缺乏理解和耐心。

很多刚开始接触蒙氏教育的新手妈妈们会觉得蒙氏教育是不是很难？是不是一定要去学校才行？其实，只要你按照以上三条基本原则来照顾孩子，你就已经开始践行“蒙氏教育”了。事实上，很多学校也都是把多种教育体系融合在一起开展教育的，在尝试的过程中，你最终会找到适合自己和孩子的教育模式。

Part2　教子有道：经典蒙特梭利理论

第 9 问：什么是人类倾向？

问：在蒙特梭利教育法中，有一些术语不好理解，比如“人类倾向”。“人类倾向”是什么？所有人的“人类倾向”都是相同的吗？

法国导演托马斯·巴尔姆斯用了两年的时间拍了一部精彩的纪录片《阳光宝贝》。这部豆瓣评分8.8分的纪录片分别记录了不同国家的四位婴儿从出生到走路的生命发展阶段。他们分别是来自非洲的庞倪骄、日本的玛丽、蒙古的贝雅以及美国的海蒂。

虽然孩子们来自不同的国家、不同的民族、不同的家庭，但是他们在成长过程中有很多的相似性。例如孩子们都在一岁左右学会了走路。

看完这部纪录片，我们发现：无论孩子属于哪个民族，生活在哪个国家，其生长环境怎么样，他们都有着人类共同的特征和共同的倾向。

蒙特梭利在不同场合谈到了人类共同的倾向，人类倾向帮助我们适应周围的环境。

具有医学和人类学背景的蒙特梭利很善于观察和总结，经过多年的观察，她发现人类有以下12种共同的倾向。

（1）探索　（2）方位　（3）秩序　（4）沟通
（5）抽象　（6）想象　（7）工作　（8）重复
（9）自我完善　（10）精确　（11）完美　（12）数学性心智

1. 探索

人类天生就有探索的倾向。

去旅游的时候，当我们看到美丽的浮雕，总是忍不住去摸一摸。我们的世界充满了美好的声音、气味、颜色等。我们需要通过探索了解这个充满美好事物的世界。

孩子天生就充满好奇，他们喜欢用自己的感官探索周围的事物，对这个精彩的世界有更多的了解，这就是为什么我们经常看到孩子什么都想摸一下，什么都放嘴里，然后经常会瞪大双眼仔细地看一样东西。

人们通过探索这个世界来认识自己和这个世界，并与整个世界建立关系。

2. 方位

人类需要知道他和他所处环境的关系。

婴幼儿学会爬行之后，总是在房间里到处探索，爬向不同的方位，去摸不同的家具，他们探索得越多，就会建立越多的参照点，然后这些参照点会成为他们的向导。等到了一定的年龄，他们总是习惯把一些东西放在固定的位置，不知不觉，他们已经有了“方位”的概念。因此，成人不要一直抱着他们，要放手让他们四处探索。

3. 秩序

人类的秩序感是与生俱来的，秩序分为“内在秩序”和“外在秩序”。

一个有秩序的家庭环境（外在秩序）可以帮助孩子建立有秩序的观念（内在秩序）。

秩序也可以帮助孩子建立参照点，年龄越小的孩子对秩序的需求越大。

孩子睡觉前如果突然少了睡前故事，就会辗转反侧无法入睡；突然换了一位照料者用不同的方式给孩子换尿不湿，孩子就开始哇哇大哭，这些都是孩子具备秩序感的体现。

4. 沟通

人们乐于向他人表达自己的想法。

不同国家的人，即使互相不清楚对方说的什么，也会用肢体语言表达自己的想法。失语症患者或者瘫痪在床的病人，也会用眼神和他人沟通。

5. 抽象

人类有别于其他动物，具有抽象的能力。这种人类倾向是我们和动物最大的区别之一。

抽象能力帮助人们不断改变自己的生活和生存环境。

人们在建造房屋之前，就已经构思好了房屋的布局和外观。

6. 想象

想象是一种特殊的思维形式。

想象是人在头脑里对已储存的表象进行加工改造，形成新形象的心理过程。它能突破时间和空间的束缚。

想象能起到对机体的调节作用，还能起到预见未来的作用。

人类运用想象力来进行创造。我们想象出来的事物，是有可能成为现实的，比如莱特兄弟发明飞机，也是从“想象”开始的。

7. 工作

人类本身有工作的需求，通过工作满足自己的需要。大家可能都有这样的感受：刚刚放假时欢呼雀跃，休息一段时间，不断看到朋友圈开始有人刷屏说在家待烦了，期待开学或者工作。

工作，可以让人类发现自己的价值。

8. 重复

蒙特梭利发现：“去研读人类的起源，就可以发现人类共同的规律——重复练习。”

比如，当你去学习乒乓球时，你发现总是接不住球，于是开始不断重复练习，最后不但学会了打乒乓球，甚至可能成为乒乓球高手。

人们需要重复做很多事情，不断自我完善。

9. 自我完善

“自我完善”和“重复”密不可分。

我曾经看到一位2岁半的小女孩拿着小水壶去浇花，第一次，水洒了一地，她捡起小水壶，再次去水龙头下接水；在第二次浇花过程中，水顺着叶子流到了地板上，她小心翼翼地继续浇花，最后终于成功地把水浇到了花盆里。

在重复的过程中，孩子们会对自己的错误进行修正，一直到自己满意为止。

蒙特梭利认为，人类从诞生那天开始，就有“自我完善”的倾向。例如，人类创造的石器制品越来越精美，从旧石器时代到新石器时代，人类在历史长河中不断犯错，不断“自我完善”。

10. 精确

人们常常追求“精确性”。

当我们写作的时候，总是会想：“这个词语放在这里是不是准确、贴切？”

当我们给他人发信息时，也会考虑：“这样说话是不是准确表达了自己的想法？”

当我们记录银行卡号的时候，总是习惯性地检查几遍，确保准确无误。

在教室里观察孩子时，我发现，当孩子看到其他同学把教具放错位置，他会不开心，或者提醒他人把教具还原。

人类本能地让自己的工作更加精确，当工作做得完全精确时，自己会有很大的满足感。这是我们共同的倾向。

11. 完美

人类有追求完美的倾向。人类不停重复地工作，在重复中自我修正，慢慢达到精确，最后达到完美的境界。

在恋爱初期，我们常常把对方幻想成完美的人。

孩子写字时，不停地用橡皮擦修改，直到觉得“完美”才停止。

12. 数学性心智

人们拥有数学性心智。

开会时，我们常常会数一数总共有多少人。

走台阶时，很多人会在心里默数有多少节台阶。

制作手工陶艺作品之前，我们会提前构思器皿的形状和容量。

……

即使一个儿童完全不接触数学，他的生活中也会有“数学”的影子，因为人们的生活离不开数学。在蒙特梭利教育中，数学已经融入每天的教学和生活，孩子们轻松地学习数学，人类的本性中就有数学发展的倾向。

人类的倾向不是后天形成的，是一种人类与生俱来的天赋本能，是一种自然的推动力。

蒙特梭利发现人类有这些共同的倾向，作为教育者，我们要思考如何帮助孩子利用他们的倾向性发展来完善自身，帮助孩子满足他们的发展需求。

人类的倾向不需要任何的干预就可以发生，就好像欲望一样，是很自然的现象。人类倾向使我们自己去寻找、去满足自己内在的需求，这是人类发展所必需的。

第10问：什么是精神胚胎？

问：小的时候老师对我们说，现在你们每个人都像一张白纸，在今后的人生中，会经历不同的事情、遇到不同的人，这样，这张白纸就会有不同的颜色。但蒙特梭利却认为孩子从一出生就已经具备了“精神胚胎”，每个孩子生来就是完全不同的。那么，什么是蒙特梭利所说的“精神胚胎”呢？

一、孩子不是一张白纸

在每一个新生儿诞生的时候，我们可以发现一种神秘的、伴随着肉体的精神降临于人间。

——玛利亚·蒙特梭利《童年的秘密》

刚出生的小马很快就能站立起来，抖动几下身体就能行走；

雏鸡从卵壳内钻出来，立刻能随母鸡啄取食物；

顽皮的小老虎从出生那一刻开始，就已经会自己站立了，在出生后的短时间内，它就能够敏捷地钻来钻去。

和其他动物相比，刚刚出生的婴儿似乎显得太柔弱、太无助。

和其他动物相比，婴儿一出生就需要有人悉心照料。

而且很有意思的是，从婴儿出生那一刻开始，成人立刻赋予自己神圣的责任感和使命感，很多人认为孩子就是一张白纸，需要成人涂涂画画，需要成人悉心照料，才能激发孩子内在的生命力。

是成人的悉心照料激发了孩子内在的生命力吗？

刚刚生下来的孩子真的是一张白纸吗？

在蒙氏教育中，孩子不是一张白纸。相反，孩子出生的时候有“精神胚胎（the Spiritual Embryo）”，这个“精神胚胎”就像一颗种子，引领孩子自我成长，“精神胚胎”中藏着孩子心灵成长的密码。

长时间以来，我们都认为孩子就是一张白纸，我们可以在上面画出最美的、独一无二的图画，我们可以设计孩子的未来，我们描绘什么，孩子就变成什么样。仔细想想，我们这代人中的一些人，就是被上一辈人当作白纸，被画得“乱七八糟”。

二、精神胚胎

提到“胚胎”二字，大家可能会想到胎儿。这里的胚胎有双重意思。蒙特梭利认为，人有双重胚胎期，一个是在子宫中的肉体胚胎，和其他生物一样；另外一个就是“精神胚胎”，唯独人类拥有。新生儿降生到这个世界后，他们将开始一个新的发展阶段——“精神胚胎期”。

剑桥大学心理学家布莱恩曾做过这样的研究。当我们在新生儿的床边制造一些声音的时候，有的新生儿会自然转向发出声音的方向，但是有的新生儿恰恰相反，他们会默默转开。有意思的是，他发现那些会转向声音来源的新生儿，更可能成长为外向的人，而另外一些新生儿更可能成长为内向的人。

从降生那一刻开始，我们每个人身上都存在着与生俱来的“精神胚胎”，每个人最初会表现出不同的气质类型，所以我们对于外部的刺激反应不同。但是在之后的成长过程中，这些最初的气质成为个人人格、特质的基础内核。

仔细思考，孩子从不会说话到会说话，从不会走路到健步如飞，从孤立无助到独立自主，这是一件很神秘的事情。最终，每个人成为独特的自己，有的人成为音乐家，有的人成为运动员，有的人成为艺术家，有的人成为教师。

每个人都带着各自独特的发展密码来到这个世界上，而正是这种独特的发展促进他们每个人去做不一样的事情。

——玛利亚·蒙特梭利《家庭中的儿童》

在成长过程中，人类有一种独特的、神秘的自我力量。

蒙特梭利提出“精神胚胎”的目的，是为了提醒成人正视婴幼儿的精神需要及精神主导的创造力，满足孩子的精神需求以及心理营养。

刚刚出生的孩子并不是一张白纸，任由成人涂鸦，他们是独立的精神胚胎，需要养育者给予尊重和回应。

很多成人把孩子比喻成一张白纸，其实这是自大的表现，没有给予婴儿足够的尊重，用蒙特梭利的话来说就是："自大是人类最糟糕的行为，成人自我膨胀到近乎神化的地位，这也是儿童承受诸多苦难的原因。事实上，就算是儿童确实真的握着打开内心世界的钥匙，这个时候，自我膨胀的成人也会不合时宜地强加干涉，挫伤他们自我实现的意愿。"

比如，新生儿开始哭的时候，很多人采用"哭声免疫法"，因为这让妈妈们很省心，短时间内见效良好。

美国流行的"哭了不抱，不哭才抱"的"哭声免疫法"的确可以训练出一个极少哭闹、让妈妈省力的乖宝宝。但根据调查发现，用"哭声免疫法"养大的孩子，后来或多或少地存在心理问题。

"哭声免疫法"背后的原理，其实就是成人自以为是地认为："孩子是一张白纸，你怎么塑造他，他就成为什么样的人。"

孩子不是一张白纸，而是一颗种子。这颗种子有着自己的成长规律——生根、发芽、开花、结果等。成人要做到不干涉种子的成长，不拔苗助长，不压制孩子的发展。

> 儿童以精神胚胎的形象出现在我们面前，赋予我们新的责任，那个脆弱、优雅的小东西，那个受我们喜爱，被我们用过多的物质包围，几乎像是我们玩具的婴儿，必然唤起我们心中对他的崇敬。我们必须崇拜儿童。
>
> ——玛利亚·蒙特梭利《家庭中的儿童》

蒙特梭利反复强调，儿童是成人之父，我们应该崇拜儿童。

这诠释了成人和孩子的关系。

妈妈们，当孩子需要拥抱的时候，我们就去爱他、拥抱他。

妈妈们，我们应该给孩子提供适宜的环境，而不是破坏孩子的成长环境。

蒙特梭利说：“我们对儿童所做的一切都会开花结果，不仅影响他一生，也决定他一生。”

成人对于婴幼儿的态度将影响其一生。

第 11 问：什么是吸收性心智？

问：曾经在很多地方看见过“吸收性心智”这个理论，很多早教中心也会告诉家长要把握住孩子“吸收性心智”的特点，抓住学习的黄金期，是这样吗？

一、放羊娃的故事

有一个故事对我触动很大。

曾经有一位记者采访一个放羊娃。

记者问：“你每天做什么？”

放羊娃：“放羊。”

记者问：“那放羊是为了什么？”

放羊娃：“挣钱。”

记者又问："挣钱是为了啥？"

放羊娃："娶媳妇。"

记者接着问："娶了媳妇，然后呢？"

放羊娃："生娃。"

记者最后问："生了娃，让娃干啥？"

放羊娃："放羊。"

听完这个故事，刚开始我觉得放羊娃的梦想太平凡，但是，贫瘠的教学资源限制了他对未来的憧憬。对于一个没有见过车水马龙的孩子来说，他眼中的世界不过是面前的羊群以及那一片绿油油的草地，这也是非常正常的。

因为家里人的言传身教，再加上周围环境的影响，他跟祖祖辈辈一样，也走上了放羊的路。

小猫生下来就会喵喵地叫，小狗也是出生后就会汪汪地叫，但是人类却不一样，初生婴儿不会说话只会哭，他们通过吸收环境中人类的声音，慢慢地学会说话。

孩子是怎么学会说话的呢？

有人说："孩子善于模仿。"作为老师和父母，我们会发现，小孩子的模仿能力很强。往往大人一个不经意的举动，就被孩子看在眼里，然后某天我们突然发现，孩子的言行里有大人的影子。但是，模仿的背后是什么呢？孩子到底是通过什么来学习的呢？

二、吸收性心智

今天我们来讨论一下0~6岁孩子的学习方式。

在蒙氏教育中有一个核心的概念，即“吸收性心智。”

0~6岁的孩子具有“吸收性心智”，这是一股特别的力量，这样的力量会驱使孩子大量地、全面地吸收环境中的一切。

蒙特梭利在《新世纪的教育》一书中这样说：“孩子吸收环境中的一切，并在心理层面烙下深刻的印记，这些印记进入孩子的心智，也构建孩子的心智，成为心智的一部分。”这种心智就叫作“吸收性心智。”

蒙特梭利将“吸收性心智”比喻成照相机。

想象一下，如果我们成天生活在监控之中，或者每天被人拍下大量的照片，大家会是什么样的感觉？作为父母，我们身边就有这样一台小小的“照相机”——孩子。“照相机”只要轻轻一按，就会将所有的细节记录下来。孩子就是这样，走到哪里就照到哪里，有的细节部分当时是不被看见的，这一切都需要时间来呈现。无论美好丑陋，孩子都可以不带任何偏见全部一一摄取，还会对所发生的事情进行精确的描述。

我的班上曾经有一位3岁的幼儿，名叫朵拉，她刚刚进入幼儿园1个月左右，她总是能记住全班28位小朋友鞋子的摆放位置。一天，老师组织小朋友去户外活动，她很快换上了户外的鞋子，并把刚刚穿的鞋子摆放在正确的位置。老师说：“好的，现在所有人都换好了鞋子，我们出发吧！”可朵拉不愿意离开，她看起来很不开心。老师询问其原因，朵拉说：“有两位同学的鞋子位置放错了。”老师们理解这是缘于孩子的秩序感，但是看了半天，也不知道是谁的鞋子放错了位置，朵拉走过去指了指最右边的两双鞋子，老师恍然大悟。

鞋子的顺序调整好了之后，老师就准备带孩子们去操场。但是朵拉还是愁眉苦脸，看起来心事重重，助教老师询问其原因。朵拉说："张老师还没有换户外鞋子呢！"老师们听后，赶紧换上户外鞋。朵拉终于开开心心地出去参加户外活动了。

我们的孩子就像照相机，随时拍下身边的一切。

所以，成人对孩子的言传身教是潜移默化的，非常重要。

在美国曾经有这样两个人。一位是爱德华，他是受人尊重的哲学家。在爱德华8代子孙中，曾有13位大学校长，100多位教授，80多位文学家，20多位议员和一位副总统；另一位叫作珠克，他是一个没有文化的赌鬼和酒鬼，在他的8代子孙中，有300多名乞丐，7个杀人犯和60多个盗窃犯。

了解吸收性心智后，我们不难发现：成人和孩子的学习方式其实是不同的，每一个人的身上都有整个家族的影子。

成人常常是依照旧经验来学习。例如我们第一次到一个陌生的国家，听到周围的人不停地说话，虽然听不懂，但是根据经验，我们知道那是"语言"。

但是孩子往往是通过吸收环境中的一切来学习，所以作为家长，我们的角色是什么呢？是良好环境的塑造者，还是孩子成长路上的绊脚石？

孩子是父母的复印件，孩子是父母的缩影，一举一动都是父母的模样。

家庭教育中藏着孩子的未来。

第12问：什么是共生期？

问：我怀孕8个月了，宝宝即将出生，我有些忐忑，分娩后宝宝是应该挨着妈妈睡觉，还是由育儿嫂全天看护，这样我可以休息得更好？

了解“共生期”之前，我们先来了解一个有意思的现象：“共生关系。”

大自然中的海葵和小丑鱼、犀牛和犀牛鸟以及人体和大肠杆菌，它们彼此互利地生存在一起，缺此失彼，一方都不能生存。这种关系就是“共生关系”。

而今天我们要讨论的“共生期”有着类似的特质。

“共生期”特指人类婴儿和其母亲，在孩子出生后6~8周的重要时期。“共生期（Symbiotic Period）”一词来源于希腊语，“sym”代表“共同”；“bios”是指“生活”。这是一个共同作用于母亲和孩子的转型时期。

一、共生期的必要性

在这一时期，由于生理和心理的双重原因，妈妈和新生儿必须一起生活。

1. 生理原因

当孩子还在妈妈肚子里的时候，一切营养物质通过胎盘轻松地传递到胎儿体内。当孩子来到这个世界，他的身体预备好了生存必需的呼吸功能和吮吸的能力。但他必须通过吮吸妈妈的乳房来获得食物。而母乳不仅为孩子提供特需的营养物质，还能将母亲的免疫能力传递给孩子，帮助弱小的孩子在生命最初的日子，减少疾病的伤害。

对于刚刚分娩的母亲而言，一方面，新生儿的吮吸可以刺激子宫收缩，免受大出血和感染的危险。另一方面，孩子对乳汁的需求，不仅让妈妈的大脑指挥乳腺不断充盈乳汁，还让产后妈妈体内的“催产素”水平急剧增加。“催产素”能够让妈妈感受到爱和幸福，缓解产后的身体不适以及频繁喂奶的辛苦，更愿意全身心地投入到和孩子的日夜相处的生活。

共生期的婴儿，需要的可不仅仅是奶。第二次世界大战后，罗马尼亚某孤儿院照看婴儿的人手不够，虽然婴儿有食物和水，也有小床睡觉，但由于缺乏拥抱、抚摸和沟通，大部分婴儿相继死去。共生期内，婴儿有着强大的心理需求。

2. 心理原因

长达9个月的孕期，孩子已经熟悉妈妈子宫内的环境，羊水的压力、温度，妈妈的心跳声、脉搏声，以及外界爸爸妈妈说话、唱歌的声音。这一切都是孩子获取安全感的参照物。从子宫到外在环境，对孩子而言是颠覆性的改变。设想一下，你突然去到陌生的非洲原始部落开启新的生活，失去你熟悉的居住环境、人际关系，不能联系亲朋好友，还要适应当地严酷的气候、听不懂的语言、不认识的人，你会觉得舒适还是不安？对于新生儿来说，这种不安全感更甚。

因此，分娩后婴儿应该尽快和妈妈待在一起，而不是被助产士或者育儿嫂冷漠地拿去清洗。熟悉的心跳和气味，有助于宝宝减轻恐惧感。

对于新手妈妈而言，分娩后，几个月以来沉甸甸的肚子突然空了，这种落差会引起不安和焦虑。新手妈妈也需要孩子时时在身边，来确认孩子并没有丢失，只是换了一个位置存在。

因此，在共生期，频繁地母乳喂养、拥抱和依附，在一定程度上继续着母子以前合二为一的关系。借由生理上的“共生”，妈妈和孩子以一种不同的，但仍旧“在一起”的方式，双方获得了必要的心理慰藉。

共生是一种现象，在这种现象中，双方都给予对方一些非常重要而对方却没有的东西，所以，他们共同生活能最大限度地稳定各自的生活。在这一过渡时期，这两个独立的个体相互需要。

二、共生期对孩子的重要意义

了解了共生期后，我们来看一看高品质的共生期会带给新生儿什么。

1. 建立优先关系

孩子和孕育他的母亲天生就存在优于他人的亲密关系。孕期中的孩子已经可以通过嗅觉和味觉知道妈妈的饮食喜好，熟悉妈妈的声音，感知妈妈的情绪。可以说，妈妈就是胎儿的全部世界。

孩子在出生后，和妈妈通过喂奶、拥抱、说话、唱歌等不同的方式继续了解对方。这有助于孩子形成一种“优先关系”，这种关系将永远保持。这是一种发自内心的归属感。共生期中形成的“优先关系”会变成孩子未来的亲密关系的模式，影响他们未来的亲密关系，包括和朋友、同事、伴侣以及未来子女的关系。

当然，这种优先关系不仅仅局限于母亲，其他成人也可以在母亲缺位或母亲暂时没有能力带孩子的情况下，和孩子建立这样的联系，暂代“母亲”的职能。

2. 建立对环境的信任

在共生期，新生儿开始建立对外部世界的基本信任，相信他所来到的世界能理解并回应他的所有需求。

基本信任感最早是由著名心理学家爱利克·埃里克森[①]提出

① 爱利克·埃里克森（1902—1994），美国精神病学家、发展心理学家和精神分析学家。

的，他认为基本信任感或基本不信任感就是在这一时期形成的。

当新生儿有需求时，就会发出一种特定的哭声，如果被正确地理解并且需求得到满足，孩子就会逐渐相信世界是一个美好的地方，在这个地方，他的需求会得到满足。这就是基本信任感的基础。

有了对周围环境的基本信任，孩子才会有强烈的生存信念，对外界保持积极乐观的态度，才能积极面对今后漫长人生中的不断分离，例如断奶、上学、工作等。

三、如何创建高品质的共生期?

既然共生期如此重要，新手父母究竟应该如何做呢？我们的两大原则是：

第一，让孩子尽可能多地待在妈妈身边。

第二，当孩子发出有需求的哭声时，及时并温柔地回应，满足他的需求。

可能会令新手父母抓狂的状况是，孩子哭了，却不知道他为什么哭，不知道他有什么需求，只是抱起来摇晃，或者一哭就喂奶。一般来说，孩子在出生后，会建立起一套自己的“吃喝拉撒睡”的模式和时间表。妈妈通常能够大致判断在什么时间孩子饿了、困了，或者拉臭臭了。甚至可以区分不同需求下哭声的不同。

需要注意的是，不要忽略除了生理需求之外的精神需求，即使再小的孩子，也需要有人对他说话，帮助他启动语言发展的可能性和感受到被关注，需要适合他的玩具以满足大脑的发育，需要抚摸来感知自己的身体和被爱。

四、共生期，爸爸可以做什么？

前面我们一直在谈孩子和妈妈，好像爸爸可以轻松地在一边打游戏了。实际上，爸爸们需要成为共生期母子（母女）的保护伞，可以做除了喂奶之外的几乎所有事情。妈妈们，请将下列清单推送给爸爸们：

（1）给孩子做婴儿抚触，爸爸的手带给孩子不同的触感体验；

（2）给妈妈按摩，说该说的话，避免妈妈产后抑郁；

（3）给孩子换尿布、洗尿布；

（4）给孩子换衣服、洗衣服；

（5）给孩子洗澡，爸爸强壮有力的胳膊会让孩子觉得更安全；

（6）给孩子唱歌，爸爸低频的声音有助于孩子大脑的发育；

（7）照看好家中的哥哥姐姐，让他们不会因为新生儿的到来而感到被冷落；

（8）带新生儿去散步，让妈妈有独处的时间或者与家中大宝相处的时间；

（9）接待前来恭贺的亲朋好友，保证母子（母女）休息时不被打扰。

以上这些活动贵在坚持。每天重复进行，为爸爸和孩子建立亲密的关系奠定了基础。正如妈妈把母乳喂养当作自己的特殊“活动”，爸爸也需要属于自己和孩子的特殊活动。因此，爸爸在共生过程中具有双重作用：成为妈妈和孩子的保护屏障，以及形成自己与孩子的特殊父子（女）关系。

西尔瓦娜·夸特洛奇·蒙塔纳罗博士在其著作《生命重要的前三年》中强调：

> 产后6~8周间发生的事所隐含的深层意义将持续影响孩子一生。我们的责任是要尽所有可能用心呵护这个时期。因为这对母子二人而言都是非常重要的。父母应把自己准备好，以迎接孩子的来临。
>
> ——西尔瓦娜·夸特洛奇·蒙塔纳罗《生命重要的前三年》

第13问：什么是正常化？

问：我们家大宝现在读的就是一所蒙氏学校，老师经常会提到一个词——“正常化”，这里的“正常化”是什么意思呢？为什么对孩子来说是一件很重要的事情？

一、什么是“正常化”？

听到“正常化”这个词，家长们可能会问：“我的孩子不正常吗？为什么要让他正常化发展？”

其实，这个词没有贬低之意，也不是指“通过治疗等手段让孩子变得正常”。

蒙特梭利博士曾经在大学担任人类学的讲师，“正常化”这个词，是她借用了人类学的术语进行的表达，意思是："成为一名有贡献的社会成员。"

"正常化"是蒙特梭利教育中的一个重要概念。蒙特梭利认为："正常的儿童由于心智早熟，已经学会克制自我，平静地生活，他宁可有秩序地工作，也不愿无所事事。"儿童的正常化是蒙特梭利教育最主要的成果，也是主要教学目的之一。

要弄清楚蒙特梭利教育中的"正常化"，我们先看一看下面这张图。

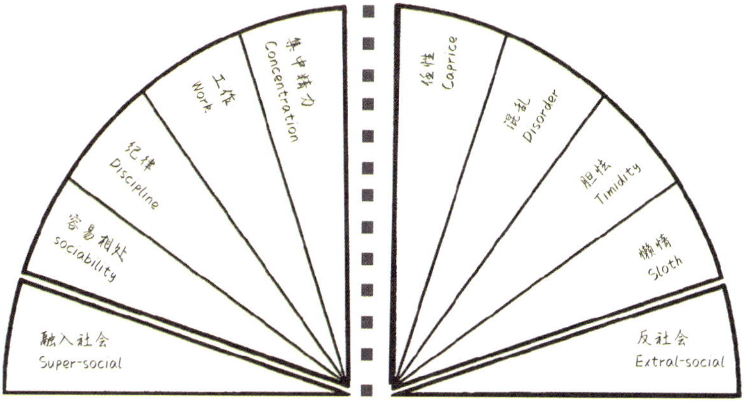

这张图来自蒙特梭利的《吸收性心智》一书。通过观察，我们会发现图中间有一条虚线，这一条线代表孩子正在集中专注力做某件事情，孩子正处于"正常"的状态。每一个扇形里面有一些词语，这些词语代表孩子的不同特征。

我们看看左边的区域，"正常化"孩子的特征有"集中精力、工作、纪律、容易相处和融入社会"，尚未处于"正常化"的儿童则表现为"任性、混乱、胆怯、懒惰和反社会"。

看到这些词语，你希望自己的孩子将来具备怎样的特征呢？

如果孩子集中专注力做某一件事情，右边的区域就会消失，也就是只剩下左边的五个区域。

值得注意的是，孩子是通过自己的专注，获得正常的发展，这是一种人格的自我建构。如果孩子出现了右边的“缺陷”，比如，孩子很懒，成人想方设法纠正孩子懒惰的习惯，希望通过教育，孩子可以变得勤快起来，但是很多时候弄巧成拙，对吗？在蒙特梭利教室，如果老师发现孩子很“懒惰”，老师第一时间应该反思：“是不是我没有提供适合孩子的、能够让孩子专注的、能够让孩子感兴趣的工作？”老师提供适合孩子的自由环境，孩子在这个环境中找到感兴趣的工作，他的双手开始忙活起来，开始变得专注，慢慢开始走向“正常化”。

二、希望儿童正常化，成人应该怎么做？

儿童的正常发展来自专注于某项工作。

——玛利亚·蒙特梭利《吸收性心智》

1. 给孩子提供“工作”

蒙特梭利教育中，经常出现“工作（Work）”这个词语。

当你站在一间蒙特梭利教室外面，看到一位孩子正在专心擦桌子，园长可能会介绍，这是孩子正在做“擦桌子的工作”。

这里所说的工作，不是我们平时所指的成人每天的工作，成人的工作是有目的性的，例如，需要通过工作实现自我价值，需要通过工作养家糊口，但是孩子们的工作目的不同，孩子工作的目的就是工作本身，一遍又一遍地重复手里的事情，而且完全不被外界所打扰，专注地做每一份“工作”，这是一种有教育意义的活动。

要帮助儿童“正常化”发展，就需要给孩子提供各种有意义的工作，让孩子在工作中变得专注。在家里，我们也可以给孩子提供各种工作，比如让孩子做一些力所能及的家务（收拾玩具、给植物浇水等）。

与其买很多没有教育意义的玩具，还不如让孩子做一些有意义的“工作”。

2. 给孩子真正的自由

工作和自由，是孩子实现正常化的必要条件。

提到自由二字，有的家长会说：“不能给孩子自由，这样孩子就闹翻天了。”

3岁的牛牛从小生活在农村，是爷爷奶奶带大的。快上幼儿园了，妈妈把牛牛接到城里，给他找了一所蒙特梭利幼儿园。一天晚上，妈妈说，牛牛在家里踢球，小脚不停地把球踢到墙上、天花板上，甚至把球踢到了正在看书的姐姐后背上，姐姐吓了一跳。一不留神，牛牛的球把家里的鱼缸撞坏了，妈妈火冒三丈，说都是爷爷奶奶惯的，以后一定要好好管一管他，不能让他这么“自由”！

妈妈跟老师说自己很困惑，不知道给孩子自由到底是好事还是坏事。

蒙特梭利教育提倡的自由，其实是建立在规则上的自由。“自由”不等于“放纵”，我们千万不要认为，给孩子“自由”，就是允许孩子“为所欲为”。

管教孩子的黄金法则：不伤害自己、不打扰他人、不破坏环境。换句话说，如果孩子的行为既不伤害自己，也不打扰别人，同时不破坏环境，那么不妨让他们按照自己的想法自由发展，这是他们学习、成长的过程。

我们回顾一下刚刚的案例。牛牛在家踢球，已经破坏了环境，并且打扰了正在看书的姐姐，此时家长不要让孩子继续这种破坏行为，应该限制孩子的行为，并且找时间和孩子一起制定规则，例如不可以在家里踢球、不能打扰他人学习等。

蒙特梭利说：“孩子做事没有规律，是因为曾经有人强制他们做事有规律；儿童懒惰，是因为他们曾经被强制去工作；儿童不听话，是因为他们曾经被强制听话。”

教育者所要做的是，提供一个适宜的环境，给孩子真正意义上的自由。

让孩子在自由的环境中，专注于自己感兴趣的工作，培养专注力，进而培养纪律性和责任心，走向正常化的道路。

3. 不要破坏孩子的专注力

儿童的正常化发展基于专注于某项工作，如果我们只是给孩子提供各种工作是不够的，孩子需要处在专注的状态，才可能走向“正常化”。

生活中，孩子的专注力经常被破坏。

2岁的左左正蹲在地上看小蚂蚁，妈妈马上把她抱起来，对她说：“太脏了，我们回家。”

4岁的羽羽正在看绘本，奶奶端来牛奶说：“宝贝，赶快趁热喝！”

7岁的雨桐正在看动画片，爷爷说：“别看了，快去写作业。”妈妈说：“这一集讲的什么啊？”奶奶说：“饭都凉了，吃了再看吧，乖！”

法国生物学家乔治·居维叶（Georges Cuvier）说：“天才，首先就是专注力。专注力就是知识的窗户，没有它，知识的阳光就照射不进来。”专注力是学习的第一步。如果总是难以集中专注力，对一个孩子的负面影响不言而喻。但是，家长们常常不知不觉就成为破坏孩子专注力的“帮手”。

蒙特梭利说：“除非你被孩子邀请，否则永远不要去打扰他。”

作为家长，我们不要破坏孩子的专注力，我们要给孩子提供一个可以让其专注的环境，并且在这个环境中，提供适合孩子身心发展规律的“工作”，那么儿童才可能实现“正常化”。

4. 多观察，少贴标签

一位家长曾分享过一个案例。

一次，邻居家1岁的小男孩东东和他的妈妈来我家玩，东东想拿我女儿青青（那时候我女儿2岁多）手里的小汽车，他一把推开青青，小汽车哐当一声掉在地上，我女儿哇哇大哭起来，东东坐在地上开始玩小汽车。东东妈妈连忙说：“还给姐姐，还给姐姐。”东东头也不抬，继续摆弄小汽车。东东妈妈不好意思地说：“家里有很多玩具车，他看都不看一眼，有的玩具没有拆封，买了一堆小汽车都变成了废铁，家里也有一辆小汽车，和这辆小汽车差不多，这孩子太任性了！”

生活中，很多孩子对家里的玩具完全没有兴趣，到了幼儿园却喜欢抢小朋友的玩具。这个时候，大人不要马上给孩子贴标签，认为孩子是“小霸王”“太自私”“太任性”。家长们要仔细观察，分析孩子为什么出现这种行为。孩子出现“抢玩具”的行为，背后有很多原因，有可能是为了引起对方的注意，有可能孩子只关注自己的需求，缺乏自控力，无法抵抗诱惑，有可能孩子不被他人接受，无法融入集体……

蒙特梭利观察发现，在一些富人家庭里的孩子身上出现了一些偏差行为，但是后来逐步走向了“正常化”。当老师给一个孩子示范教具，其他小朋友就跑过来吵吵闹闹地围观，他们还喜欢从其他人手里抢玩具，此外，还经常在屋子里乱跑，甚至用脚踩教具。总的来讲，一开始，这些孩子们的专注力很差，经常是拿起一件教具，很快扔掉，又去拿另外一种教具。

教师仔细观察这一切，不断调整教室环境，不久，这些孩子发生了变化，从一开始的吵吵闹闹、秩序混乱，到后面遵守纪律、井然有序。孩子们开始对教具产生兴趣，开始把注意力放在自己感兴趣的工作上，这就是孩子自我完善，这就是孩子走向“正常化”的过程。蒙特梭利在《吸收性心智》中提到，儿童的这种转变（走向“正常化”），要通过集中专注力，用手做事情来完成。

所以，在孩子出现各种行为问题时，成人要先观察，多思考其行为背后的原因，不要轻易给孩子贴上“调皮”“捣蛋鬼”等标签，因为这不仅不能帮助孩子尽快走上“正常化”的道路，还有可能适得其反。

儿童的正常化是他们与生俱来的一种能力，出现偏差是因为受到了外来的阻碍。我们要给孩子提供适宜的环境，给孩子提供适合其年龄的工作，让孩子在自由的环境中，专注于某项工作，这能很好地帮助儿童走向“正常化”，协助其生命的发展。

第 14 问：什么是儿童的敏感期？

问：孩子为什么突然开始喜欢扔东西？孩子为什么突然喜欢说“屎尿屁”？孩子以前喜欢捡地上的小东西，现在为什么又不喜欢了？为什么每个孩子的成长环境截然不同，但这些阶段却几乎都会经历？

其实，孩子还是那个孩子，只不过他正在经历人生中宝贵的敏感期，这正是学习的好时机。孩子出生后，会经历不同的敏感期。在敏感期，孩子可以轻松地掌握一些能力。

一、敏感期的定义

什么是敏感期呢？

敏感期指一种特殊的敏感性，生物是在其早期仍处于个体发育的过程中获得的这种敏感性。它是一种暂时的现象，一旦这种特质被获得之后，这种特殊的敏感性就消失了。

——玛利亚·蒙特梭利《童年的秘密》

通俗来讲，敏感期是指0~6岁的孩子在成长过程中，受到内在力量的驱使，在某个时间段，专心吸收环境中某一事物的特质，并且不断重复实践的过程。

孩子在敏感期会表现出某种特质，对某种特定的技能表现出浓厚的兴趣和学习能力。例如处于语言敏感期的孩子，学习语言的能力甚至超过成年人。

二、敏感期概念的提出

下面介绍一下毛毛虫的敏感期。

荷兰科学家、植物学家、遗传学家佛里注意到一个有意思的现象，刚刚出生几天的蝴蝶幼虫（毛毛虫）竟然可以轻松吃到树枝末梢的小嫩芽。通常，出于本能，蝴蝶会把卵产到一个相对安全的位置，一般是树干跟树枝连接的某个角落，这个角落非常隐蔽。那么，是谁告诉这些刚刚钻出外壳的小幼虫，它们所需要的食物在远远的树梢上呢？原来，小幼虫是凭借其对光线的敏感，爬啊爬啊，就顺利到达了最亮的地方，也就是小嫩叶的位置。

让人吃惊的是，当这些蝴蝶的幼虫长到有能力吃比较粗的食物时，它的敏感期就消失不见了。它不再对光线敏感，也不会被光线所吸引。于是佛里把这个特殊的阶段叫作“敏感期”。

1917年，蒙特梭利在荷兰演讲，佛里发现，蒙特梭利有关儿童发展的理论和生物学上“敏感期”理论不谋而合，之后，他建议蒙特梭利用“敏感期”来描述儿童的这种特质。

通过观察，蒙特梭利在儿童身上发现了“敏感期”，并把它运用到了教学上。

三、六大敏感期

蒙特梭利通过观察，总结出儿童具有的各种敏感期，包括：

（1）秩序敏感期；
（2）语言敏感期；
（3）动作协调敏感期；
（4）细小事物敏感期；
（5）感官精细化敏感期；
（6）社会行为敏感期。

蒙特梭利发现：“孩子有这种类似的敏感性，在某一段时间，他们能够轻松学会每件事情，对一切事情都充满活力和激情。”

有一个很形象的比喻，可以帮我们理解“敏感期”这个概念。当孩子对某些东西敏感的时候，就好像来自于他自己的一道光照亮到这些东西上，而没有照到其他物品上，被照到的东西仿佛构成了孩子的整个世界。例如处于“细小事物敏感期”的孩子，往往会一直专注地看着地上的小蚂蚁或者小黑点，其他人说话他也听不见一样，对其他的事情漠不关心。

1. 秩序敏感期

儿童自然拥有一种对于秩序的感受力。

——玛利亚·蒙特梭利《童年的秘密》

看到杂乱无章的外部环境，处于秩序敏感期的儿童往往会产生激烈的反应，甚至会乱发脾气。

蒙特梭利曾举过这样一个例子。

一天，一位女士去一位六个月大的婴儿家做客。婴儿看到这位女士来到自己的房间，并把一把伞随手放在桌子上，她的眼睛盯着那把伞（而不是那位客人），不一会儿，婴儿开始烦躁不安大哭起来。这位女士以为婴儿被这把伞吸引了，于是她微笑着把伞送到孩子的面前，但是孩子把伞一把推开了，反而哭得更大声了。这位女士想尽一切办法去安抚宝宝，但是都没有用。

孩子的母亲把这把伞放到另外一个房间，婴儿马上安静下来。

这位婴儿变得焦躁不安之前，盯着那把伞很长时间，一件东西放在了不当的位置，就严重打乱了她的秩序，于是她开始变得不安。

在《童年的秘密》一书中，蒙特梭利博士说："当婴儿看到东西放到了适当的位置，会变得热切和快乐。"

一天中午，2岁的女儿在吃饭前突然开始哭闹，一边哭还一边看着爸爸，嘴里嚷嚷着："妈妈的椅子，妈妈的椅子。"原来，平时我们固定了就餐的座位，但是当天爸爸坐在了我的位置上，于是她就开始变得烦躁不安。当我们把位置互换后，女儿就停止哭泣，开始愉快地吃饭了。

这样的事情还有很多。外出时，一定是她去开门，如果我们先开了房门，她就要重来一遍。又或是爸爸回家的时候，一定是她第一个去开门，然后递上拖鞋，再抱抱爸爸。如果爸爸自己打开了门，她就开始哼唧着说："我来！我来！"有时候，她还会立刻把门关上，然后再微笑着给爸爸开门，递上拖鞋，再抱抱爸爸。

儿童秩序的敏感期通常出现在0~3岁，很多时候，孩子在敏感期的表现会被误解为“执拗”“不懂事”。当孩子要求“重新来一遍”时，只要没有不良行为，不妨就重新来一遍，否则我们需要花更多的时间去平息孩子的情绪，也不利于孩子的发展。

2. 语言敏感期

通常来讲，0~6岁是儿童语言的敏感期。

蒙特梭利说：“如果孩子不根据敏感期的指令行事，他就会永远失去那种超越自我的机会。”换句话说，孩子的语言敏感期是不可逆的，如果错过了，就再也找不回来，学习语言就会变得费劲。请看下面两个故事。

1920年，人们在印度的一个村庄发现了一个狼窝。这本不是什么稀罕的事情，但是狼窝里面居然有两个长得很像人的“怪物”，这两个“怪物”一直跟在狼的身后。后来人们发现，这两个“怪物”是两个小女孩，这在当时引起了轩然大波。两个女孩，一个大约7岁，一个大约2岁，这两个孩子后来被村民解救并送到了孤儿院。

人们发现，两个孩子的生活习惯和狼非常的相似，每到半夜会像狼一样嚎叫，行为举止和狼一模一样，并且完全不会说人类的语言。人们开始教这两个孩子识字和说话，不幸的是，小一点的女孩很快不幸死亡；经过7年的学习，年龄大一点的孩子只会简单地说四五个词，勉强地说几句话。当她16岁去世的时候，智力和3~4岁的孩子差不多。为什么她花了7年的时间，也没能学会人类的语言呢？因为她错过了语言的敏感期，所以很难达到像常人一样的语言水平。（《狼孩的故事》）

第二次世界大战期间，一位士兵在森林里迷路了，他在深山里生活了20多年，成了名副其实的“野人”。当他被解救的时候，他的表达有点词不达意，说话结结巴巴，出现了语言障碍，但很快他就能流畅地和他人交流，并且把自己在深山中的经历描述出来。后来，这位士兵还结婚成家，过着幸福的生活。（《与世隔绝的士兵》）

这位士兵虽然与世隔绝20多年，但是0~6岁的语言敏感期，他是在人类社会中度过的，他的语言水平很快恢复，很快过上了正常人的生活。

以学英文为例，成人往往觉得记单词挺难的，处于语言敏感期的孩子却很容易记住新学的单词，甚至是句子。女儿3岁左右时，喜欢听英文童谣《鹅妈妈童谣》，我经常陪她阅读，并且播放《鹅妈妈童谣》的原声音频。2~3个月过去了，我只能记住前面第一篇童谣*Jack and Jill*，但是她可以背熟全部的童谣，不得不羡慕敏感期儿童的语言学习能力啊！

我在儿童之家的其他孩子身上也发现了这样的现象，原来我带过一个叫彤彤的小女孩，2岁的时候，她来到儿童之家，每次大家饭前念感恩词的时候她都低头不说话，2周之后，她的妈妈跟我说：“彤彤在家居然可以念中英文的感恩词，听起来好难，教我4~5遍我都没有学会。”0~6岁的孩子处于语言敏感期，很容易学会某种语言。

孩子出生后，即使他什么都不会说，我们也可以多对着他讲话；给孩子做按摩抚触的时候，可以一边讲故事，一边按摩；给孩子换尿不湿的时候，可以告诉孩子：“现在要换尿不湿啦！”婴儿生活在丰富的语言环境中，就容易学会说话。

面对处于语言敏感期的孩子，家长们不妨这样做：

（1）多和孩子对话交流，增加孩子的词汇量；

（2）当孩子说“脏话”，例如“屎尿屁”时，家长要冷静处理，千万不要“大惊小怪”，要正面引导；

（3）多给孩子讲故事；

（4）提供适合孩子的绘本或点读书等。

3. 动作协调敏感期

某一天，孩子突然喜欢钻桌子、扔玩具，喜欢走坡路，在家上蹿下跳，做出高难度的危险动作。家长不用为此担忧，这是孩子“动作协调的敏感期”到了，是孩子良好发展的表现。

动作的发展包括两方面：精细动作发展和大动作发展。

精细动作包括剪、涂、贴、捏、扔等；大动作包括翻、坐、爬、走、跳、钻等。

常见的错误做法是，因为担心孩子的安全，就限制孩子的运动范围和方式。例如不允许孩子到处爬，于是孩子被家长关在小小的围栏里面。

孩子被关在围栏里，确实看起来很安全，但是孩子的需求是什么呢？家长不妨提供安全的环境，让孩子去爬，促进孩子的大动作发展。

儿童喜欢爬来爬去，上蹿下跳，一定不是无缘无故的，这是儿童动作发展的内在需求。

孩子有动作协调敏感期，而成人没有。成人回到家觉得很累，喜欢安静，所以往往会指责孩子太“闹腾”，影响自己休息。

动作的发展影响孩子的思维发展水平。成人会因为孩子学习进步而开心，但是从爬到走，从走到跳，也是孩子动作良好发展的体现，为什么我们要去限制他们?

宝宝出生后，会经历翻身——坐立——匍匐前进——爬行——扶物走——独立走等主要阶段，这是宝宝的大肌肉发展顺序，在不同的阶段，我们要提供符合宝宝动作协调发展的环境，满足孩子不同阶段的运动需求。

例如给6个月内的婴儿提供健身架；给7~8个月的婴儿提供爬行垫；给9个月左右的婴儿提供扶手杆，方便他拉杆站起来；让学步儿自己走，而不是一直抱着；多带宝宝去户外宽阔的地方玩耍，那么家里的花瓶被打碎的概率就小了很多。

只要孩子处于安全的环境，就允许孩子自由探索吧！

概括地说，家长可以从以下几个方面入手，支持动作协调敏感期的孩子。

（1）提供适宜的环境，满足孩子动作发展的需求；

（2）鼓励孩子多运动；

（3）多带孩子去户外活动。

4. 细小事物敏感期

一位朋友说，自己2岁的儿子太不爱干净了，总是喜欢捡地上的小饼干屑吃，她给儿子饼干，儿子不领情，还是低头不语，继续捡小饼干屑吃。她担心孩子会不会有什么怪癖，或者是不是有自闭症的倾向，考虑带孩子去看医生。

孩子突然对于细小的事物感兴趣，或许是因为孩子正在经历“细小事物敏感期”。孩子会对小东西特别感兴趣，我们可以支持宝宝多去观察细小事物，这样能培养他们的观察力和专注力。

处于细小事物敏感期的孩子，总是喜欢“捡破烂”，手里总喜欢紧紧攥着一些小物品，注意力也很容易被细小的物品所吸引。

一张小小的纸片、一颗红豆大小的石头粒、一根短短的头发、一片指甲盖大小的花瓣、一个墙上的小洞，这些不会引起成人注意的小东西，却对处于细小事物敏感期的孩子有着特别的吸引力。

一位家长跟我抱怨：“自己花了几百元的门票钱带2岁的女儿去海洋馆，她居然只对地上的蚂蚁感兴趣。”

和女儿读绘本的时候，我发现我总是第一眼去关注每一页的文字，但是她会看到一些细节，比如画面上的“一把小钥匙”，或者“窗帘后的一只小老鼠”。

我们要鼓励处于细小事物敏感期的孩子多观察眼前的事物，多探索，这样可以培养他们的观察力。

我们要避开两大雷区：“大惊小怪”和“打断孩子”。

给孩子自由，让他自由地探索。我们要懂得欣赏孩子这些可爱的举动，对细小事物的热爱，恰恰是成人自己很难感受到的乐趣。

在保证孩子健康和安全的情况下，家长可以这样做：

（1）创造机会，让宝宝多观察；

（2）允许孩子多探索（保证安全的前提下）；

（3）多带孩子亲近大自然；

（4）宽容和理解孩子的行为；

（5）和孩子玩观察类的游戏。

5. 感官精细化敏感期

我们经常会看到婴幼儿吃手，会担心不卫生而阻止孩子吃手。

婴幼儿是用手和口来感知这个世界的。

当我们阻止孩子吃手时，就阻断了他们和这个世界建立联系。

“堵不如疏”。担心孩子的手不干净，可以帮他们洗干净呀！

吃手，是孩子生来就会的本能，也是孩子的学习方式之一。

看起来，孩子吃手很不体面，也不卫生，但是吃手给孩子带来的感觉刺激，为他们提供了重要的“学习通道。”

对于成人而言，吃手是简单的动作。但是对于孩子，其实并不容易：10根手指头，到底该吃哪一根？怎么样精确地把手指放到嘴里？

吃手时，孩子的手眼协调能力得到了锻炼。

心理学家皮亚杰认为：“0~2岁是感觉动作认知阶段，在这个阶段，婴儿需要通过反射、感觉和动作等与环境的互动来学习。”

孩子是感官的探索者，用自己的感官来认识和了解整个世界。

阻止孩子的感官探索，其实是为了让大人省事，但孩子却因此失去了探索整个世界的宝贵机会。

成人这样的做法得不偿失。孩子想要探索的需求被压抑，总要寻求另外的方式发泄。其实成人没有真正读懂孩子的需求。

一般来讲，频繁吃手的行为会集中在0~1岁，2岁之后吃手的行为需要引起关注，需要找到真正的原因。

家长可以这样做：

（1）给孩子提供可以触摸的各种材质的材料，但要保证健康和安全；

（2）满足孩子的探索需求；

（3）和孩子玩一些与感觉相关的游戏；

（4）多去户外玩耍。

6. 社会行为敏感期

孩子2岁半左右，逐渐开始进入“社会行为敏感期”。

汐汐在2岁前，总是以自我为中心，她的口头禅是：“这是我的，这是我的！”3岁左右，我发现她开始喜欢交朋友，喜欢群体的生活，晚上出去散步前，会带着1~2个小玩具，我很好奇，问她为什么，她说：“我要和圆圆一起玩。”但是她碰了一鼻子灰，因为圆圆没有看到她，也没有被她的玩具吸引，圆圆被旁边小朋友的棒棒糖吸引了，压根儿没有和她玩。

第二天出门前，我们提前做了“角色扮演”的游戏。爸爸扮演“圆圆”，我扮演她，我对“圆圆”说：“你好，我是汐汐，我们一起玩，好吗？”

女儿被逗得哈哈大笑。

滑滑梯旁边，她怯生生地对圆圆说：“你好，我是汐汐。”4岁的圆圆说：“我们一起玩，好吗？”她们在一起开心地玩，女儿每天晚上都会带一点吃的和圆圆分享。某天晚上，女儿跟我说：“圆圆吃完了我分享的奶酪，就不和我玩了，圆圆和另外一个女生玩，因为她们在一起学画画。”她意识到用食物可以交到好朋友，但是食物吃完了，这个朋友也可能变成其他人的朋友。

女儿5岁时，一天，她兴高采烈地告诉我，她在幼儿园里最要好的朋友是谁。我问她是怎么交到这个好朋友的，她说：“我们都喜欢看书啊。”看来，她的社交发展从“交换物品”上升到了另外一个层次，不需物品交换，就可以交到好朋友。

孩子在不同的角色关系中，摸索出真正和谐的人际交往状态，最终“不依靠玩具”，交到志同道合的朋友。

家长不妨这样做：

（1）不要强迫孩子分享；

（2）邀请小朋友来家里玩耍，多带孩子出去和其他人玩，提供社交的机会；

（3）引导孩子融入他人的游戏（角色扮演）；

（4）要求孩子礼貌待人，家长自己先以身作则。

世界上没有完全一样的两片叶子，也没有完全一样的两个孩子，每个孩子的每一个敏感期都是“隐秘而伟大”的。

读懂孩子的敏感期，在敏感期给予其足够的支持和理解，这是对生命的尊重。

第15问：什么是依恋关系？

问：邻居家的宝宝十个月就送去托班了，本来我还觉得这么小的孩子肯定没法离开家，但没想到她家宝宝适应得很快，只哭闹了几天就开开心心地上学了。我们家的宝宝也快一岁了，很犹豫要不要送他去上托班，我家宝宝非常黏我，别说一整天看不见妈妈了，就是平时，只要几分钟看不见妈妈就开始找妈妈。为什么差不多年龄的宝宝和妈妈分开时候的表现会如此不同？

现在，很多上班族妈妈会选择送0~3岁的孩子去托育中心。当孩子第一天去托育中心，面对妈妈的离开，小宝贝们的反应各不相同：有的宝宝哭得撕心裂肺，有的宝宝乐呵呵地玩耍一整天，有的宝宝毫无反应……

当孩子和妈妈短暂分离时，你希望自己的孩子是哪一种类型？

先分享我们在蒙特梭利NIDO教室里观察到的真实案例：

安吉1岁啦，妈妈马上要返回工作岗位，于是带安吉去托育中心参观报名。妈妈告诉安吉，自己要去一趟洗手间，旁边的老师会照顾她一会儿。老师蹲下来，对着安吉微笑，安吉也笑了。但当妈妈离开时，安吉还是流出了几滴眼泪，不过，她很快被旁边的玩具吸引，开始探索各种玩具。几分钟后，安吉看到了妈妈熟悉的身影，她马上跑到妈妈的怀里，像一只小袋鼠紧紧地贴着妈妈。妈妈说："我也想你了，安吉。"安吉呵呵地笑了，继续玩玩具，情绪很快稳定了。（《安吉的故事》）

早上8点40分，1岁的小男孩乔乔和妈妈一起来到托育中心，乔乔一进入教室，就开始四处探索，拿来不同的玩具，玩得很开心。当妈妈离开教室后，他没有哭也没有闹。几分钟后，妈妈出现在教室门口（妈妈忘记把水杯给老师），但是乔乔还是独自玩耍，完全沉浸在自己的世界里，妈妈过去抱着乔乔，希望安慰安慰他。但是乔乔一直看着旁边的红色小球。老师说："给妈妈做一个'拜拜'！"乔乔没有反应，还是注视着红色的小球，妈妈的眼泪都快流出来了，妈妈小声说了一句："拜拜！"（《乔乔的故事》）

迪迪马上1岁了，妈妈准备送她去托育中心试读一周。迪迪一直黏着妈妈，没有去拿玩具玩。妈妈离开托育中心时，告诉迪迪："妈妈要去卫生间。"妈妈抱了抱迪迪，迪迪转过头去，看着地上的小皮球。过了两分钟，迪迪发现妈妈没在身旁，她开始四处张望，一边挥舞小手，一边大声哭喊："妈妈！妈妈！"老师一直在旁边陪着她，她开始大哭起来，并且推开老师，爬向门口去找妈妈。老师给迪迪玩具，迪迪却把玩具推开。妈妈其实还没有离开，她一直在楼下。听到迪迪的哭声，她冲到教室，伸出双手蹲下来要抱迪迪，但是迪迪的哭声并没有减弱，她用力推开妈妈的手，妈妈再次拥抱迪迪的时候，她开始抓妈妈的头发。（《迪迪的故事》）

这三位宝贝对于妈妈的依恋程度相同吗？

很明显，这三位宝贝对于妈妈的依恋程度各不相同。美国心理学家玛丽·安斯沃斯曾经在东非观察了26个家庭的母婴相处模式，观察婴儿出生后第一年的生活，她曾经做过一个著名的实验，叫作"陌生情景实验（The Strange Situation）"。在实验中，她邀请了12个月的宝宝和妈妈一起进入陌生的游戏室，妈妈离开这个环境，宝宝会见到陌生人，妈妈三分钟之后回来，整个过程大概20分钟，如果宝宝明显沮丧，整个时间会缩短，在这期间宝宝们出现了不同的反应。结合平时对于这些宝宝在家的观察，玛丽·安斯沃斯大致归纳出三种类型的亲子依恋关系：

第一种：安全型依恋关系。

第二种：不安全—回避型依恋关系。

第三种：不安全—矛盾型（抗拒型）依恋关系。

依恋类型	婴儿的表现	备　注
安全型依恋	妈妈是婴儿的“安全基地”，妈妈离开的时候，婴儿可能会哭或者不会哭，妈妈回来的时候，他们会主动欢迎妈妈，会再次探索环境	玛丽·安斯沃斯观察到，妈妈在家对孩子的哭声反应敏感，会积极回应
不安全—回避型依恋	不会视妈妈为“安全基地”，妈妈在场的时候，婴儿不会时不时检查妈妈在不在，妈妈离开后，婴儿没有明显难过的表现，妈妈再次出现的时候，婴儿不会主动接近妈妈	玛丽·安斯沃斯观察到，妈妈在家对于孩子的需求很不敏感，经常拒绝孩子的需求。看起来宝宝很独立，但是这种类型的婴儿没有足够的安全感，他们长大后很可能是自我依赖或者喜欢与人保持距离，无法充分相信他人和形成亲密的关系
不安全—矛盾型（抗拒型）依恋	婴儿变得很极端，妈妈在场时，婴儿表现得很黏人，很关注妈妈在哪里；当妈妈离开时，他们变得非常情绪化；妈妈回来的时候，婴儿会生气地推开她	玛丽·安斯沃斯观察到，妈妈对于孩子的需求，用不一致的方式对待，有时候很热情很负责，有时候又很冷漠

参考威廉姆·克雷恩：《发展学理论与应用》（第六版）。

1. 什么是“依恋关系”？

依恋关系理论由英国著名的发展心理学家约翰·鲍比提出。约翰·鲍比曾经辅导过一群“问题少年”，他发现这些孩子有着共同的特征：不仅喜欢偷东西，而且对于任何人都不信任，对于其他人的态度都十分冷漠。他很好奇这背后的原因，于是访谈了四十四位孩子。他了解到这些孩子的成长背景非常相似，大多数孩子很早就和母亲分开，甚至有的孩子是被母亲遗弃的。

于是他写了一篇研究报告，在报告中约翰·鲍比提出了“依恋关系”的雏形。

童年时期的亲子依恋关系会影响一个人未来的性格和人际互动。

我们很容易理解这句话，也不会觉得这个理念非常超前。但是在20世纪初期，这种说法遭到了当时许多心理学家的质疑，因为在那个年代，如果妈妈和婴儿过于亲密，比如亲亲抱抱之类的，都会被他人嘲笑，大家认为：“只有愚蠢的妈妈才会去亲孩子，因为嘴里有很多细菌。”

当时主流的育儿理念是培养婴幼儿尽快独立入睡，这样才可以塑造孩子独立的人格。但是约翰·鲍比却不这样认为，他认为稳固的依恋关系不仅有利于孩子大脑的发育，而且有助于建立长久的、亲密的亲子关系。而且，孩子和父母之间的依恋关系将影响其成年后的人际关系，“成人之间的依恋方式和童年时期依恋关系有着高度的相似性”。

玛丽·安斯沃斯是约翰·鲍比的研究助理，她在约翰·鲍比的基础上发展了“依恋关系”理论。

2. 未能建立良好的依恋关系，会对孩子产生什么负面影响？

美国心理学家哈利·哈洛曾做过一个实验：将刚刚出生的56只小恒猴分别放在不同的笼子里生活，他们不能和自己的猴妈妈或者其他同伴接触，总是孤独地生活。他发现，长大后的小恒猴和其他群居的同伴不同之处在于：这些被隔离的小恒猴不合群，很冷漠，而且更具有攻击性。

这个实验可以带来什么启示呢？

实际生活中，我们虽然没有将婴儿隔离养育，但是越来越多的孩子缺乏人际互动，没有得到足够的回应和一致性的照料。新生儿出生后，一些父母由于工作忙碌，只得请保姆，但是种种原因，换了很多个保姆，孩子没能和其中任何一个人形成固定的依恋关系。

研究表明，婴儿在4~6个月时，应该至少与一位养育者建立稳固的依恋关系，这非常重要。

美国一所大学的少儿发育研究所专家曾经做过一个调查：对174名孩子长达6年的跟踪观察发现，在孩子智力一定的情况下，婴儿对于成人的依恋模式和程度是影响孩子将来学术成就的重要因素之一。

总的来说，如果不能建立稳固的安全型依恋关系，将会对孩子的性格、学业及人际关系造成负面影响。

3. 我们如何与孩子建立稳固的安全型依恋关系？

孩子出生后的三个月是建立依恋关系的关键时期，这个时候婴儿特别喜欢妈妈的声音、气味和脸。如果妈妈们对于婴儿的需求敏感度高，尽力去满足和回应他们，容易与孩子建立起安全型依恋关系，也有助于孩子的大脑发育。

> 早期回应式的照料，和温暖且稳定的关系有助于儿童依恋关系的建立，进而促进他们的大脑健康发育。
>
> ——珍妮特·冈萨雷斯-米纳、黛安娜·温德尔·埃尔《婴幼儿及其照料者》

婴儿通常会和父母、祖父母、教育工作者形成依恋关系，而且往往会和其中一个人形成最紧密的依恋关系，这个人很可能是主要的照料者，因为他和婴儿待在一起的时间最多。

照料者可以通过以下行为与孩子建立安全型的依恋关系：

（1）怀孕期间，准妈妈可以多抚摸自己的腹部，对孩子说说话，表达对他的爱；

（2）母乳喂养；

（3）和孩子多说话；

（4）唱歌给孩子听；

（5）给孩子做抚触；

（6）积极鼓励孩子探索，并在他需要时提供帮助和保护；

（7）适时和孩子进行身体接触，例如亲吻、拥抱等；

（8）当孩子哭泣、微笑或者发出声音时，积极地回应；

（9）悉心照顾孩子，例如给他们穿衣服、洗澡等。

其中，母乳喂养是形成安全依恋关系的最自然的方式。

值得一提的是，在给孩子母乳喂养的过程中，喂奶本身固然重要，但更重要的是，和孩子进行身体接触、眼神交流、声音交流等。妈妈要和孩子建立稳固的、亲密的依恋关系，仅仅依靠母乳喂养是不够的，还要多和孩子互动。

喂奶的时候，千万不要这样做：

（1）打电话；

（2）看电视；

（3）玩手机；

（4）心不在焉。

孩子主要在家庭中成长，充满爱和尊重的家庭氛围，会让孩子在快乐成长的同时，和家庭成员形成稳固的安全型依恋关系。反之，如果他们生活在冷漠的家庭环境中，容易形成不安全型的依恋关系。作为新手妈妈，我们要营造一个有爱的家庭环境，让这个新生命感受到家的温暖，对于孩子的信号反应越敏感，表现越积极，孩子形成安全型依恋的可能性就越大。

第16问：语言的发展和智力有关系吗？

问：宝宝刚出生，月嫂就告诉我们要和宝宝多说话，这样的宝宝会更聪明。我还知道，在国外，很多医院赠送的待产包里会有一些绘本，医院也会建议妈妈多和宝宝对话，多听故事的宝宝会更聪明，这是真的吗？

有的孩子语言表达能力强，于是人们认为他很聪明，智力水平高。在日常生活中，善于沟通和表达的人，也通常被认为是非常聪明的人。在人们的潜意识中，似乎默认了语言水平就代表智力水平。这样的说法有科学依据吗？

我们首先讨论一下智力的含义。

关于智力的理论有很多，具有代表性的理论是美国哈佛大学教育研究院的心理学家霍华德·加德纳在1983年提出的“多元智能理论”。

霍华德·加德纳认为：过去人们对智力的定义过于狭窄，未能正确反映一个人的真实能力。他认为，人的智力应该是一个量度，一个解题能力（Ability to Solve Problems）指标。他在《心智的架构》（Frames of Mind，Gardner，1983）这本书里提出，人类的智能至少可以分成七个范畴（后来增加至九个）：

（1）语言；

（2）数理逻辑；

（3）空间；

（4）身体–运动；

（5）音乐；

（6）人际；

（7）内省；

（8）自然探索（加德纳后来补充）；

（9）存在（加德纳后来补充）。

加德纳所指的“语言”能力，主要是指听说读写的能力。在日常生活中，作家、演说家、教师、节目主持人、播音员、律师等职业的人这种能力尤为突出。

根据霍华德·加德纳的观点，语言和智力有一定程度的关联。但是笼统地说“语言能力强的人，智力就高是不够合理的”，因为智力还包括其他八个方面。

那么，我们如何做才培养孩子早期的语言能力？

1. 多和孩子交流

作为新手妈妈，我们可以一边照顾宝宝，一边讲述自己正在做的事情。因为这样可以提供丰富的语言环境，而且孩子可以把真实的事物和词汇发音关联起来。

当我们给孩子换尿不湿的时候，我们可以说：

“妈妈现在准备给你换尿不湿啦！”

当我们给孩子洗澡的时候，我们可以说：

“现在我们先洗肩膀，再洗小手。”

当我们给孩子喂奶之前，我们可以说：

“肚子饿了吗？”

一开始你可能不习惯这样的“碎碎念”，因为在日常生活中，如果一个成人每天一边做事情，一边碎碎念，我们会认为这个人太唠叨，甚至以为这个人疯了。

但是，对于孩子而言，这样的“碎碎念”非常有意义。零星的话语，是你和孩子的交流方式，可以让孩子逐步掌握各种词汇，并学会这些词汇的使用方式。

2. 对孩子说话时，少用代词

如果有人问你：“你是不是昨天去那里，把这个带回来了？”你会不会感觉有点懵？

11个月的昭昭和他喜欢的布书

对于成人来说，我们常常使用代词，如“我”“他们”“这里”“那里”等，如果有人突然说了一堆的代词，我们会搞不懂到底什么意思。

对于孩子而言，如果父母给他们讲很多的代词，孩子也会感到十分困惑。

“这个是多少？”

“谁会喜欢它？”

其实，我们可以换一种说法。

申妈和昭昭的睡前亲子阅读时光

“蓝色的数字是多少？”

“画面中有一只小狗和一只猫，还有一根可口的肉骨头，谁喜欢吃肉骨头啊？”

其实每一个代词都代表了词汇本身，我们少用代词，尽量用丰富的词汇来表达，可以帮助孩子理解事物，增加词汇量。

3. 多输入，才能多输出

除了父母提供的口头语言环境，还有一个重要的语言输入方式，即阅读。阅读能让孩子掌握大量的词汇，他们自然而然地学会各种表达。

怀孕的时候，我们可以给肚子里的宝宝讲故事。

宝宝出生后，我们可以给孩子看低幼的绘本，例如“触摸书”“洞洞书”“布书”“机关书”，都非常适合0~1岁的宝宝。

孩子的专属阅读区

宝宝会爬行之后，把这些书放在孩子可以够得着的地方，例如“矮柜”或者小书架上面，方便宝宝自己拿取。

只有多输入词汇量，孩子以后才可以多输出、多表达。

常常有家长说孩子只喜欢玩具，不喜欢看书。

有一点值得注意，父母对书的态度决定孩子对书的态度。

有的父母深知阅读的好处，于是买来各种书籍，让孩子多读书。但是孩子对于阅读却没有兴趣。美国弗吉尼亚大学的一位心理学教授丹尼尔·威林厄姆在《培养读书的孩子》中提出：如果只能说一个让孩子爱上阅读的方法，那一定是从自己做起，营造家庭阅读氛围。

如果一个家庭有很多的书，读书是这个家庭的日常生活的一部分，是这个家庭了解世界的重要手段，那么，在这个家里长大的孩子，读书就像吃饭和睡觉一样自然。

根据孩子的年龄，打造适合孩子的专属阅读区。

在家腾出一片地方，打造属于孩子的专属阅读区，孩子能够轻松愉快地在属于自己的区域内读自己想读的任何一种图书。针对0~1岁的宝宝，可以选择低矮的书架或者矮柜，针对大一些的宝宝，可以选择适合其身高的书架。

这个区域要足够安静，有足够的光线，有适合孩子身高的桌椅，或者沙发，有孩子伸手就可够得着的书架。

让孩子觉得书是弥足珍贵的物品。

不少家长遇到过以下问题：

刚刚给孩子买了新书，孩子转眼间就撕坏了。

孩子看都不愿意看一眼妈妈新买回来的书。

孩子将家里的书扔得满地都是。

记得女儿3岁生日前，我问她："宝贝，你要什么生日礼物？"

她想了想，笑着回答："还是送我书吧！"

从孩子1岁生日开始，我们每年给她的生日礼物都是书。在她的潜意识中，书已经是一种馈赠，一种珍贵的物品。当她把这些盼望已久的书放在书架上时，总是小心翼翼的。

女儿幼儿园有小朋友过生日时，小寿星都会给每个小朋友送礼物。

女儿五岁生日前，她和我讨论送什么礼物给班上的小朋友。我还没有说话，她抢先说："还是送书吧！"我说："好啊，我们家最宝贵的就是书了，哈哈哈哈。"女儿也哈哈大笑。

父母的每一句话，渐渐变成了孩子未来的模样。

——达娜·萨斯金德《父母的语言》

自己看书的杰西

父母的每一句话，父母和孩子的每一次交流，父母和孩子的每一次互动，都是宝贵的财富。

第 17 问：什么是从出生到成年的四大发展阶段？

问：身边有一些在学蒙氏幼儿教育的朋友告诉我，蒙氏幼儿教育中，0~3岁和3~6岁是两个完全不同的阶段，两个阶段的学习内容也是完全不同的，发展目标也是完全不同的，如果不先了解孩子的发展阶段就盲目地给孩子制定学习目标，会适得其反，是这样吗？

《道德经》指出："人法地，地法天，天法道，道法自然。"生存在地球上的万事万都有其内在的发展规律，人类作为地球上的一员，当然也不例外。

每个人的成长和发展，都有其内在的生长规律。

作为家长，我们应该先学习孩子发展的过程和规律，才能在孩子需要的时候，给予其恰当的协助。

孩子两岁的时候突然变得有点"小叛逆"。

孩子上了小学后，突然很注重和同学之间的友谊。

突然，中学的女儿不再和父母无话不说，甚至不愿意和父母沟通？

作为父母，我们会看到孩子成长过程中的种种变化。不同人生阶段，孩子会呈现出不同的特点。

举一个我自己的例子。

小时候，我总是盼望着过年，会因为过年时父母忘记给我买新衣服而哭闹不止。

上了中学，我已经开始厌倦过年时的繁文缛节，喜欢独自待在房间里，不喜欢串门拜年走亲戚，但是喜欢在过年期间和同学小聚。

工作后，我们又再次怀念过年时的美好，但感觉遗憾的是：年还在，但没有了年味。

人的一生真的是很有趣啊，在我们的成长路上，有不同的风景，在不同的阶段，我们也有不同的生理和心理发展特点。

孔子把自己的一生进行了精辟的概括，分为六大阶段，这六个阶段分别是：一五、三十、四十、五十、六十、七十。

蒙特梭利博士将人的0~24岁划分为四大发展阶段。

“四大发展阶段”是蒙特梭利教育理念中非常重要的一个核心概念。

所谓“四大发展阶段”，指蒙特梭利教育法中将一个人的0岁至24岁的生理和心理发展依据其表现出来的较显著的特点划分为四个阶段。

第一阶段为0至6岁，婴幼儿时期。

第二阶段为6至12岁，儿童时期。

第三阶段为12至18岁，青少年时期。

第四阶段为18至24岁，成年时期（成熟时期）。

蒙特梭利认为，发展的四大阶段分别是：

第一阶段：“家居孩子”，暗指孩子在家庭环境中成长和发展。

第二阶段：“平稳和鲁莽的年代”。

第三阶段：“大地之子”。

第四阶段：“快乐的年代”。

一、第一个发展阶段：0~6岁

孩子个体的特点——关键词：秩序感、乐于助人、有教养、语言的掌握、认真专注的观察者、对环境和细节的热爱、吸收性心智、注重事实（是什么和在哪里）。

家长需要注意：0~6岁是孩子学习语言的重要时期。我们会发现孩子惊人的变化，从只会哭到学会简单的发音，从不会说话到流畅地表达，再到发音清楚语法正确，发展速度之快让人难以置信。孩子们通过充分吸收外部环境的一切，积累大量的词汇。

另外，孩子处在身体变化和趋向成熟的建构时期。孩子喜欢有秩序感的生活，日常作息规律。在0~6岁孩子的大脑中，内在的秩序建立在外部环境的秩序上。

实践证明，在0~6岁，成人多和孩子讲话，允许孩子自由活动，给他们提供必要的帮助，对孩子的发展非常重要。

二、第二个发展阶段：6~12岁

孩子个体的特点——关键词：探索事情的原委、注重与同伴的关系、想象力、语言的良好运用、幽默、认真专注的观察者、情绪化、有技能、有能力、追求公平、爱问为什么、向抽象思维过渡、强烈的道德意识（探索好/坏，公平/不公平）。

这个阶段的孩子开始构建道德意识，强烈的道德感开始出现。6~12岁的孩子经常会问家长，电视剧里的人物是好人还是坏人。我小时候看电视，总是乐此不疲去判断谁是好人，谁是坏人。

公平对这个年龄段的孩子意义重大。不少孩子会把“这不公平！”这句话常常挂在嘴边。

有一次，朋友C在朋友圈晒了她女儿的手抄报，这个三年级的小女孩为了这整整10页的手抄报，从编故事到配图，整整忙活了3个星期。

动画片不看了，漫画书不看了，连平板电脑和手机都不玩了，可谓用心投入。

最后她的作品获得了全班第一名。

这幅作品作为全班唯一入选的优秀代表作，参加了全校手抄报展览。

结果，小女孩的作品获得了全校第三名。

就在家人替她取得的成就感到高兴时，孩子却开始嚷嚷着“不公平”三个字，情绪一落千丈。

她本以为这次自己会得全校第一，没想到最终得第一的作品竟然是另一幅很普通的作品，而那位得第一名的同学的家长是学校的老师。

小学阶段的家长会发现，孩子总是会追求公平。

家长不必慌乱，可以告诉孩子：“你在意公平，我很高兴，因为你开始在意这个世界，你开始发现人和人不一样，这本身就是一种进步。”

这个阶段的孩子有着强烈的社交冲动，他们做任何事都愿意和同伴一起完成。处在这个阶段的孩子，每天只接触校园里的人和事是远远不够的，他们还需要更有新意的东西，有更广泛的社交环境。作为家长，我们必须意识到这一点并加以引导，可一起为孩子提供有挑战性的、有兴趣的课程，以便能够让他们自我提高和自我发现，这是非常重要的。

这个阶段的孩子还喜欢问为什么，他们探索事物背后的关联、原因和规律。他们不仅需要知道是什么，还渴望知道为什么。

三、第三个发展阶段：12~18岁

孩子个体的特点——关键词：订立个人目标、形成自己的风格、为进入社会做准备、性别认同、树立个人理想、关注自我。

值得一提的是，这个阶段的孩子变得开始关注自我，因为他们正处在一个社会性觉醒阶段。他们尤其在乎好朋友的看法，对于朋友的言论，他们甚至会有些敏感。

这个阶段的孩子还喜欢追星，他们通常会有自己的偶像。大家还记得自己当年的偶像吗？这些偶像可能是画家、演员、作家等。此时的青少年希望融入一种团体，并期待能找到自己的价值感和归属感。值得注意的是，孩子对于偶像的选择，其实并没有道德倾向。所以，我们不要随意去评判孩子的偶像，给他们选择偶像的自由和空间。

四、第四个发展阶段：18~24岁

孩子个体的特点——关键词：发现自己的社会价值、感觉自己有用、爱自己和爱别人、独立。

最后一个阶段，即18至24岁（成熟时期或成年时期）。

在这一时期，大部分孩子开始步入大学或者走向社会。如果在前三个阶段，他们都能得到很好的发展，那么在这一阶段，他们会成为一个安静、平和的人。他们会基于之前建立起来的道德观念以及对世界的了解，去与这个世界建立关系，为社会做贡献，并且发现自己的社会价值；他们会清楚自己的兴趣爱好所在，知道如何抉择，知道如何实现自己的人生目标；他们爱自己，同时也期望得到别人的喜爱。

你会发现，这个阶段的他们在经济上慢慢独立，在生活上也逐步独立，变得有能力照顾自己，甚至有能力照顾好别人。

如果孩子没有在某个阶段表现出相应的特征，家长们也不必为孩子的发展焦虑。因为，每个个体都是独一无二的，我们每个人为孩子的发展所提供的支持也都是不一样的，静待花开吧！

Part3　新生儿的秘密世界

第 18 问：0~12 个月婴儿视觉的发展阶段及特征是什么？

问：据说宝宝刚出生的时候是高度近视的，不能识别妈妈的脸，完全是靠着本能反应识别出妈妈，那么如何才能帮助孩子的视觉发展呢？

宝宝出生后，其视觉是所有感官中发展相对缓慢的，新生儿能看到的非常有限。0~1岁是宝宝视觉发展的黄金时期。孩子的视觉发育从什么时候开始？父母需要做什么才能促进孩子视力的发展？要促进孩子的视觉发展，我们首先需要了解孩子视觉发展的不同阶段和特征。

新生儿的眼睛不太擅长聚焦，能够聚焦的范围只有20cm~37.5cm。这刚好差不多是母乳喂养时妈妈和孩子的脸之间的距离。随着年龄的增长，孩子的聚焦能力会逐渐发展，视力的发展一直会持续到8岁左右。

人类有两只眼睛，成人对深度是有知觉的（深度知觉：快速且正确地判断眼前事物与自己的距离以及事物与事物之间的空间位置关系），并且我们看周围的世界是三维立体的。而新生儿尚且没有很好的深度知觉，也没有看三维事物的全部能力。大脑中有一种特殊的“双目细胞”，它们从左右两眼接收信息，促进良好的深度知觉的发展。此外，婴儿还必须能够协调双眼，使它们看向同一个方向。从出生起，婴儿是能够在某种程度上做到这一点的。但在最初的几个月里，你可能会发现婴儿的某只眼睛看向一侧。这是正常的，在宝宝3~5月龄之前，并不是问题。

1. 孕期

受精卵在第22天左右，最初的视觉组织就出现了。

宝宝在妈妈肚子里，大约4个月就可以感受到光，9个月左右开始能够分辨黑暗及光明。

> 视力在怀孕的第四个月开始发展，此时婴儿会对照在母亲腹部上的光线产生反应。
>
> ——约瑟夫·奇尔顿·皮尔斯《进化论的终结》

2. 新生儿期

刚刚出生的婴儿就能区分明和暗，会出现瞳孔反射行为（瞳孔在光线强时自动缩小，在光线弱时自动扩大。）这个时候，小宝宝们的世界是一片蒙眬的。

神奇的是，出生后几个小时的小宝宝就具备视觉追踪的能力了，他们眼睛的固定聚焦约为20cm。简单来讲，当妈妈喂奶的时候，小宝宝正好可以看到妈妈的脸。

新生婴儿对黑白对比很着迷。妈妈们可以给宝宝看黑白卡片，或者在宝宝的视线上方悬挂黑白吊饰。这些视觉训练的卡片或者吊饰可以网购或者自制。

3. 1个月

婴儿出生后1个月，可以看清距离他20cm～30cm的物体，并且可以追踪可视范围内移动的物体。

在这个阶段，爸爸妈妈们可以离宝宝近一些，让宝宝看到你的笑脸。

4. 2个月

随着身体的发育，你会发现婴儿喜欢看深浅不同的颜色，此时，婴儿的双眼看物品仍然是模糊的，但是视力越来越集中，已经能看到单一的映像。出生后2个月的婴儿开始注视眼前较大物体，并能在小范围内追随目标转动眼球，例如一个红色的苹果或者一个橙色的橘子。

当有物体靠近眼睛时，婴儿会眨眼睛，反射性地保护自己的眼睛。这个阶段的婴儿喜欢看到活动的物体或者每天熟悉的照顾者的脸。

5. 3个月

3月龄后，孩子能较好地区分不同的颜色，视野范围扩大，并能区分红色和绿色。

如果在床边悬挂红色或者其他颜色的彩球，宝宝会更容易关注红色的球。宝宝们比较偏爱暖色调的红色、橙色和黄色，而不喜欢冷色调的蓝色和绿色。

3个月时，婴儿也可随意注视和追随玩具，头也会随之转动。

6. 4个月

4个月的宝宝视力开始增强，非常敏锐，能看见所有的颜色。家长会发现宝宝好像突然认识了很多颜色，而且他们的手眼开始逐步协调，宝宝常常会看自己的手，能够看清楚距离约75cm范围内的物体。有时甚至还会用手去追逐看到的物品。

7. 5个月

5个月的宝宝能清楚看到面前的物品，会对面前喜欢的颜色表现欢悦。还会用小手抓握玩耍。

在这个时期，孩子如果不能稳定注视目标，或表现出无目的寻找或眼球有节奏地摆动，表明视力不佳或有眼球震颤。应及时就医做进一步的诊断。

家人可以试着握住奶瓶（家长需在一旁扶住奶瓶，因为宝宝还无法承担整个奶瓶的重量）或把干净的、安全无毒的、可以咬的玩具给宝宝，看他是否会伸手去取玩具，并将其送入口中。

8. 6个月

6个月宝宝的双眼可以对准焦点，眼球逐渐成熟，视力几乎达到成人的水平，他们会觉得面前的人和物很有趣，最吸引他们的是人脸。

9. 7个月

7月龄的大部分宝宝学会了独立“坐”的动作，随着孩子姿势的改变，他们的视野范围也相应地扩大了。

10. 8个月

此时的宝宝视觉深度发展，可以区分物体的远近，还可以区分不同的人脸。

11. 9个月

9个月的宝宝喜欢多种多样的图画书，喜欢各种几何图形。

这个时期，孩子的物体恒存意识显著增强。如果有玩具从桌上落下，宝宝可以视线跟踪，寻找掉下的玩具，哪怕是较小的玩具。此时，婴儿需要探索视线范围内更大的空间，爸爸妈妈可以提供有趣而安全的物品，例如木质的小汽车、木勺、木盒子等（婴儿喜欢玩实物玩具）。

12. 10~12个月

10~12个月的宝宝手眼协调能力变强，能找到被隐藏的玩具，喜欢扔玩具，然后爬向被扔的物品。他们双眼的图像整合成为一个，双手可以处理细微的动作，例如大珠子穿线。

另外，新生儿的视觉显示出对人脸的偏好，他们最喜欢盯着人的面部专注地、仔细地看。第一个月，他们的兴趣在人脸的边缘，从2月龄开始，他们的兴趣点集中在人脸面部其他部分，特别是眼睛。

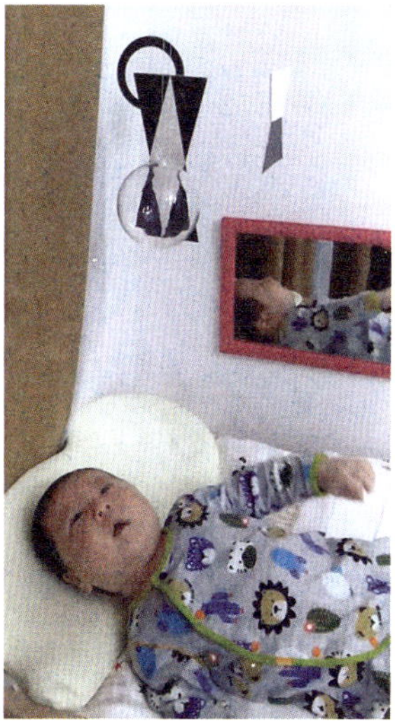

2个月的杰西看黑白吊饰

除了人脸，新生儿往往还对明暗的对比和移动的物品非常感兴趣。

基于上述理论依据，蒙特梭利的教育者们制作了一些经典的吊饰，协助孩子视觉能力的发展。

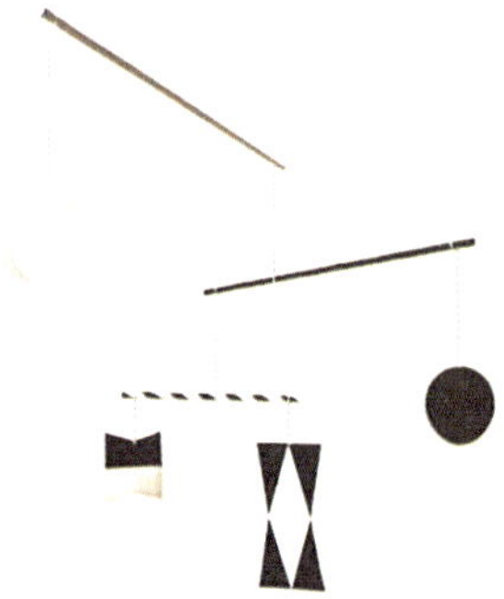

1. 黑白吊饰

2. 八面体吊饰

3. 跳舞小人

4. 彩色渐变球

这些材质轻盈的视觉吊饰，在室内细微的空气流动中，也能自主地移动，我们可以把它们悬挂起来，以便孩子双眼不断地练习聚焦。新生儿喜欢明暗对比，黑白吊饰适合新生儿的视觉能力。彩色吊饰有不同的几何体形状和颜色，有利于孩子的色彩区分能力和深度知觉的发展。这些吊饰简洁美观，轻盈灵动，对孩子和成人都有很好的疗愈静心作用。

第 19 问：孩子的大脑发育有什么规律？

问：民间有句俗语："龙生龙，凤生凤，老鼠的儿子会打洞。"也就是说，孩子聪不聪明很大程度上是天生的。既然如此，早教对孩子来说真的有意义吗？接受过早期教育的孩子和没有接受过早期教育的孩子，真的会有不同吗？

新生儿的大脑极具可塑性。出生后，新生儿的大脑发育惊人，会影响一个人一生的学习和成就。

婴儿出生时，其主要器官的大部分已经形成，比如心脏，已经有和成人同样的构造和工作原理；但是人的大脑非常神奇，因为它和其他身体器官不同，新生儿的大脑发育还不成熟，是唯一出生后还具有可塑性的器官，尤其是在三岁之前。一个人出生后，大脑一直处于不断发育中。新生儿的大脑发育速度快，而且错综复杂。蒙特梭利博士认为，出生后的前三年发展的重要性超过一生中的任何阶段。

人类对于大脑的再思考

过去的思考	现在的思考
大脑的发展主要取决于基因	大脑的发展主要取决于先天基因和后天经验之间复杂的相互作用
个体3岁前的经验会对今后的发展产生影响	早期经验有助于塑造大脑结构
儿童与主要照料者建立的安全关系能为早期的发展和学习提供有利条件	儿童与照料者之间的早期互动不仅会为大脑发展创造有利条件，还能直接影响大脑发展的方式
大脑的发展是线性的，大脑的学习和改变能力会随着个体从婴儿成长为成年人而稳步发展	大脑的发展是非线性的，在人的一生中，个体会在不同的关键期习得不同的知识和技能

资料来源：
Shore Rima，Rethinking the Brain：New Insights into Early Development. New York：Families and Work Institute，1997.

从表格中，我们可以看出，现在人类开始思考“早期经验有助于塑造大脑结构”，也就是说，早期的经验对于孩子的大脑有影响，大脑是具有可塑性的。

这样做：帮助婴儿建立正向的沟回，帮助宝宝大脑发育。

婴儿大脑发育的速度令人惊叹，尤其是大脑神经元之间（沟回）的增长速度。

刚出生的时候，沟回其实还很少。婴儿出生后的前2年，沟回形成的速度最快，因为新生儿的大脑很忙碌，每天要处理很多全新的信息——形状、符号、语言、温度、颜色、声音等。

所谓大脑发育，主要指这些沟回的建立、强化、消失等。

沟回就像道路，孩子刚刚出生的时候，主干道已经被修建好了，但是城市内部的大量分岔路还需要新建。家长如果希望孩子的“大脑的道路”更加完善，可以不断增强孩子的感知。以下行为，可以帮助婴儿建立正向的沟回，帮助宝宝大脑发育。

（1）陪宝宝玩有趣的游戏；

（2）让宝宝感觉有安全感；

（3）充满爱意的身体接触，比如拥抱；

（4）抚触和按摩；

（5）读有趣的故事；

（6）多和宝宝说话；

（7）及时回应宝宝的需求；

（8）播放美妙的音乐；

（9）多接触大自然。

不要这样做：3 岁前长时间让孩子看电视。

一些家长因为忙于工作或者家务，让孩子每天长时间看电视，还美其名曰“通过电视让孩子学习知识”。其实，这对婴幼儿的大脑是有伤害的。适当看一看电视可以增加孩子的知识量，但是千万不要长时间让孩子看电视。

美国儿科学会建议，最好不要让 2 岁以下的孩子看电视。

通过近10年的研究，英国的心理学家埃里克·西格曼发现，看电视对孩子的大脑神经发育有严重影响。看书可以让孩子脑子动起来，促进大脑发育，但是看电视是一种被动的行为，会阻碍孩子体会真实的世界，限制孩子大脑的想象力。

在法国，给 3 岁前的孩子看电视被视为非法行为，因为长时间看电视不仅影响孩子的视力，而且对孩子大脑有着不可逆的伤害。

早教对于孩子的重要性毋庸置疑。

总之，新生儿的大脑是具有可塑性的器官，我们可以在正确的时间给予孩子适宜的帮助，除了提供丰富的营养外，还可以给宝宝提供有助于他们大脑发育的外部环境，用不同的感官活动，促进孩子的大脑发育。

第 20 问：什么是孩子的前语言时期和语言时期?

问：新生儿不会说话，喜欢咿咿呀呀，不知道他能不能听懂我说的话。宝宝的语言是怎样发展起来的？新手爸妈到底该如何跟孩子说话呢？

蒙特梭利博士将婴幼儿语言的发展视为两个时期：前语言时期和语言时期。她定义的“前语言时期”是从能听到的胎儿时期，到孩子能说出单个的字词，即怀孕4个月左右到出生后12个月左右。而“语言时期”，是从孩子可以说单个字词，到他们能和成人一样，使用正确的语法说话的阶段，大约从1岁到3岁。

依照这样的阶段划分，本书更加关注“前语言时期”的孩子。在前语言阶段，孩子主要接受他所在文化内的语言。这些输

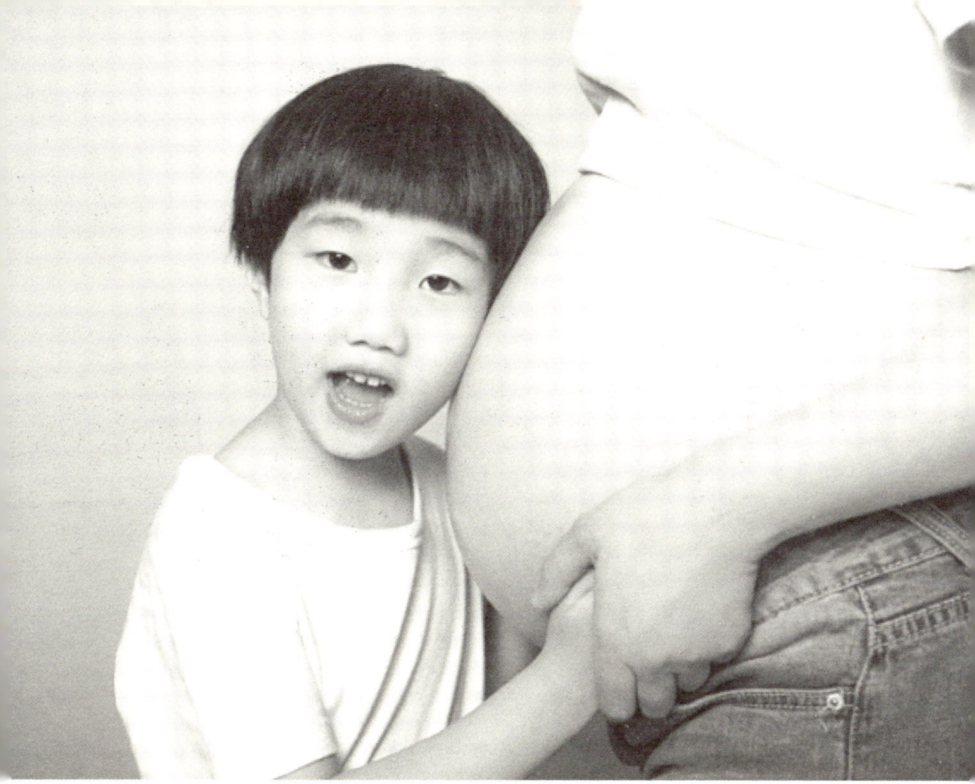

孕期的申妈和5岁大的女儿汐汐

入的语言，正在帮助他形成自己的一套语言体系。

这里，教你一个基本招数——父母语（Parentese）。

华盛顿大学学习与脑科学研究所（I-LABS）的一项研究表明，“父母语”会对婴儿的语言发展有益。父母语是以孩子为导向的语言方式，有以下几个主要特点：拉长元音、音调较高、抑扬顿挫、缓慢、夸张的语调，是一种能很好地吸引婴儿注意力的说话方式。

“父母语”的内容是与孩子相关的，要谈论与孩子相关的事宜。例如，描述在孩子身上发生着什么，在他们附近的环境中有什么他们可能感兴趣的事情等。

12个月的昭昭和昱唯老师

1. 孕期

语言发展的活动，在怀孕阶段就已经开始了。胎儿已经能对外在的声音刺激，尤其是妈妈的语音做出反应。著名的法国耳鼻喉医生及“托马提斯听觉—大脑训练法”的创始人阿尔弗雷德·托马提斯博士认为，是妈妈的声音激发了宝宝大脑神经系统的发展。

准爸爸妈妈还有其他家庭成员要尽可能多地和肚子里的宝宝说话，对孩子唱歌。可以播放音乐给宝宝听（不要把耳机放在肚子上）。最好的音乐是父母轻柔的歌声。这些声音对孩子们来说至关重要，能让他们坚定地相信有人在期盼他们的到来，让胎儿感受到自己是如此地被欢迎和被接纳地来到世界。

2. 出生后的前两个月

首先，我们需要为新生儿检查听力。刚刚出生时的新生儿听力筛查合格，并不能代表以后就一定没有风险。听力问题可能出现在成长的任何阶段，不仅仅是在出生时。父母要定期带孩子接受听力检查。

当我们对孩子说话时，他们会非常认真地观察我们嘴部的变化，并试图通过舌头来模仿。这也是习得语言的必要过程。

因此，我们需要抱着孩子，面对面地、清晰缓慢地和孩子说话。特别是，在出生后的一段时间，我们需要重复地叫孩子的名字，这样他们就可以意识到那就是他们的名字。当然，我们还要和孕期一样，继续为孩子唱歌。

3. 2~4月龄

2月龄左右的孩子能有意识地控制颈部，他们可以转动脖子朝向自己想看的方向。当他们想通过哭声表达自己的需求时，往往会转向说话的成人的方向。

在这个时期，孩子会发出“咕咕声”。

我们要继续多和孩子说话、唱歌。通过换尿布、换衣服、洗澡等日常生活活动，让孩子关联语音与语义，认识自己的身体和周围的环境，并培养孩子的合作意识。值得一提的是，爸爸妈妈可以从不同方位发出声音，检查孩子的听觉辨别能力是否正常。

4. 4~6月龄

在这个阶段，孩子开始加入辅食，面部肌肉的运动方式从吮吸开始向咀嚼过渡。而咀嚼带来的肌肉锻炼，帮助孩子更好地发声。在孩子的辅食中添加耐咀嚼的固体食物，而不仅仅是流食。更多的咀嚼动作能够锻炼脸颊的肌肉，为说话做生理上的准备。

申妈给4个月大的昭昭换尿不湿

这个时期，他们大多发出“啦啦声”，基本上是“辅音”或者“辅音+元音”的组合，比如la la la，他们乐此不疲地练习这样的发声。

除了简单地重复他们制造出的声音外，我们还应该保持积极的沟通。例如，当孩子咬着胡萝卜条发出“wu wu”声，看向你，你可以说，“wu wu，我听到了，你在咬一根橙色的胡萝卜条。”我们都愿意被倾听和接纳，要想孩子以后愿意听你说话，那么从倾听他们开始示范吧！

在孩子生命的前几个月，看上去他们只是聆听，不会和你互动。有些父母会感觉自己和孩子说话是一件很傻的事情。但作为对语言发展有了解的蒙特梭利式父母，可要坚持“父母语”的原则，为孩子提供积极的语言环境哟！

11个月的昭昭和他心爱的“安静书”

5. 7~12月龄

9月龄左右的孩子开始明白你说的单独字词的意思，这对孩子而言非常神奇。打个比方，你面对一个“外国人”，他“哇啦哇啦”说一大堆你根本听不懂的话，你只能通过肢体语言和表情猜测他在说什么。到了某个阶段，你突然听懂了！你知道他发出的一些声音代表什么意思了！真是令人激动呀！

孩子会练习发出更多他们经常在环境中听到的声音。他们也可能开始在被叫到名字时做出声音的回应，并知晓家人和宠物的名字。

孩子对你说话的语气和语调非常敏感，他们可能不能完全听懂你说的话，但他们能感受到你话语背后的情感。因此，我们对孩子以及对他人说的方式，可能比我们说了什么本身更重要。

6. 12月龄之后

理论上，一岁左右是孩子“前语言期”和“语言期”的划分点。但是在遵循大的发展规则的基础上，每个孩子都有自己的发展进度和步骤。超前一两个月，不意味着他是一个语言天才，滞后几个月，也不用焦虑。营造积极丰富的语言环境是我们的首要任务。

在一岁左右，孩子们能够真正有意识地说出单个的字词。他们能够选择对应语义的语音，来表达自己想表达的意思。这个阶段，他们能说6~15个单词，却能理解大约70个单词。如果宝妈宝爸从孩子咿咿呀呀开始记录他们发出的语音，我们可以对照看一看他们在这个阶段，从中挑选了哪些高频词开始输出，进行自我表达。

一岁以后，孩子们持续探索辅音和元音的不同组合，混合熟悉的环境和本土文化中的高频词，开始连在一起表达。听上去像是一个完整的句子，但还不符合我们的表达习惯。他们可能咕噜咕噜说一串，最后用大人通常提问的疑问语气结尾。这非常有趣，听起来像是他们在问一些问题，但我们却听不懂在说什么。

在接下来的半年，孩子们用一个词来表达一个句子。例如他们说“拿”，意思是我要拿哪个东西。“奶”，就是说我要喝奶。一个词基本上就是一个句子。他们说一个字，来代表与之相关的很多意思。例如，他们可能称所有的动物为“狗”。

在大约18月龄，孩子开始使用“两个词的句子”，一般是主谓结构。如“爸爸回家”“宝宝哭”。这就是“核心短语”或“电报式语言”。随着发展，他们能够使用“三个词的句子”，即“扩展的核心短语”。他们用关键词来表达完整的意思。之后，大约两岁，孩子们会出现爆炸性的口语输出。

随着大脑的发育，孩子们不仅可以输出丰富的词汇，还能够用正确的语法将它们进行排列。这样，孩子们就能说出完整且正确的句子了。

第 21 问：为什么说大运动发展好的孩子更聪明？

问：新生儿大部分时间都是处于睡眠状态，但我看过很多书里说，宝宝的大运动是和大脑的发展密切相关的，那该做些什么来帮助还不会爬行的宝宝发展大运动呢？

“孩子还太小，抬头对他来说很难，那就算了吧！”
“孩子太胖，翻身困难，不会翻身也没关系。”
“孩子没有学会爬，就开始走，顺其自然吧！”

孩子的抬头、翻身、爬行、站立等动作的发展是否重要？

虽然孩子的动作发展水到渠成，但是是否也有一些讲究？

一、为什么说大运动发展好的孩子更聪明？

首先来了解一下，什么是孩子的“大运动”和“精细运动”。

所谓“大运动”，指通过控制大肌肉群，比如使用手、脚的肌肉进行的较大活动，包括四肢和全身的运动。翻、爬、走、跳等都属于大运动。

精细动作，顾名思义指一些精细的小动作，通常说的是手和手指的动作。比如宝宝用拇指和食指捡起地上的小物品、串珠子、写字等，这些都属于精细动作。

二、孩子的“大运动发展”的好处

1. 提升宝宝的认知能力

当宝宝能扶站的时候，他一开始，会一屁股猛地坐在地板上，慢慢地，宝宝学会了缓慢地坐下，这代表孩子的认知能力提升了。

当宝宝刚刚学会走路时，他总是急匆匆地向前走，有时候重心不稳还会摔倒，有时候，因为来不及“刹车”还会撞在障碍物上或者跌倒。但是过了一段时间，孩子走路越来越稳，他不会再那么“急”，如果遇到障碍物，他也会从容地绕路前行。这其实也是因为孩子的认知能力提升了。

爬行，对于我们成人而言是非常容易的。但是对于几个月的小宝宝来说，他们需要动用全身的力量，需要调动小胳膊、小

11个月的昭昭在爬行

腿、小手等身体部位的力量，在这些身体部位相互配合的过程中，宝宝的认知能力不知不觉地得到提升，同时，爬行的过程也会刺激宝宝的大脑发育。

2. 提升宝宝的探索能力

大部分时候，新生儿是处于仰卧的状态。由于宝宝经常处于仰卧的状态，宝宝的视线范围和视觉能力非常有限。三四个月的宝宝开始用小手抓握眼前的物品，通过这种方式探索这个世界。慢慢地，如果孩子在大动作发展上具有较强的能力（例如抬头、爬、扶站、扶走、独站、独走等），他就能够运用自己的肢体部位来扩大视线范围。

宝宝能够看到的视线越广，接触到的东西就越多，获得的经验就越多，宝宝对这个世界的好奇心就会越来越强。这种好奇心会促使孩子去探索他们所接触到的世界，同时培养自己的探索能力。

很多宝宝一旦学会了爬行，就再也坐不住了。通过爬行，宝宝可以接触自己想要的东西；通过爬行，宝宝可以听到不同的声音；通过爬行，宝宝可以触摸不同质地的物品。宝宝对爬行很着迷，因为从本质上来讲，爬行的动作给他带来了快乐，也带来了自信心和成就感，这种自信心和成就感会激励宝宝继续爬行，继续探索这个世界，宝宝探索世界的能力也变得越来越强。

三、我的宝宝“大动作”发展太迟还是太早?

俗话说“三翻七坐八爬”，一位妈妈说自己9个月的孩子似乎不是按照这样的规律来的，于是她有点焦虑，逢人便问：“我的孩子为什么和别人不一样，是不是发育迟缓啊？”

每个孩子的发育情况不同，不需要严格地按照时间点来区分。例如，当孩子8个月大的时候，还没有学会爬，家长也不要焦虑。

对于孩子的“大运动”发展，家长们不妨参考世界卫生组织发布的“六项大运动发育历程图”。

有的家长看到宝宝1岁还不会走路，就很焦虑。从下图我们可以看出，即便宝宝17个月才学会走路，都是正常的。换一种说法，孩子学会走路是在某个时间阶段，而不是某个固定的月份。

一方面，我们要尊重孩子的发展规律，不攀比，不焦虑；另一方面，要积极辅助及引导，重视孩子的“大动作发展”过程，既不要“顺其自然”，也不要“揠苗助长”。

请关注孩子大动作发展的质量，而不是急于让孩子达到每个发展阶段。

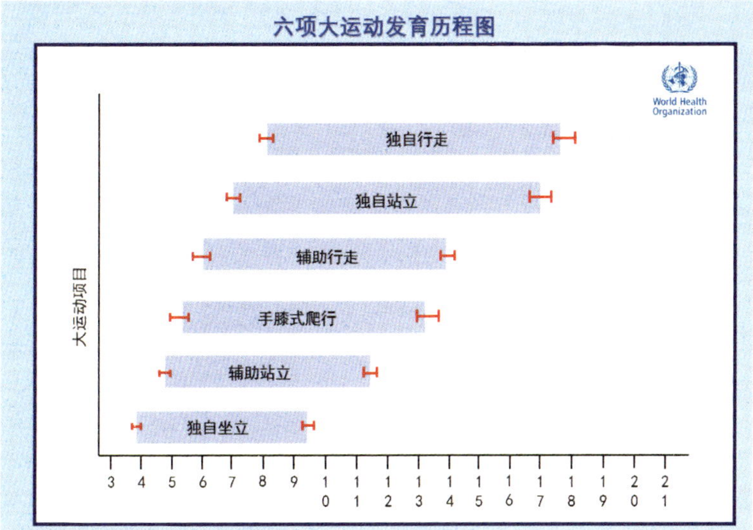

参考：世界卫生组织多中心研究小组：六项大运动发展历程 Acta Paediatrica Supplement2006;450:86-95

第 22 问：为什么每个新生儿都是适应环境的高手？

问：我现在怀孕30周，打算以后去重庆老家生孩子坐月子，可是新生儿太娇贵了，很担心宝宝不能适应重庆的高温天气。我不希望老人插手带宝宝，害怕有矛盾，但又不知道宝宝出生后应该怎样照顾，真的好担心。

蒙特梭利博士说：“我们必须了解新生儿的本质，只有这样，新生儿才能从一生下来就得到妥善的照顾。”

我们学会照顾新生儿之前，先了解新生儿的本质，会变得更从容。新生儿适应环境的能力是天生的吗？

是的！新生儿可以称得上环境适应的“高手”。

新生儿从母亲安静的子宫来到这个世界，瘦弱的小身体像是从两块互相挤压的石头中间穿过，没过多久，这个小可爱就可以安静地躺在床上。经由分娩，新生儿彻底离开了那个赖以生存的母体环境，必须马上靠自己尚未发育完全的器官来维持生命。

在出生之前，妈妈温暖的子宫小心翼翼地保护着胎儿。分娩后，新生儿面临着一个全新的、错综复杂的环境。

我们仔细观察身边的动物就会发现，一些动物会把刚刚出生的幼崽藏起来，让它们避开强烈的光线，还会用自己的体温给幼崽保暖，母兽出于本能，会警觉地保护自己的幼崽，不让其他动物接近，甚至连看一眼都不准。

新生儿与成人有着本质的区别，新生儿的本质是刚刚经历过生死关头的、成长中的、未定型的人。

我们面对这个刚刚呱呱坠地的小可爱，出于本能，总想把所有的爱都给他们。有的人看到孩子哭闹，就一直抱着孩子走来走去，一会儿将他们竖着抱，一会儿把他们横着抱，折腾来折腾去。如果是我们成人自己，会喜欢被这样折腾吗？我们不要随便移动新生儿，要缓慢地、温柔地、谨慎地对待他们。

宝宝原本在温暖的子宫里自由自在地生活着，突然，他来到了这个世界上，我们可能手忙脚乱地给他穿衣服，有的新生儿甚至被衣服或者被单严严实实地包裹着。

为什么我们会这样做？其实，面对新生儿，我们充满了不安和恐惧，例如我们担心孩子穿得太少会感冒，担心孩子会打乱我们的日常生活秩序。

为了让孩子变得“有教养”，我们常常会抑制儿童“随心所欲”的真性情，把我们认为对的而非新生儿需要的强加给他们。例如给新生儿戴上祈福手镯，或者厚厚的防寒小手套。

社会上很多岗位都要求从业者参加培训与考核，但似乎只有生养、教育孩子不需要培训，好像新手父母会自动上岗一样。照料者需要关注新生儿在生理和精神层面的发展需求，而不仅仅是日常生活需求。

新生儿需要学习语言、爬行、走路等，为什么第一次做父母的人就不需要学习呢？

现代家庭教育中有一个很大的问题：一些父母可以为孩子付出所有，却不肯为孩子付出时间来学习。

孩子是上天赐予我们的礼物。在孩子出生前，我们需要学习怎么成为好的父母，这其实是一种长远的投资，而且比我们自己的梦想还重要，因为既然选择让孩子降临，那么就得有这样的觉悟。

第23问：为什么每个宝宝都爱吃手？

问：我们家宝宝最近特别爱吃手，我觉得宝宝手上细菌多，怕吃手的时候会把细菌带进肚子里，每次看宝宝吃手都会提醒她把手拿出来，但宝宝对此很反感，总会用大哭来抗议，我该怎么办？

这位妈妈的问题几乎每个妈妈都会遇到。爱吃手是宝宝的天性，每个宝宝都会经历这样一个阶段。

一天，我在超市看到一位妈妈带着一个8个月左右的小婴儿，孩子躺着婴儿车里，肉嘟嘟的小手不停地挥舞着。奇怪的是，这个孩子的手掌是正常的肤白色，但是五根小手指却是不正常的深黄色。超市的售货员关切地问："孩子的手指为什么是黄色的啊？"妈妈说："她老爱啃手指，她外婆就用黄连煮水，让孩子的手浸泡在里面，孩子就再也不吃手了。"

刚怀孕的好友说："做B超时，医生说宝宝正在吃手呢！"

大学同学发朋友圈，照片上8个月大的小男孩正在啃手指头。

为什么孩子对吃手有这么大的瘾呢？

1岁以内的宝宝吃手，这不是坏习惯，这其实是宝宝探索世界的独特方式。看到孩子吃手时，有的家长会自然地把孩子的小手从嘴里拿出来，或者拍拍孩子的小手，提醒他不能吃手。

在吃手的过程中，宝宝的手眼协调能力得到提高。当孩子享受地吃手时，家长们不要焦虑，这其实是孩子正在通过感觉的刺激探索这个世界。在《童年的秘密》一书中，蒙特梭利举过这样一个例子。

我曾看到一个18个月大的孩子，他发现一叠刚刚熨烫好的毛巾整齐地叠在一起。这个小家伙拿起其中一块毛巾，极小心地捧在手里，一只手放在毛巾的上面，一只手放在毛巾的下面，托着毛巾走到房间斜对面的角落，然后把毛巾放在了地板上说："一块。"然后他又用同样的方式拿起第二块毛巾，小心翼翼地捧着它，沿着同样的路线，走到角落里，把第二块毛巾放在第一块毛巾的上面，说："一块"。他不断重复这个工作，直到把所有的毛巾都转移到那个角落。最后，他把地板上的毛巾一块一块地放回原位。虽然这些毛巾不如最初那样整齐，但折叠完好。

蒙特梭利认为，这位儿童是幸运的，因为在这个漫长的毛巾转移过程中，孩子没有被任何人打扰，没有人在背后大声说："不要动！""不可以！""别碰！"

孩子在转移毛巾的过程中，熟练地运用自己的双手。其实，在取拿毛巾的过程中，孩子的手眼协调能力得到了锻炼，同时，其专注力、协调力、独立性和秩序感也得到了发展。

从转移毛巾到折叠毛巾，再到清洗脏毛巾，这些日常生活中的实践活动能帮助孩子的小手精细动作得到发展，提高宝宝的手指灵活度，帮助孩子探索和思考。

孩子，用手探索整个世界！

但是，我们是如何阻止孩子用手探索这个世界的呢？

当孩子要自己系鞋带时，我们会担心其动作太慢，于是抢过鞋子马上帮孩子穿好。

当孩子去拿陶瓷水壶倒水时，我们担心其摔坏水壶和杯子，于是代劳。

当孩子拧开墨水瓶的瓶盖时，我们担心墨水会洒在地上，便立即阻止。

童年时期，锻炼用手非常重要。

我们常看到一些人很笨拙地使用双手，他们不会拧瓶盖，不会点钞，不会拿筷子等，其实，这和他们童年时期发展受阻有很大的关系。

12个月的杰西玩沙子

手是我们探索世界的工具。对于1岁以内的宝宝来说，当他要吃手的时候，不妨满足他的需求，但可以让他先洗干净小手之后再吃。而当大龄的孩子出现吃手的情况，我们需要观察他们“吃手”背后的真实原因。

第 24 问：我家孩子开口晚，怎么办?

问：我家的宝宝妞妞快两岁了，但是除了会说“妈妈”和“鸭鸭”外，不会说其他的词语。我很担心，因为朋友家里1岁半的孩子已经开始讲简单的故事了。妞妞奶奶很淡定，总是用“贵人语迟”来安慰家里人，开口说话晚真的没关系吗?

为什么别人家的孩子八九个月就会喊爸爸妈妈？

为什么别人家的孩子不到一岁就能说出好几个字？

为什么我家的孩子快两岁了还不开口说话呢？

如果孩子迟迟不说话，不要自我安慰，认为“贵人语迟”。“贵人语迟”不是普遍规律，而是特例。如果孩子开口说话的时间比同龄人晚很多，父母一定要冷静地、客观地看待这个问题。

蒙特梭利认为，孩子天生具有习得语言的潜能，而具体这个孩子能说哪一种或多种语言，取决于他出生后生活的国家和文化。

语言的学习贯穿孩子的整个童年的敏感期（0~6岁）。在这几年，拥有“吸收性心智”的孩子，能够毫不费力地学会环境中的一种或多种语言。

> 它（语言）自然而然地发展，如同一种自发的创造。同时，它的发展依循着固定的法则，对所有儿童皆然。儿童生命中的各个时期，在其所达到的水准上显示着相同的阶段——这是全世界儿童身上反复出现的现象，无论其语言是难是易……所有儿童都要经历单音节的阶段，然后才能说出整个词汇，最后，纯熟地运用句法与语法规则。
>
> ——玛利亚·蒙特梭利《吸收性心智》

孩子出生后，会习得环境中的语言；但是如果孩子迟迟不开口，或者语言能力严重落后于同龄人，可以看一看孩子是否具备开口说话的四大基本条件，同时，带孩子去看专业的儿科医生，寻求帮助。

1. 具备功能完整的听力系统

听和说是密不可分的。能听见（输入语言）是说话（输出语言）的必要前提。一个孩子学会喊妈妈之前，肯定经常听见“妈妈”这个词语，只有大量的语言输入，才会有语言的输出。

耳朵是语言输入的主要器官，它与同听觉相关的神经和大脑皮层负责听力的部分共同构成听力系统。

当宝宝在妈妈肚子里还是一个胚胎的时候（孕3月），其与听力相关的器官和神经系统就已经形成了。在妈妈孕期4~5个月，宝宝就能够听到妈妈体内的声音以及外界的声响了。新生儿出生后，会进行听力筛查，但即使听力筛查合格了，也不代表孩子的听力完全没有问题。

2. 具备发声器官

人的发声器官（Phonatory Organ）包括喉头和声带。一辆车能正常在路上行驶，全靠每个零部件互相配合。人要发出声音，也要依靠发声器官互相配合。随着年龄的增长，婴幼儿的发声器官会慢慢成熟。

3. 渴望沟通

“沟通”其实是人类的天性，刚刚出生的婴儿通过哭声和我们沟通。我们通过沟通来表达自己并与他人建立联系，得到群体的接纳和认同。这是人类最基础的价值感和归属感的实现方式。

通过观察，我发现：有的婴儿想和大人沟通，但是因为表达不清，有些“口吃”。在学习语言的过程中，孩子可能会表现缓慢或者笨拙，我们应该做的是：

（1）不要嘲笑孩子的错误发音；

（2）主动地、经常地和孩子沟通；

（3）如果孩子说错，用正确的话语回应他们；

（4）鼓励孩子多表达自己的想法。

4. 多给孩子说话的机会

除了正确的语言输入，我们还要关注孩子的语言，因为语言是互动交流的工具，是双向的。为了营造“有效”的语言环境，我们要遵循“轮流说话”的原则，多给孩子开口说话的机会。

妈妈：“宝宝，你喝完牛奶了吗？”

奶奶：“她刚刚一直在乱涂乱画，牛奶还放在桌上，一点都没有喝呢！”

妈妈：“喝牛奶是你自己的事情，你什么时候喝完牛奶？”

爸爸：“现在喝完，不然不准去公园玩。”

这样类似的对话场景，每天都在很多家庭中上演，自始至终，孩子没有说一句话。

出于对孩子的爱和保护，很多家长不仅帮孩子“做事”，甚至帮孩子“说话”，孩子不需要开口说话，一个眼神、一个动作或一个简单的“嗯”，就马上有食物递到嘴边，有玩具送到手上。孩子的需求不用开口都能被满足，自然缺少说话的动力。

因此，在孩子的生理发展到能够输出口语的阶段，我们不仅要示范使用正确的语言，更要保护甚至创造让孩子开口的机会，鼓励孩子通过说话来表达自己的需求和想法。如果还没有具备以上四个基本条件，那么，孩子在语言方面很可能存在发育迟缓的问题，同时，对于学习语言这件事，我们要相信孩子，鼓励孩子，不要走入“贵人语迟”的误区。必要的时候，可以向专业人士请教或者求助医生。

第25问：孩子的秩序感是天生的吗？

问：我们家宝宝11个月，因为原来的保姆家里有事，临时换了一个保姆。最近，宝宝不爱喝奶，新保姆抱着她喂奶，她总是推开，而且无缘无故哭闹。有人说可能是宝宝处于秩序敏感期。孩子天生有秩序感吗？孩子的秩序感是后天培养出来的吗？

在儿童生命的发展过程中，秩序感对于儿童人格形成具有重要的意义。这是因为儿童需要一个有序的内部和外部环境来帮助他们认识事物。一旦熟悉的环境消失，孩子就有可能感觉到不安全，哭泣，甚至大发脾气。

关于秩序感，蒙特梭利举了下面这个例子。

父母带着一个1岁左右的小孩长途旅行，旅途非常愉快，他们吃了很多美味的食物，晚上睡在高档酒店里，孩子躺在有围栏的婴儿床上。

旅行结束后，他们回到家，孩子每天晚上都哭闹不止，而且出现失眠和反胃的现象。父母带孩子去医院，医生做了系统的检查，但是无法确诊。每到晚上，全家人都很头疼，因为小孩到了晚上就很清醒，还经常抽搐，甚至在床上不停地打滚，非常可怜，母亲不得不整夜抱着他，全家人都疲惫不堪。孩子太小，他不能说出自己的痛苦和烦恼。无奈之下，家里人请来了一位著名的儿童精神病专家为他诊治，当时蒙特梭利刚好随行。父母告诉他们，孩子在旅行前身体非常健康，为什么回家后就病了？

蒙特梭利看到疲惫的孩子，突然有了灵感，她拿来几只枕头，围成了一个看似有围栏的婴儿床，小家伙看到后，马上停止哭泣，打着滚儿，摸着床沿说："咖亚，咖亚。"孩子的母亲说："'咖亚'是小家伙平时用来表示'摇篮'的话。"孩子很快睡着了。此后他的病症再也没有发作过。原来，孩子回家后和大人一起睡在大床上，他不满大人把他抱在没有围栏的大床上，采用了自己独特的方式表示抗议。

很显然这不是生理上的疾病，而是由于孩子的秩序感被破坏，孩子的内心感受到了不安全。

其实，大自然已经赋予儿童对于秩序的敏感性。

秩序感是孩子与生俱来的，不是被培养出来的。

蒙特梭利解释说："秩序感是生命的一种需要，当他得到满足时，就产生了真正的快乐。"

儿童对秩序的敏感主要体现在做事的顺序性、物品位置、生活习惯等方面。在蒙特梭利教室里，我们看到，孩子知道从哪里取来工作材料，也知道用完后应该将其放回原位。如果有孩子不小心放错地方，其他的孩子很可能会提醒他："它们不应该放在这里。"

面对孩子与生俱来的秩序感，作为家长，我们平时可以如何支持孩子的发展呢？

1. 理解孩子的“无理取闹”

2岁的妞妞听到门铃响，赶紧跑去开门，但是妈妈离门口很近，已经顺手把门打开，门口站着妈妈的同事李阿姨，妞妞开始着急大喊：“妞妞开门！妞妞开门！”原来，平时只要是听到有人敲门，都是妞妞冲过去打开门。她很爱开门，但是今天妈妈把门打开了，妞妞坐在地上哇哇大哭，妈妈说：“妞妞，快叫李阿姨。”妞妞哭得更大声了，妈妈知道妞妞想开门，于是尴尬地对同事说：“妞妞喜欢开门，我先关门，等她来开。”门被关上了，妞妞抹了抹眼泪，自己去打开门，然后破涕为笑。

生活中，是不是经常出现类似的场景：孩子一定要自己梳头，一定要把鞋跟朝外摆放，一定要自己按电梯键，一定要抱着玩具睡觉……如果不满足，他们就会“无理取闹”。

这时，我们要知道孩子“无理取闹”的原因，如果是因为孩子处于秩序敏感期，那么大人需要做的是——理解和倾听。给孩子摆放鞋子顺序的自由，让孩子自己按电梯键，允许他们抱着玩具睡觉，等等。

2. 让儿童的日常作息安排有规律性

很多家庭的生活安排都是随机的，没有按照儿童的身心发展需要来设计，例如我们如果有应酬，会带孩子出门，导致孩子晚睡。儿童的作息时间安排要有规律性，不能太随意。如果孩子的作息时间没有规律，不仅不利于孩子的身体健康，也会破坏孩子的秩序感。

3. 给儿童提供稳定的、整洁的环境

处于秩序敏感期的孩子对外部环境特别敏感，如果家里的家具位置摆放经常变动，东西摆放杂乱无章，或者堆放了太多的玩具，都不利于孩子的成长。家里的环境最好是整洁的、有序的，家具和玩具一定要摆放在固定的位置，方便孩子拿取。

在《童年的秘密》一书中，蒙特梭利在讲到儿童的秩序感时说道："儿童具有两种秩序感，一种是外部的秩序感，这种秩序感与儿童对他所在环境的体验有关；还有一种是内部的秩序感，它使儿童意识到自己身体的不同部分以及这些部分的相对位置。"

大自然已经赋予儿童对于秩序的敏感性，秩序感是人类与生俱来的，不是被培养出来的。如果孩子在秩序敏感期出现"无理取闹"的行为，请理解和尊重他。

第 26 问：宝宝为什么都爱玩躲猫猫？

问：我们家的宝宝大概七个月的时候第一次主动和我玩躲猫猫，只要我不停下来就能反反复复地玩，最多的一次整整玩了半个小时。这个躲猫猫游戏到底有怎样的魅力，能让每个宝宝都如此痴迷？

为什么这样一个简单的“看得见看不见”的游戏会让宝宝如此着迷？

著名的心理学家皮亚杰先生专门就此问题做过研究，并且做了一系列的实验来验证这个行为背后的心理学原理，比如下面这个著名的“物体恒存”实验。

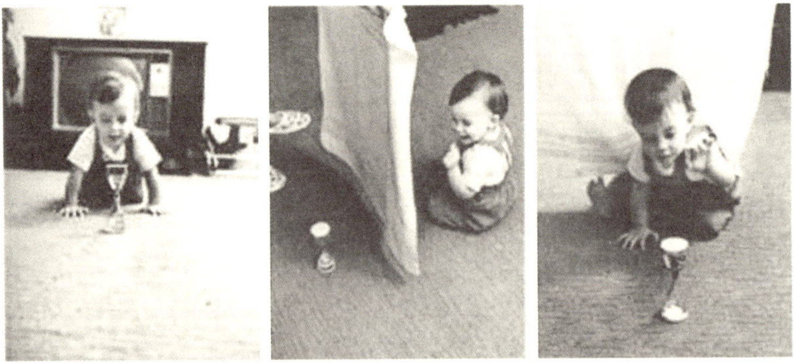

“物体恒存”实验

先把沙漏放在孩子眼前，让他看到，然后用一块布挡着沙漏。1岁的宝宝还没有物体恒存的概念，所以他不明白沙漏并没有消失，他认为只要他看不见的东西就是消失了（他还不明白沙漏只是被白布挡住了并没有消失）。当白布被拿走，孩子再次发现沙漏，他以为是突然出现了一个新的沙漏。在他眼中，这是和刚才那个完全不一样的沙漏，这让他欣喜不已。这就是为什么躲猫猫游戏让孩子如此着迷的原因。每一次玩“看得见看不见”游戏时，孩子都会认为妈妈走开了。当再次看见的时候会觉得是妈妈又回来了，并且每次出现的都是一个崭新的和原来那个不同的妈妈。这个发现让宝宝觉得非常的有趣，所以会一直乐此不疲地反复玩耍。

物体恒存盒

在蒙特梭利的许多教具设计中，就融入了这样的心理学原理，如上面这种物体恒存盒。

宝宝每次把球丢下去的时候，球先是落入了小房子里，宝宝看不见球，以为球消失了，等到球落下去的时候会从洞里面滚出来，宝宝再次看见球的时候会觉得球又突然出现了。

球投入盒

还有类似于这种需要宝宝自己打开门，球才会滚出来的盒子，也是利用了物体恒存原理设计出来的。

当宝宝反复玩耍这个游戏时，需要手眼协调配合，才能准确地把球投入圆孔，在开或拉小门时，也需要手指抓握配合。这样可以促进宝宝手部精细运动的发展。

随着年龄的增长，宝宝终将明白，原来当下看不见的东西还是存在的，只是被东西挡住，眼睛看不见而已。这件看似简单的小事情，对于缓解宝宝初次上学和妈妈分开的分离焦虑有很大的帮助。有些宝宝和妈妈分开的时候，不仅仅焦虑，还会觉得非常恐慌。因为在他们的认知里，看不见妈妈，就意味着妈妈不在了。这种消失让他们感到焦虑。而已经建立起物体恒存概念的宝宝和妈妈分开的时候，虽然也会很焦虑，但是他们知道看不见妈妈不代表妈妈消失了，妈妈还是在的，只是暂时没有出现在他们的眼前，他们会更容易接受和妈妈的分离。

一个小小的游戏里竟然还包含了这么有趣的心理学知识，不知道如何和宝宝互动的新手妈妈们不妨先从这样的小游戏开始吧！其实，许多绘本也是根据这样的原理设计的，非常适合1岁以

内的宝宝阅读。

游戏就是孩子学习的方式，让我们和孩子一起在游戏中学习，在游戏中成长吧！

第27问：镜子里的小秘密，你知道吗？

问：我家的宝宝现在8个月了，非常喜欢照镜子，有时候看着镜子里的自己会咯咯咯地笑起来，有时候还和镜子里的自己玩游戏，或者会一直特别认真地看着镜子中的自己，这是为什么呢？

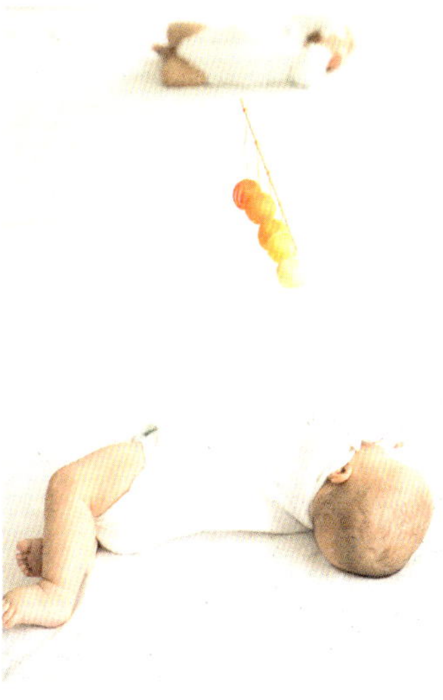

心理学上有一个非常经典的实验：婴儿熟睡时，在他们鼻子上抹上胭脂，醒来后让他们照镜子，结果发现，15个月左右的孩子会看着镜子，摸自己抹了胭脂的鼻子。也就是说，从这个时候

开始，孩子就能区分自己和他人了——因为他们知道那个红点是自己鼻子上的。

> 其实，孩子照镜子，不仅是为了看一个活动的影像，这是他们发现自我的一个过程。
>
> ——中国人民大学教授雷雳

新生儿的视力很差，为了能够看见镜子里那个移动的小生物，必须非常努力地集中精力，镜子成为培养孩子专注力的第一件工具。孩子通过观察镜子里移动的物体，逐渐发现了挪动身体和镜子里同步出现活动之间的秘密，并逐步加强了对身体四肢运动的控制力。下面我们来看一看如何在家里放置合适的镜子。

比较常用的是长方形的镜子，具有防裂性的镜子比较适合放在儿童房。从杰西一出生，父母就在他的房间里安放了镜子，期间，镜子不断地受到杰西的“暴击”，依然完好无损，但前提是安装牢固。

11个月的豆芽看着镜子中的自己

我们可以利用镜子培养6个月以前的孩子的社会性。因为这一阶段的孩子对镜中“小朋友”友爱的反应，实际上就是他们对他人、对周围环境的信任感和安全感的体现，这些正是社会性的一部分。父母给孩子提供镜子，实际上也是提供了一个“小伙伴”，在孩子与“小伙伴”玩耍的过程中，其社会性也得到了发展。

3个月左右的宝宝会朝镜子里的自己伸手，镜子里的“那个谁”也会做出各种各样的表情。当宝宝向镜子里的自己伸手时，“那个谁”也会伸出手。只要有一面镜子，孩子就能持续地跟自己玩。

6个月的杰西看着镜子中的自己

这边笑，那边也笑，反复几次之后，宝宝可能就会想：“这个镜子里的人跟自己做着一样的动作……难道那是自己？”接着，会将自己的面孔忽而靠近、忽而远离，有时还试着舔一舔镜子，最终发现：“镜子里的人真的是自己啊！”

美国心理学家查尔斯·霍顿·库利提出“心理镜像”理论，他认为，每个人对自己的意识是在与他人交往过程中，根据他人对自己的看法和评价而发展起来的，这个过程在人的一生中一直进行着。库利将其形象地比喻为：将他人看作一面镜子，这面镜子可以照出我们自己的样子，而我们从镜子中看到的那个样子就构成了我们的自我。

我们常说孩子遗传了父亲或者母亲的脾气、性格，实际上，除了小部分基因条件外，孩子与父母性格的相似性更多来自教养和环境的影响。

作为宝宝人生的第一面“镜子”，妈妈起到的镜像作用非常重要。

孩子从一出生就开始从周围环境中吸收一切。一个内心充满爱，性格稳定，具有安全感，能够很好地处理情绪的妈妈，就像是一面平滑光洁的镜子，宝宝通过镜子看到客观真实的自己。而一个情绪不稳定、性格偏激的妈妈，就好比是一面“哈哈镜”，宝宝在里面看到变形的自己。

通过仔细的观察，我们会发现，每一个宝宝的表现都不一样。有些宝宝比较外向，有些宝宝比较敏感。通过这些宝宝，基本能推测出其妈妈的样子。

可见，妈妈责任重大。

想要培养宝宝的专注力和良好的情绪，除了环境布置外，妈妈的心理准备和知识储备也很重要。

第 28 问：抚触对新生儿的重要性，你知道吗？

问：之前在医院的时候，医生告诉我们回家后可以多给宝宝做一做抚触，不仅能帮助宝宝建立起安全感，安抚宝宝的情绪，还能促进宝宝的身心健康和智力发展。抚触真的有这么神奇的效果吗？

有没有一种育儿方式可以从孩子一出生就使用，而且不分性别、不分国家、不分脾气，没有任何场地限制或者技术难度？宝宝睡眠不好、吃饭不好、情绪不好、发育不好都有效？有！那就是“婴儿抚触”（Infant Touch），顾名思义，就是和婴儿产生皮肤接触。这种方法最早被应用于早产儿的治疗，又称为“袋鼠疗法”（Kangaroo Care）。

这种方法最开始是作为促进早产儿发育的一种辅助治疗手法。把早产儿贴在自己的胸前，用体温代替保温箱，给孩子护理和照顾。后来，经过证实，这种方法对宝宝的身心发育有极大的帮助。

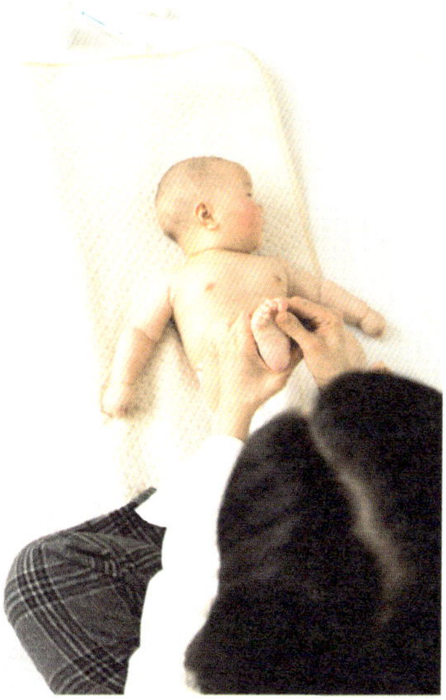

澳洲一位早产儿的妈妈，在孩子心脏骤停之后依然坚持把宝宝抱在怀里不停地和他说话，也许是宝宝听见了妈妈

的心跳，也许是妈妈的温暖唤醒了宝宝，在宝宝心脏骤停两小时后，他竟然恢复了生命体征。

另外，早产的宝宝在和妈妈“直接皮肤接触”（Skin to Skin）之后，妈妈的身体感知到了宝宝的生理需求，竟然可以制造出高热量高蛋白的“超级母乳”（Super Milk），来帮助宝宝身体快速生长。

为什么抚触对新生儿的发展有如此神奇的作用?

皮肤又被称为人体的“第三个大脑”。皮肤不仅有屏障、吸收、分泌、排泄的作用，还能像大脑一样参与神经调节、内分泌调节和免疫调节，起到类似大脑的作用。皮肤与大脑密切联系，大脑既可影响皮肤的状态，皮肤又可反作用于大脑，二者相互影响。

早期抚触，就是在婴儿脑发育的关键期给脑细胞和神经系统以适宜的刺激，促进婴儿神经系统和智能发育，减轻其紧张、焦虑以及疼痛。

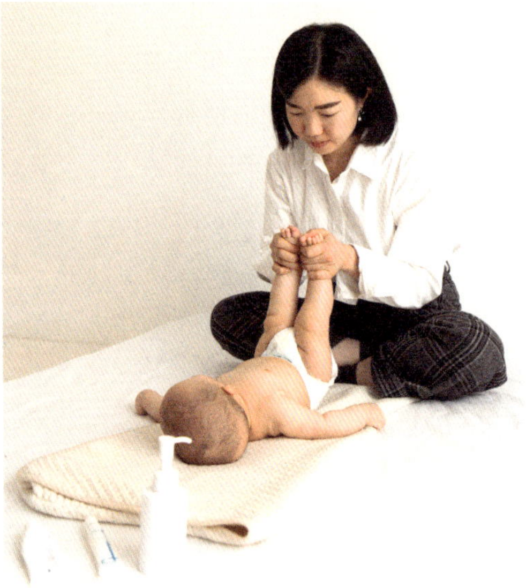

其实，抚触从宝宝出生的那一天就已经出现了。在分娩时，胎儿通过产道挤压，就是最初的抚触。

要给新生儿做抚触需要准备的东西也很简单，首先准备一张柔软的垫子，把房间的温度调到26℃以上，然后选择一些舒缓的背景音乐，加上普通的婴儿润肤油就可以开始了。

宝宝过饥过饱的时候都不适合做抚触。饭后一小时或者每天睡前沐浴后比较适合。每次抚触的时间不宜过长，以15~20分钟为宜。

开始抚触前，可以先播放音乐，双手掌心揉搓，把抚触油预热，然后，把宝宝平放在垫子上，并看着宝宝的眼睛，告诉宝宝接下来要开始为他做抚触了。先从宝宝的四肢开始，如果宝宝配合，那就可以按照先四肢再胸前、腹部，最后背部的顺序进行。

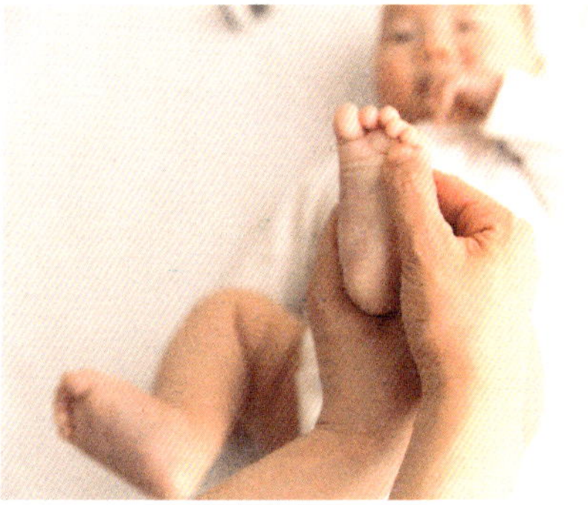

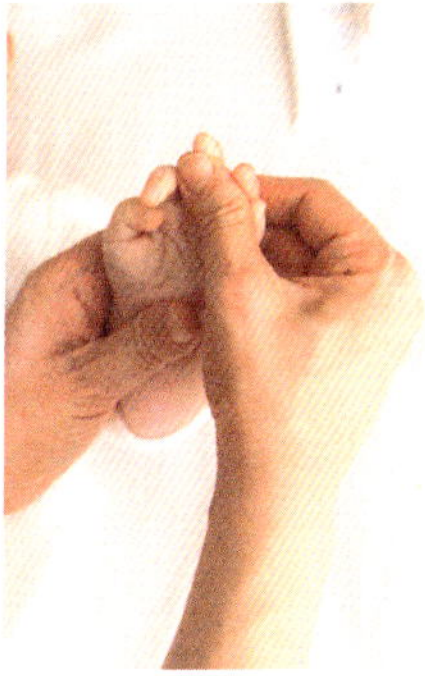

在这个过程中，可以始终保持和宝宝的眼神以及语言交流，等到宝宝完全放松下来的时候，就可以继续过渡到手指和手臂的放松。1岁前的宝宝还处于抓握反射期，因此手部肌肉更容易紧张，可以把宝宝的整个手掌和每根手指都放松一下。

四肢的抚触完成之后，就可以开始胸前和腹部的按摩。这两个部位宝宝感觉会更加敏感，因此，抚触之前，可以先把双手放在宝宝胸前，告诉宝宝接下来要开始按摩了，让宝宝做好心理准备，如果宝宝不排斥的话，就可以继续进行。

这里常常会用到腹部“画字母法”对宝宝进行按摩。除了可以促进宝宝发育，帮助宝宝排气、缓解肠痉挛外，还有助于促进亲子关系，让宝宝感觉到妈妈的爱。“画字母”就是在宝宝的小腹部画“I”“L”“U”，可以理解成是“I Love You”的缩写，这样想想，是不是按摩的时候都很有爱呢！具体方法是：妈妈的右手在宝宝的左上腹，从上向下按摩，类似画了一个字母“I”；然后按“右上腹—左上腹—左下腹”的顺序按摩，画一个倒“L”；最后，按“右下腹—右上腹—左上腹—左下腹”的方向按摩，像画了一个倒写“U”。

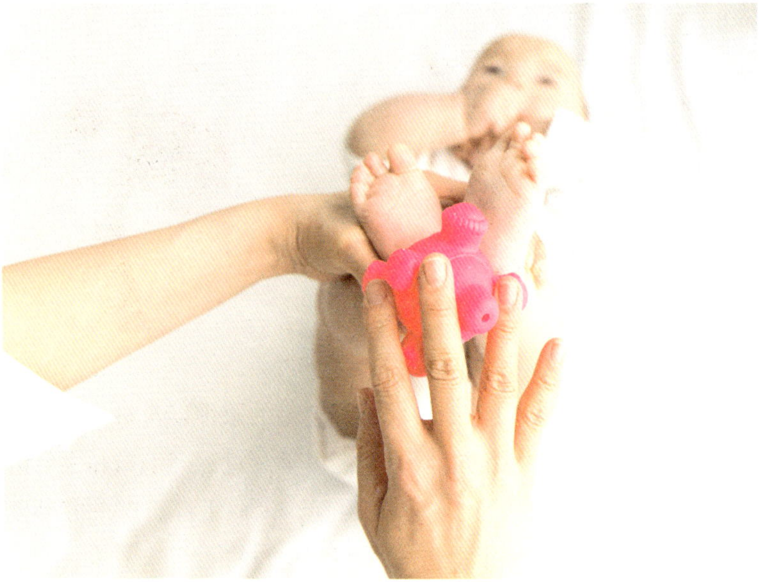

需要注意的是，每次给宝宝按摩腹部时，要摘掉戒指、手链等，以免划伤宝宝；按摩的力度要适中，不可过度用力；顺时针方向画半圆时，要在左下腹结束动作，同时要避开宝宝脐部；每

次按摩时间不可过长，同时注意给宝宝做好保暖；除了按摩腹部外，还可以在每次洗澡后给宝宝做一做全身抚触，对于促进宝宝生长发育、神经系统发育、脑部发育等都有好处。

很多时候宝宝哭闹都不是因为饥饿，新生儿刚刚来到这个世界上，渴望得到妈妈更多的抚触和关注是一种本能。

美国的专家对正在做身体抚触的婴儿进行过检测，结果发现，婴儿大脑的迷走神经活动明显增强了，从而促进了他们饮食吸收的激素分泌。这也是为什么接受抚触越多的宝宝成长会越快的原因。肌肤相亲还能触发某种脑神经传导介质，这种介质能舒缓宝宝的神经系统，降低宝宝的压力激素所分泌的皮质醇含量，所有这一切都会让宝宝觉得很安全。每天两次抚触，可以让宝宝更加健康。下面介绍两本婴儿按摩指导书，可能会对新手妈妈有帮助。

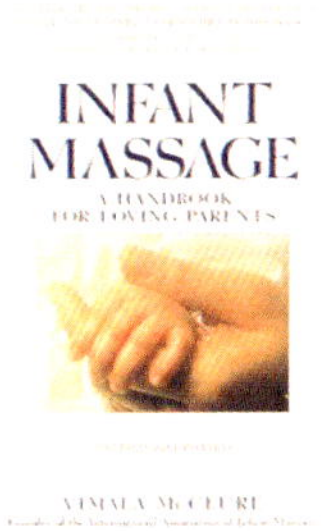

· *Infant Massage*
· 出版社：Bantam Dell
· 出版时间：2000
· 作者：Vimala McClure

· *An Infant Massage Guide Book*
· 出版社：Authorhouse
· 出版时间：2008
· 作者：Mary Ady

第29问：如何从小培养孩子的独立性？

问：都说孩子的独立性要从小养成，那么，从什么时候开始培养比较合适呢？需要从哪些地方入手呢？

“独立”，相信是每位父母都希望自己的孩子具备的优秀品质。独立的孩子能够照顾好自己的生活，不依附或盲从他人；独立的孩子，知道自己的能力和价值，相对自信；独立的孩子，能够建立起强大的“自尊”，正确地看待自己，不因外在的评价或一时成败沾沾自喜或质疑自己。而这三个层面的“独立”，层层递进，前一个为后一个的基石。在孩子的早年，我们需要帮助他们建立基本的“功能性独立”——我想做，我需要做，我就能自己做到——在实际生活活动中得到独立，孩子们才能建构起精神意志层面的“独立”：自信和自尊。

早期的功能性独立是从日常生活的方方面面开始培养的。如穿脱衣物、进食、如厕、洗漱等，都是从成人示范开始。通过不断地重复，孩子开始与成人建立起合作关系并逐渐参与进来。慢慢地，孩子能够在成人的帮助下完成这些活动中的部分动作。再通过重复练习，成人逐渐放手退后，孩子便能够独立地完成，实现“功能性独立”。

在蒙特梭利教育理念中，这些“日常生活练习”有着非常重要的意义。西尔瓦娜·夸特洛奇·蒙塔纳罗在《生命重要的前三年》中说：“通过实际的任务，我们可以保持幼儿开心地忙碌着，同时随着动作在协调性方面的提升，幼儿的自我逐渐发展、强化，个体的安全感和自尊心也会不断被增强。这些重要讯息被这个发展中的人类吸收，而且将持续地服务于支持他所有未来的活动：我能，我是有能力的，我是有价值的，和我一起生活的人需要我的合作，我的工作对其他人是很重要的，以及我能通过工作改变周围的世界。”

当然，进行“日常生活练习”的程度与孩子生理能力的发展相关。我们不可能要求还不会爬的孩子自己提裤子，也不会催促爬行期的孩子去布置餐桌。但对于一岁以内的孩子，我们还是可以同他们一起进行一些照顾自己的活动，在他们能够独立走路之后，这些活动就可以独立自主地完成了。

下面我们介绍几个基本的日常活动，带领宝妈宝爸们为孩子进行示范。但必须要说明的是，对于驾轻就熟的活动，如穿袜子、洗脸等，我们的动作是自然而连贯的，然而对于孩子，这些活动是新鲜且具有挑战性的。因此，我们需要分解这些活动中用到的动作，分解成孩子能够跟随和模仿的小步骤，才能让孩子有学习的积极性，也才可能让他们逐渐地独立进行。

一、穿脱鞋袜、衣裤

当孩子可以独立坐的时候，我们可以和他们同朝向地坐在垫子或矮凳上，这样便于孩子模仿。注意在整个过程中保持和宝宝的语言沟通，告诉他物品的名字和你接下来要做的动作。

1. 脱鞋子/穿鞋子

脱鞋子时，让孩子坐在矮凳或地面的地毯上，你坐在孩子身后，双腿分开环绕住孩子，双手跨过孩子的身体示范。示范如何脱掉鞋子。如果鞋子上有魔术粘，可以在示范后让孩子自己尝试解开。示范一手扶住鞋子后跟，脱离后跟。可以让孩子帮忙扶住鞋子后跟，先脱一只鞋，再用同样的方法脱下另外一只。将两只鞋正确地摆放在一起，并放入鞋柜。

穿鞋和脱鞋的过程是类似的，穿鞋的时候，你需要握住鞋跟的位置，也可以尝试让孩子帮忙扶住。将鞋套在对应的脚上，向脚踝方向推，再拉起后跟。这样就穿好一只鞋了。

11个月的昭昭观察如何穿鞋

【小贴士】可以给孩子的鞋子内侧标记红点，方便孩子看到，红点挨在一起就是正确摆放鞋子的位置。

2. 脱袜子/穿袜子

将你的两个大拇指插入宝宝的袜筒，向下滑至脚后跟脱出袜子，再抓住袜子的脚趾部分，向下拉，脱掉整只袜子。重复脱另外一只袜子。可以尝试让孩子参与最后拉袜子的部分。示范裹袜子和放袜子。

穿袜子时，先拿起一只袜子，示范将两个大拇指插入袜筒，拇指撑住袜子，其余四指向下滑动袜子，直至抓住袜子的脚趾部分。然后将袜子套到一只脚的脚趾上，保持拇指在袜子里，拉袜子直到袜子套住脚后跟。继续向脚踝方向拉袜子。可以让宝宝参与拉的动作。

3. 脱裤子/穿裤子

脱裤子前，先让孩子扶着你的肩膀，保持稳定的站立姿势。也可以扶着高度合适的把杆或固定的家具，让孩子可以稳定地站立。双手抓住裤子松紧处，示范将裤子向下脱到膝盖的位置。然后，你和孩子都坐下，姿势和穿脱袜子的姿势一样。示范脱出一条裤腿。对于大一点的孩子，可能的话，让他自己脱另外一只裤腿。

示范折叠好裤子，并将其放到衣柜里。

穿裤子的时候，将裤子正面朝上，放在地板上。给孩子展示裤子正面的标记，比如口袋、图案或纽扣等。大拇指在内，双手抓住裤子的松紧处，示范拉开裤子。

展示一条裤腿的洞，帮助孩子将一条腿放进去，再放入另一条腿。大拇指在内，双手抓住裤子的松紧处向身体方向拉，露出双脚。然后让孩子站起来，扶着你的肩膀（也可以扶着高度合适的把杆或家具），保持稳定的站立姿势，再将裤子提到腰部。

4. 脱T恤/穿T恤

脱T恤时，示范将一只胳膊脱出袖子，再脱另一只胳膊。双手抓住衣服两侧，上举双臂，从头部脱出。折叠好T恤，放到孩子的衣柜里。

穿T恤时，将T恤正面朝下，放在地板上。给孩子展示T恤正面的标记，比如较低的衣领、图案等。你和孩子用脱鞋子和穿鞋子的姿势坐下，你的大拇指在内，双手抓住衣服背面的底部，示范拉开。给孩子展示套头的洞。将衣服套在孩子头上，并穿过孩子的头。将一只胳膊穿过一只袖子，然后穿另外一只。可以尝试让孩子自己穿过袖子。双手拉下T恤，整理好即可。

5. 脱开衫/外套

让孩子看到你解开外套的纽扣或拉链，轻拍孩子的一侧肩膀，说“肩膀”。从肩膀处垮下外套到手肘。将一只胳膊从袖子中取出来。可以的话，让孩子自己拿出另一只胳膊。示范折叠外套，并将其放到孩子的衣柜里，或者挂到门口的挂钩上。

二、洗手

当孩子站得很稳的时候，我们可以带孩子站在水池边洗手。家里水龙头通常安装在站立位置的对面，我们可能需要加一个水龙头延伸器，让水能流到孩子手上。最好再安装一个限位装置，限制出水量，避免出水太猛，水花飞溅。另外，还需要配备一个防滑的矮凳供孩子踩踏，以及孩子专用的擦手的毛巾。

11个月的昭昭学洗手

直接邀请孩子去洗手，可以说："要吃水果了，我们去洗手吧。"如果孩子穿着长袖，要先挽起孩子的袖子。带着孩子来到洗手池旁边，牵着他的手走过去或者抱他在洗手池前站稳。首次示范洗手时，给孩子一些必要的语言激励，就算他们不会回应。告诉他们物品的名称，例如“水池”“水龙头”“肥皂”“洗手液”“毛巾”等。

让孩子看到你打开水龙头，以后可以让孩子尝试自己打开水龙头。打湿双手，再关上水龙头。给孩子示范如何使用肥皂或洗手液。如果是肥皂块，拿在手里摩擦出泡泡，放回肥皂。如果是洗手液，将洗手液按压到手掌，再摩擦双手起泡。

【小贴士】首次洗手的示范尽量简短，让孩子尽快参与。可以只搓出泡泡，让孩子看到就可以。后续的示范中，如果孩子有兴趣，可以示范仔细地搓洗拇指、其余四指、手心和手背。对于年龄较小的孩子，可以不用肥皂，就示范在水流下搓洗双手。

再次打开水龙头，清洗双手。用海绵或者毛巾擦干净水龙头上的肥皂泡。别甩手，可轻轻抖动，让水滴到水池里。用擦手毛巾擦干双手（孩子有自己的擦手毛巾）。最后，对孩子说：“我们已经洗了手。你可以在吃东西前、上厕所后，或者任何时间来洗手。”

三、梳头发

当孩子可以独立坐的时候，就可以进行梳头这个活动。在示范的时候，你还需要准备一把梳子。

邀请孩子，可以说：“我们一起去梳头发吧！”带孩子来到有镜子的梳妆桌前，给孩子展示并介绍物品名称：梳妆桌、镜子、梳子等。

在镜子前，示范一手拿起梳子，另一只手按住一侧头顶，用梳子从头顶往下梳头发。让孩子用自己的梳子梳头。孩子失去兴趣后，将梳子放回原处，可以说："我们梳了头发，你随时可以来梳头。"

申妈示范梳头发（昭昭11个月）

四、擦鼻涕

当孩子可以独立地坐，就可以引导他擦鼻涕。注意：只是擦流出来的鼻涕，而不是擤鼻涕。

发现孩子有鼻涕时，可以邀请说："你有鼻涕了，我们一起去擦干净吧！"带孩子来到梳妆桌前，给孩子展示并介绍物品名称：梳妆桌、镜子、纸巾等。

对着镜子，示范拿起一片纸巾，双手捏住，将纸巾放在鼻子上，向下擦一下，然后折叠纸巾，再向上擦一下鼻子。

再拿一张纸巾，帮孩子擦鼻子。将用过的纸巾扔进垃圾桶。可以让孩子扔纸巾。最后对孩子说："我们擦了鼻涕。你有需要的时候可以来擦鼻涕。"

申妈示范擦鼻涕（昭昭11个月）

五、刷牙

当孩子可以独立坐的时候，就算乳牙还没有萌出，都可以带他刷牙。当然，长出牙齿后使用牙刷更合理。你需要准备两套刷牙用具（孩子和你的）。不能站稳的孩子，可以让他们坐在洗手池边刷牙。年幼的孩子可以直接用饮用水来刷牙，不用牙膏。

对孩子说：“我们去刷牙吧！”带孩子来到水池前。告诉孩子物品的名称，如“刷牙杯”“牙刷”“毛巾”等。给你自己的刷牙杯装一点水。如果孩子具备一定的能力，可以尝试让孩子给自己的杯子接点水，沾湿自己的牙刷。大人先示范如何刷牙，然后请孩子自己刷牙，孩子可以坐着或者站在水池边。你示范喝一口杯中的水，再吐掉。让孩子也这样做。接下来，给孩子展示：在杯中涮洗牙刷，清空杯子的水，将杯子和牙刷放回原处，再用毛巾擦干嘴巴。你可以扶着杯子，协助孩子洗他自己的牙刷，倒掉杯中的水，用毛巾擦干嘴巴，放回用品。对孩子说：“我们刚刚一起刷了牙，吃东西后你可以来刷牙。”

通过这一系列的操作你会发现，给孩子示范这些我们已经驾轻就熟的日常活动原来需要这么细致和谨慎。当然，也不用拘泥于以上每一步动作，家庭中的每个人都可以用自己熟悉的方式和孩子一起做这些事情。

要掌握一个原则，那就是你的动作要缓慢、清晰，保证孩子能看清楚；同时，配合简单、正确的语言，你就是孩子通往独立道路上的引领者。

第30问：为什么要为新生儿调整居家环境?

问：新生儿刚刚降临，父母都会手足无措，将家变成伺候孩子的战场。什么是蒙特梭利家庭环境？为什么我们要为孩子改造环境？这样的环境，会给孩子和其他家庭成员带来什么？

美国哲学家、文学家乔治·桑塔耶拿认为“家庭是自然的杰作”。家庭是自然和社会的最小有效单元，具有三个要素：

第一，空间——构成环境的物理区域。

第二，物品——空间里的物品。

第三，社会和文化特质——因不同的地域、民族、历史、习俗、家族等而不同。

前两个要素看得见摸得着。当宝宝被父母抱回家前，家庭环境就已经存在了。例如，120平方米的房子，三室一厅的分区格局，就是他未来主要生活和探索的空间。家里摆放的家具、饰品和植物，就是宝宝会逐渐熟悉的家的构成。第三个要素，在宝宝来临之前，家庭成员就已经形成了自己的习惯，比如说话的口音、过节的方式、餐桌礼仪等。

对一个家庭而言，父母是基石。

家，是孩子出生后的第一个环境，也是父母生活的重要环境。而父母是孩子的环境中不可或缺的重要一环。

不少宝妈在孕期就开始买买买，囤囤囤。“爸爸，你的小书桌拿来给孩子当护理台吧！”“老公，你的书架腾点空间出来放宝宝的玩具吧！”孩子出生后，大量占用原本属于成人的空间和时间。孩子睡在夫妻二人的床上，妈妈很长时间不能美美地和闺蜜出去逛街，下班回家的爸爸面对满地的玩具无从下脚……

家，应当是能满足所有家庭成员的个人需求和情感交流的场所。

真正的蒙特梭利环境，不仅支持孩子在生命前期的发展需求，也尊重家人的个人空间；不仅帮助成人与孩子建立亲密关系，也尽可能多地为孩子的独立和自尊创造机会。

家庭有新成员加入，我们可以提前预备或调整部分空间布局来表示对他的接纳，宝宝会逐渐适应家庭生活的方式，成为这个家庭不可或缺的一员。

家庭为孩子提供了安全的庇护，满足其基本的生理需求。

在孩子还不能自给自足，甚至不会说话和走路的时候，家要无条件地满足孩子对健康、食物、睡眠、清洁、运动和安全感的基本需求。

我们既尊重孩子与生俱来的特质差异，更需要认识到环境的重要性。我们希望给孩子提供“富足”的环境，当然不仅指物质富足，还包括精神的富足。我们要协助孩子通过环境获得尽可能丰富的“信息”，最大限度地促进孩子潜能的发展。

更进一步地，家庭成员用爱养育孩子，通过日常家庭生活的不同环节，满足孩子的沟通（语言和非语言）、社交情感和认知发展等高级需求。

时刻提醒自己，“我是孩子最重要的环境！”

第二章　新手妈妈实用指南

Part1　新手妈妈实用好物推荐

第 31 问：如何选择适合的吸奶器？

问：还有一个月就要生产了，最近在准备临产包，发现吸奶器的种类好多，从来没有用过这种东西，应该怎么选才好呢？

吸奶器真的是妈妈们的福音。宝宝们并不是时时刻刻都能配合妈妈的产奶时间准时喝奶。有的时候妈妈奶胀了宝宝还在睡觉；有的时候宝宝喝完母乳还觉得不够；有的时候妈妈的乳头被宝宝咬破了，需要修复，不能喂奶……可以提前把奶吸出来放在冰箱里储存起来，以备不时之需。

将奶吸出来可以方便统计宝宝的喝奶量。在过去，没有吸奶器，很多妈妈只能直接用手解决，既尴尬又不卫生。有了吸奶器以后，妈妈们完全可以按照自己的需要，选择时间把奶排出来。

吸奶器的种类大致可以分为两种，手动的和电动的。那么，这两类吸奶器使用起来功能上有什么不同？下面就为大家一一分析。

手动吸奶器，顾名思义，是需要靠自己手动按压吸奶的。手动型又分按压式、橡皮球吸式和针筒式。手动吸奶器的好处是，结构简单，故障少，价格便宜，可以控制吸力的大小，对于奶量不大的妈妈来说，更容易吸出更多的奶。而对于刚刚开始哺乳的妈妈来说，能更快地把初乳吸出来给宝宝喝。手动吸奶器可以随时随地吸奶，不需要频繁充电。缺点也显而易见，令人感觉累，长时间使用容易得腱鞘炎，对于白天需要保存体力上班的妈妈来说不太友好。

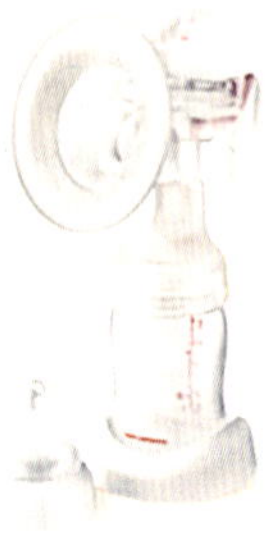

手动吸奶器

电动吸奶器分可刺激奶阵型和不可刺激奶阵型，还分单泵和双泵。

先来说说优点吧，电动吸奶器通常都是多档调节的，妈妈可以根据自己的耐受程度选择合适的档位。选择了某一档位后，吸奶器就会按照固定的频率开始泵奶。妈妈只需要一只手扶着吸奶器，另一只手就可以空出来做其他事情。对于奶量不是非常大的妈妈来说，选择单泵的就足够了。在使用的时候一定要等一边奶吸空了以后再去吸另一边，这样才能保证宝宝可以喝到后奶。

电动吸奶器

一些新手妈妈会遇到一开始吸不出奶的情况，因为电动吸奶器的平均吸力只有

3Pa左右，所以在吸奶初期，可以用手动吸奶器辅助，等到熟练以后再转成电动的。

再来说说电动吸奶器的缺点。每次吸奶时间约25分钟，使用完以后都需要充电，充电时间比较长。随着使用次数的增加，很多电动吸奶器的吸力会逐渐减弱。

上面分析了手动吸奶器和电动吸奶器的优缺点，大家可以视情况选择。下面，我们再来看看如何正确地使用吸奶器。

每次吸奶的时间约半个小时，宝妈可以选择在舒服的沙发上完成吸奶。吸奶前，先垫好靠背，清洁乳头，吸完奶后及时给吸奶器的吸嘴消毒。吸出来的奶要放入冰箱冷藏，并且在24小时内让宝宝喝完。冷藏的奶需要先加热，再给宝宝喝，避免宝宝拉肚子。宝宝喝之前，我们要先滴一滴奶在手腕上试一试温度。

需要注意的是，经过冷藏的母乳是不能放在微波炉里加热的，这样会破坏母乳中的营养成分，而且经过微波炉加热的奶瓶受热不均匀，很容易烫伤宝宝。可以将奶瓶放在适度的热水中加热或者直接使用温奶器加热。

第 32 问：尿布台的好处有哪些？

问：以前总是听长辈说，生了孩子以后腰要好好保护，不然会落下病根。以前总觉得她们说得太夸张。自从我有了宝宝以后才知道，每天仅仅是给宝宝换尿布就要弯腰十几次，一天下来真的是腰酸背痛的，有什么缓解的好方法吗？

申妈给儿子昭昭换尿布

尿布台，也叫“婴儿护理台”。很多妈妈觉得，在床上或者沙发上给婴儿换尿布就可以了，并不会把尿布台当作新生儿家庭的必需品。其实，尿布台绝不仅仅只是一个给宝宝换尿布的地方，更重要的是，尿布台是关爱新手妈妈的利器。

接下来就让我们看看如何正确地使用尿布台。

一个新生儿每天平均需要更换尿片的次数为8~10次，每一次时间都在五分钟左右。如果把这些时间都累计在一起，那也就是妈妈一天有将近一个小时的时间需要保持弯腰的姿势为宝宝更换尿片。而这种状态需要持续好几个月。很多新手妈妈都会觉得带新生儿的前三个月很累，一点都没错，仅仅是换尿片这一件事情，就足以让妈妈们筋疲力尽。

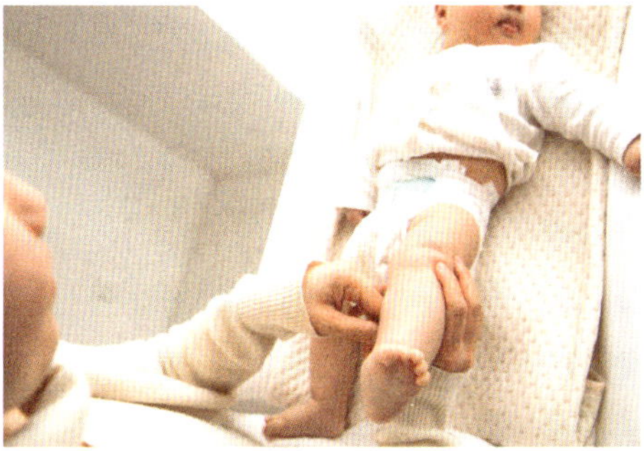

尿布台前大人不用弯腰

尿布台让物品随手可取

尿布台最基本的功能，就是妈妈可以站着给宝宝换尿布。对于宝宝来说，他们也会喜欢在固定的地方做固定的事。有了尿布台以后，每一次给宝宝换尿布时，妈妈都可以给宝宝介绍这个地方的作用，那么，宝宝就知道来到这里他应该如何配合妈妈。尿布台的高度适中，妈妈可以不用弯腰，能更加从容地给宝宝换尿布。

在换尿布的过程中，常常会发生一些“意外”，比如新的尿片还没有给宝宝穿上，他又拉了。如果是在床上换尿片，那就不得不把整个床单拆下来换，而在尿布台上只需要更换下面的隔尿垫就可以了，减轻了妈妈的工作量。

尿布台还可以为家里节省收纳空间。很多妈妈以为尿布台放在家里占地方，其实恰恰相反，使用尿布台反而会空出更多的空间。为什么这么说呢？因为任何一个有新生儿的家庭，一定都会堆着各种各样宝宝的东西，例如尿片、湿纸巾、宝宝衣服、浴巾、洗澡盆、润肤露等。这些东西分布在家里的各个角落，而尿布台却可以把这些宝宝用品全部收纳到一起，这样，即使妈妈不在家，家里的其他成员也知道去哪里找所需的物品。

收纳齐全的尿布台

统一收纳，随用随拿，非常方便，既省事还节约时间。很多新手妈妈常常觉得，一天好像什么事情都没干，怎么就到了晚上呢？因为护理宝宝的事情大部分都是碎片化的，而且一天中会多次反复，时间就这样过去了。

充分利用尿布台的收纳功能，集中管理宝宝的物品，还可以帮助妈妈了解宝宝用品存量，方便及时采购。再从空间的利用上来看，放置尿布台最佳的位置就是角落，这样可以使尿布台两边靠墙，防止摇晃。在尿布台的使用期间，一定要确保时时有人和宝宝在一起，如果需要离开取东西，请一定记得及时把宝宝抱下来。安全最重要，不要怕麻烦。

当宝宝长大以后，还可以将尿布台搬到厨房或者阳台作为置物架、花架、书架，二次利用。

一个小小的尿布台，可以帮助妈妈大大地提高空间使用率，减少工作量和疲劳感，可以说是新手妈妈必不可少的单品之一。在尿布台的上方，在保证安全的情况下，可以悬挂一些宝宝喜欢的东西，这样宝宝可以一边换尿片一边看着悬挂物，情绪也会非常稳定，使得换尿片变成一件让人愉悦的事情。

尿布台

尿布台应该比一般书桌高一点，让成人舒适，不会因长时间弯腰而疼痛。如果没有专门的尿布台，在五斗柜或小衣橱顶部放一个有边缘的台子，再放上一个小软垫，也是不错的选择。

尿布台要垂直于成人操作的方向，这样可以为孩子和成人提供面对面交流的机会。

我们从孩子很小的时候就开始通过与他建立合作的方式来进行日常活动，“我们一起做”而不是“我为你做”。孩子逐渐通过你的引导参与到日常活动中，并逐渐走向独立。

宝宝护理需要的物品

我们需要准备干净的尿布、干净的衣服、梳子、抚触油、屁屁霜、棉球、干净的软布等。选取宝宝润肤油时，一定不要选取含矿物质成分的；如果选用杏仁油，要先了解孩子是否对坚果有过敏性反应。橄榄油和纯天然的椰子油都是不错的选择。

安全第一。在给孩子进行护理之前，一定要确保所有东西都准备妥当。千万不要把孩子单独放在尿布台上！如果有紧急情况，应提前把孩子放在安全的地方。

两个垃圾桶

准备两个垃圾桶，最好是带踏板的，方便操作。一个用于装湿尿布，另一个用来装换下来的衣服。沾有臭臭的尿布必须立即处理，洗涤前先浸泡，洗涤后进行高温消毒。

放置干净衣服和床上用品的小衣橱／抽屉

让孩子看到你整理属于他的衣橱/抽屉，当孩子能够走动后，他们就可以自己使用并进行整理。

第33问：背巾、背带与腰凳如何搭配使用？

问：带一岁以内的宝宝出行，婴儿推车是首选，宝宝所有需要的物品都可以放在车里，但它有一个很大的缺点，那就是遇到有台阶或者坐车的时候需要搬来搬去，一个人带宝宝出游很不方便。相比之下，背巾、背带和腰凳倒是不错的选择，它们之间有什么区别呢？

若只是到家附近散步，背巾、背带或腰凳是不错的出行工具，既方便，宝宝也喜欢。那么，背巾、背带、腰凳在使用方法上有什么区别呢？三者都需要购买还是选择其中一种就可以了？接下来，我们就详细地介绍一下三者各自的使用方法以及搭配使用的原则。

使用背巾带昭昭出门

首先看看什么是背巾。简单地说，就是一块柔软的，有一定弹性的布，利用背巾，妈妈可以把宝宝直接背在身上。

刚刚出生的新生儿，在出生后的一段时间内脊柱还是会保持在子宫内的形状，脊柱与妈妈的肚子贴合呈现微微弯曲的“C”字形。出生没多久的新生儿趴着睡的时候喜欢把腿蜷缩在肚子下面，这样他们的脊柱就正好呈现出了让自己舒服的“C”字形。

当我们把宝宝放在背巾里时会发现，宝宝在背巾里的姿态和在妈妈肚子里的姿态是一致的，宝宝感觉自己就像在妈妈肚子里时那样被包裹着。在背巾里的宝宝还可以紧紧地贴着妈妈，听着妈妈的心跳，闻着妈妈身上散发的气味，感觉暖暖的，很舒服。背巾可以从宝宝出生开始用，直到他们会走路。

使用背带带昭昭出门

再来看看背带，它和背巾类似，都是把宝宝背在身上，可以背在正面，也可以背在背面，就像背书包的感觉。背带适合四个月以上的宝宝使用。相比较背巾，背带的优点是不需要每次都重新绑带，直接把宝宝放进去扣上搭扣就可以了。妈妈独自出门的标配通常是前面挂一个背带，后面背一个书包，一个人带娃出游也是妥妥的。背带的缺点是，使用时间比较短，而且对宝宝的体重有要求，一般30斤以下的宝宝才能使用。

爸爸用背带背杰西出门

选择背带时，一定要考虑，当宝宝坐在背带里时，腿部是否可以像青蛙腿一样打开，膝盖是否可以完全地弯曲而不是垂下来，宝宝的腿部应该呈M形，这样身体的主要重量才能落在大腿上。

最后看看腰凳。简单地说，腰凳就是一个挂在腰上的小凳子。目前，市面上有很多背带可拆卸的腰凳，有了背带，大人的手就可以解放出来做其他事情。但是腰凳本身有一定的重量，而这种可拆卸式的腰凳要比普通背带重。

腰凳在使用上比较方便，不像背带和背巾穿脱那么复杂，在宝宝腰后一扣就可以出门了。宝宝可以随时下地活动，使用上更

昭昭坐在腰凳上

加灵活。宝宝可以面对父母坐，也可以背对父母坐。值得一提的是，使用腰凳时，一定要绑紧腰凳，让座位稍微往里倾斜。

同样地，腰凳通常也会标注建议30斤以下的宝宝使用，而且一次不能使用太长时间。时间太长，大人还是会感觉累。

其实，通过比较，可以发现：背巾使用时间较长，经济实惠；腰凳方便；背带安全。妈妈们可以根据自己不同的出行场景选择合适的工具，合理搭配更轻松。

第 34 问：出游必备的妈咪书包怎么选？

问：带一岁以内的宝宝出游，宝宝吃穿用的东西都要带上，不亚于一次小规模搬家。自从有了宝宝以后，几乎都是拖家带口一起出门，有没有什么好方法让我一个人也能轻松地独立带娃出游？

双肩妈咪包

妈咪书包不同于一般的书包设计，外形虽然看起来和普通书包差不多，但是一打开就会发现里面大有乾坤。妈咪书包中有各种不同区域的夹层，方便放宝宝出门所需的不同物品，主袋和前置袋可以分别打开，方便妈妈随时取用。

一款舒适、轻便、大容量、设计合理的妈咪包真的能帮助新手妈妈减轻很多工作量。

接下来，我们就来看一看，带一岁以内的宝宝出游，妈咪包里需要装哪些东西。

（1）一个奶粉桶或者便携独立奶粉袋；

（2）两到三个奶瓶和一个保温杯；

（3）一到两套宝宝换洗衣服、两双袜子、一双宝宝鞋子、口水巾若干条、小毯子一条、隔尿垫一块、小毛巾若干条；

（4）尿不湿若干包、清洁湿巾一大包、一包纸抽；

（5）宝宝润肤露、驱蚊水、酒精棉片；

（6）雨伞、宝宝玩具、零食；

（7）家里的钥匙、手机、零钱。

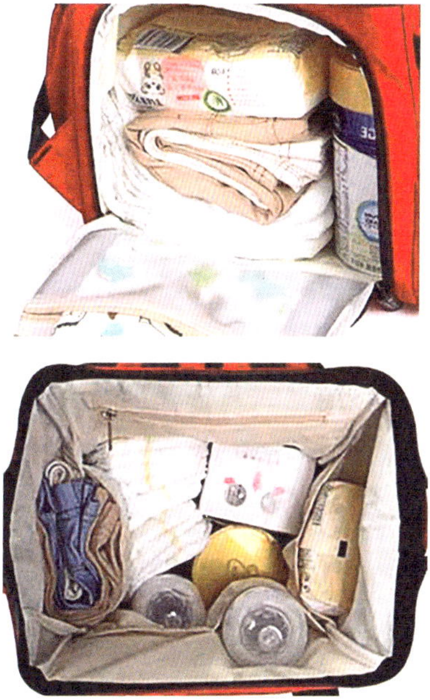

妈咪包内分区储存

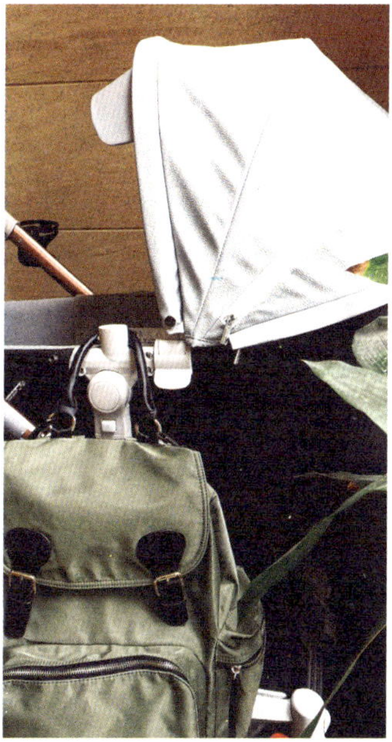

妈咪包可挂在推车上出行

每次带宝宝出门都要准备这么多东西，新手妈妈们真的太辛苦了！每次带宝宝出游都是一场高强度的体力运动，但若是不做好充足的准备就出门，遇到突发情况，妈妈们很容易手忙脚乱。

所以，建议每次出门前都检查一下东西是否带齐全了，避免不必要的麻烦。

有些妈妈也许要问，如果推婴儿车出门，还需要背妈咪包吗？当然需要！婴儿车虽然自带收纳篮，但是它不具备保温等功能（宝宝奶瓶需要保温），也没有分格，所有东西都放在一起，找起来很麻烦。所以，即使推婴儿车出门，还是建议妈妈背上妈咪包，这样所有东西一目了然，取拿方便。

浏览了带宝宝出游的物品清单以后，我们再来看一看，根据需要携带的物品的特点，一款好用的妈咪包到底应该具备哪些特点。

首先，轻便。

市面上有很多外形漂亮、功能齐全的妈咪包，但是自重都在1kg~1.5kg，再加上包里的一大堆东西，对于妈妈来说负担太重了。这也就是为什么很多妈妈在孕期就买了妈咪包，但是不常使用的原因。

其次，具备不同的功能区。

好的妈咪包，除了格子多以外，一定要具备不同的功能区。例如包里一到两格具有保温功能，方便放宝宝的奶瓶，这样就不必担心奶很快就会凉。另外，宝宝外出很容易把衣服弄湿或弄脏，最好有一个独立的防水口袋可以放湿衣服。湿纸巾是出游时宝宝需要频繁使用的，侧面的口袋最好是一边放保温杯，一边放纸巾，这样就不必每次都要把书包打开才能取出来。在出门旅游的时候，妈咪包有专门的背带可以直接挂在拉杆箱的拉杆上或推车上。

最后，双肩背包式。

不建议选择手提式妈咪包。手提式妈咪包用不了多长时间就会令人感觉疲累，实用性不强。在打开方式上，拉链式的最好，一些妈咪包为了外形好看，设计了很多搭扣或者皮带锁扣，实用性不强。

单肩式妈咪包整体感觉时尚、潇洒，适合母婴短时间浅度户外活动，方便妈妈解放双手，更好地照顾宝宝。

比较推荐双肩背包式的妈咪包，这种妈咪包外形中规中矩，但可以很好地平衡肩部力量，减少负重感，内部构造分隔明确，功能全面且容量大，具有可调整性，能适应各种需要，方便母婴出行，适合长时间深度户外活动。

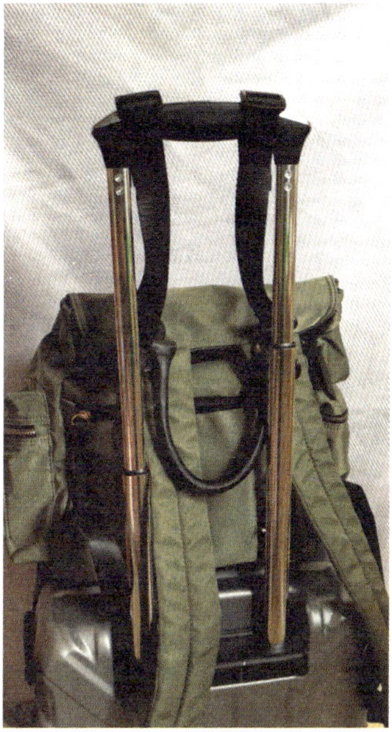

双肩妈咪包可挂在行李箱上

总之，一款好的妈咪包一定要耐脏、防水，易清洁，容量大，功能全。它绝对是新手妈妈的出游利器。合理利用，可以大大减少妈妈出门前找东西的时间以及准备的时间。妈妈不必再面对出门半小时，准备半小时的尴尬，即使独自带娃出游也可以妥妥应对。

第 35 问：婴儿推车怎么选?

问：现在，市面上婴儿推车从款式到价位浮动都非常大，便宜的百元以内，贵的上万元。这些推车功能齐全，有的可以当提篮使用，有的可以嵌套在车子的安全座椅上，还有的可以当床，平躺睡觉，还有这几年很流行的高景观车，实在是让人挑花了眼。如果想要入手一款性价比高的推车，有没有好的推荐？

如果要从所有的宝宝用品中选择一个使用时间最长的产品，那一定首选婴儿推车。婴儿推车从宝宝刚出生一直到三四岁都可以使用，尤其在宝宝出生的第一年，几乎每天都需要使用。

在0~4岁这四年的使用过程中，根据宝宝不同阶段的发展，可以把婴儿车的使用需求分成0~1，1~2.5，2.5~4这三种不同的阶段。市面上婴儿车的种类十分丰富，高景观型、豪华型、轻便型、可拆卸型等，甚至有的推车还可以连接蓝牙播放器。

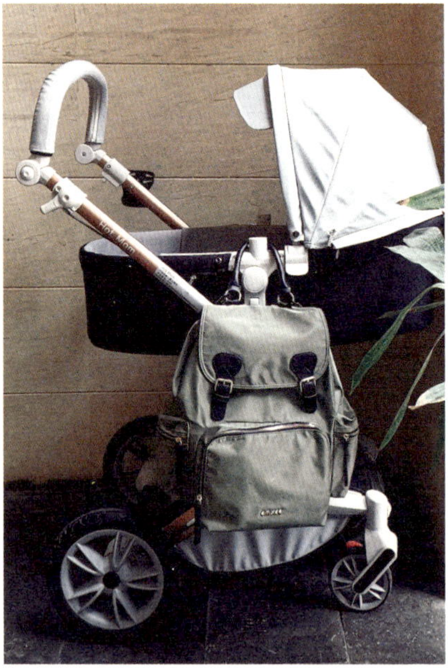
可平躺的婴儿推车

如此多的种类和品牌，到底应该如何选择，才能既满足宝宝的需求，又经济实惠？婴儿推车就是不错的选择。宝宝可以从出生一直用到4岁。

接下来就为大家分析一下，什么样的推车才真正值得入手。

第一，要满足宝宝各个不同发展阶段的需求。也就是说，这辆推车必须既能让婴儿时期的宝宝能够安安心心地躺下睡觉，也能让幼儿时期的宝宝不至于坐在车上活动一下就跌落下来。所以，有围挡类型的推车比婴儿床式的推车要耐用，而且会更轻。

这里要特别提醒：婴儿车的围挡最好选择T型扶手式的，U型围栏式的婴儿车在没有锁定安全带的情况下，宝宝很容易滑出来。尤其是在有时候推车的过程中车轮被缝卡住没有来得及刹车时，宝宝很容易翻下来，T型扶手的婴儿推车相对来说安全系数会更高一点。还有一些婴儿推车只有安全绑带，没有围挡，如果已经购买了这种类型的婴儿推车，还是建议自己再购买并加装围挡，以保证安全。安全带虽然能够保证宝宝安全，但是也难免会有忘记扣上或者没扣到位的情况，这时候安全护栏就能很好地发挥防护作用。

T型扶手式婴儿推车

第二，妈妈单独推宝宝出门的时候，一辆收放简单，具有折叠功能的婴儿推车将起到重要的作用。有一些婴儿车虽然看起来很豪华，但是实际使用、收纳却十分不方便。

第三，需要带宝宝坐飞机出门时，如果婴儿车折叠后的体积不超过20cm×40cm×55cm的话，是可以直接带上飞机的。这也就意味着你不必在办理了行李托运之后全程抱着宝宝检票登机，也不用在飞机降落之后经过漫长的等待才拿到推车，在下飞机的第一时间就可以把宝宝放回到推车上。

第四，在使用过程中，婴儿推车推动顺利与否主要看车轮的设计，万向轮的婴儿车推动起来流畅性更强，车轮前小后大，减震效果会更好。从安全的角度考虑，婴儿推车通常会把最大躺平角度设计为170°而不是180°。一些妈妈会担心车子推动起来有颠簸而给宝宝垫上很厚的垫子，宝宝几乎完全平躺在车内，这样反而对宝宝的脊椎发育不好，而且也容易引起吐奶，推动速度比较快的时候宝宝还容易吃风。

婴儿推车是大部分家庭出行的选择，宝宝三个月左右就可以使用。有的妈妈在宝宝出生后经常抱着出门，宝宝四五个月以后才开始使用推车，这时候的宝宝已经开始有了自主意识而且已经习惯被抱，可能会抗拒尝试坐婴儿车。婴儿座椅也是如此，不要等到宝宝一岁以后才把婴儿座椅放到安全座椅上，这时候很多宝宝对安全座椅是抗拒的，开车上路的时候会存在安全隐患。

当然，婴儿车的选择也要结合使用者的个人习惯，比如有的人喜欢收纳空间大一点，有人喜欢外形漂亮一点，只要考虑到上面几点，应该是可以选择到一款心仪的婴儿推车的。

第 36 问：离乳后餐桌椅的选择和使用，你知道吗？

问：宝宝到四五个月就应该要开始加辅食了，一开始尝试新味道宝宝还挺抗拒的，拿起勺子第一反应就是想咬，有没有什么好方法可以帮助宝宝顺利地从奶瓶过渡到辅食？

昭昭使用离乳餐桌椅进食

0~1岁的孩子在发展过程中，会出现显著的进食变化：从躺着吃母乳（或被抱躺着喝奶），到坐到餐椅上和餐桌前，独立进食。一般来说，这个变化在孩子5个月左右出现，我们称之为“离乳”（并不是完全不吃母乳，而是孩子开始享用母乳外的食物）。

分娩，是孩子与母亲的第一次分离。而离乳是孩子出生后再一次与母亲分离，后续还有更多的分离，如独立行走、上幼儿园、去外地求学工作等。每一次的分离都是孩子独立的基石。而与出生的阵痛一样，每一次分离都会带来挑战和不适。只要我们协助孩子平稳地度过分离期，孩子就能更好地适应社会，成长为独立的个体。

昭昭的脚能踩在地上

离乳不是一两天就可以完成的事情。你不可能让前一天还在喝奶的孩子，第二天就能吃下固体食物。离乳，我们需要做好充足的准备。

在孩子3~4个月时，我们就可以让孩子尝试食物的不同味道。在母乳前，从蔬果汁开始（建议选取当季的食物），用勺子送到孩子嘴边，碰一下孩子嘴唇，等孩子自己吃下去，而不是直接喂到他嘴里。

在孩子4~5个月时，当孩子可以有支撑地坐，并且手能够有意识地抓握东西送到嘴边的时候，我们可以让孩子尝试一些固体食物。在母乳结束后，且已经拍出嗝，孩子没有那么饿也很满足放松，就可以尝试其他食物。我们可以提供西兰花茎、莴笋条、胡萝卜条等孩子可以抓握的长条形食物，让孩子自己抓着吃。这个阶段孩子口腔中的消化酶不多，这样的餐后食物探索既可以为断奶做准备，也不会给消化系统造成压力。

有了前序的准备，真正的离乳可以在孩子5~6月龄进行。这个阶段，进食区的设置会有较大的变动。

离乳餐桌椅准备

离乳餐桌椅选择的要点是：桌子和椅子棱角边缘平整光滑；尺寸适合孩子，这样孩子在进食时脚能踏到地上；桌子和椅子应该具有一定的重量，保证孩子安全进餐；椅子要有扶手，可以帮助孩子坐稳进餐，也可以放一个垫子在椅背，起到很好的支撑作用。

当孩子坐到离乳桌前，他进食的体式从躺着到直立起来，这是重大的转变。家庭成员都可以为宝宝提供食物。这也是将孩子与环境联系起来的有效方式。孩子还可以看到其他家庭成员是如何用餐的，为习得良好的用餐习惯和餐桌礼仪做准备。

为了宝宝愉快用餐，我们还可以搭配用餐套装（包括绣有餐具轮廓的桌垫、围嘴和餐巾布），用餐套装和桌椅给孩子提供进食的参照点，孩子一坐在桌子前，就知道该吃东西了。最好引导孩子在进食结束后自己取下围兜。我们应尽可能多地提供口感丰富、营养均衡的食物，丰富孩子的口腔体验，接受不同的食物。另外，我们也应当尊重孩子自己选择吃多少的权力。

离乳桌椅最好放在孩子的专属房间里，离乳初期，离乳桌椅可以设置在妈妈喂奶椅的旁边。在孩子享受一些固体食物后，再进行母乳喂养。然后，我们应当尽快把离乳桌椅转移到更合适的就餐地点。例如，如果孩子在餐桌上吃饭的时间比喂奶的时间长，那么这套桌椅就可以放在餐厅或厨房里，逐步过渡到和其他家庭成员一样的吃饭环境。由于参照点已经建立，即使它们搬到新的地方，孩子仍然知道："我坐到这里，就该吃饭了。"

当孩子的进餐区切换到餐厅或厨房后，孩子房间的喂奶椅依然可以保留，延续和妈妈的亲密时光。我们可以在椅子旁边摆放适合孩子年龄段的书，这个椅子就成了亲子共读的温馨小窝啦！

进食区的布置看似简单，但意义重大。我们要通过为孩子准备环境，帮助孩子发展其独立性。

愿每一个孩子都能感受到妈妈的温暖，通过进食独立，发展正向的社会情感。

如果家里没有足够的空间放置离乳桌椅，可以选择"Tripp Trapp成长椅"。在市面上很容易买到。其座椅和脚踏板的高度可随孩子的成长而调整。

蒙氏婴幼儿NIDO班进餐区

Tripp Trapp 成长椅

有了这些实用好物的协助，再加上爸爸妈妈的帮助，相信宝宝很快就可以顺利过渡到自主辅食阶段啦！

第37问：0~1岁宝宝，哪些玩具值得买？

问：新手妈妈大都会囤积大量宝宝的物品，在给新生儿选择玩具的时候，踩过大大小小的坑。那么，哪些物品既可以满足妈妈们“买买买”的快乐，又适合新生儿的发展需要呢？

0~6个月

一、协助孩子视觉发展的辅助物

除了经典的蒙特梭利视觉吊饰外，你还可以考虑通过以下物品来协助新生儿的视觉发展。

1. 黑白卡片

黑白卡片是市面上很受欢迎的新生儿物品，当然，有能力的宝爸宝妈也可以自己绘制哟！结合我们前面对视觉发展的建议，我们可以将卡片做成简单的黑白吊饰悬挂起来。轻轻摆动的卡片能帮助宝宝不断练习聚焦能力。

不建议拿闪卡在孩子眼前晃动。

需要注意，卡片是平面的，要悬挂在宝宝眼睛的斜上方，他才能看到。在图案选择上，请注意避免卡通形象，可以选择简单的几何图形和概念图形，数量不宜过多，一次提供3~4张即可，可定期更换。

黑白卡片

2. 极具设计感的吊饰

一些吊饰非常具有设计感，轻盈灵动，既能满足孩子的视觉发展需求，又能美化环境。

吊饰

二、协助孩子触觉发展的辅助物

1. 可抓握的吊饰

3月龄左右的宝宝已经能够控制肩膀，有意识地去触摸物品。

这个时候，我们需要提供让宝宝抓握的吊饰。为保证宝宝的安全，这些吊饰必须牢靠地固定和悬挂，并配上松紧带，悬挂高度适中，确保孩子能够触摸且拉伸。松紧带张力不能太大，以免孩子松开时伤害到自己。另外，物品材质要确保天然且安全无毒。

三原色木制吊饰

贝壳铜风铃

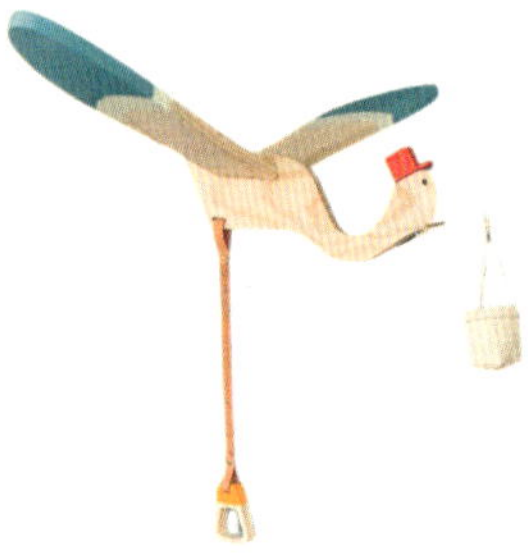

木制小鸟

婴儿健身架

如果不想在房顶安装挂钩，婴儿健身架也是不错的选择。市面上婴儿健身架的款式很多，但一定要确保安全、牢固，材料天然，且适合孩子的小手抓握。

2. 不同材质的、可供孩子抓握和入口探索的物品

在孩子手部精细动作还未得到很好的发展时，嘴是孩子感知外界事物的一个重要媒介。当2~3月龄左右孩子能控制自己的手，他们通常会反复地啃咬自己的手，并开始把一切手中的物品放到嘴里探索。这是重要的感官体验，孩子们通过嘴感知物品的软硬、温度、味道和质感。

我们需要做的不是阻止，而是提供安全的物品，满足孩子的发展需求。

值得一提的是，“安全”永远是选择物品的首要考虑因素。当孩子处于口欲期时，我们要特别小心地为孩子提供安全的物品，例如油漆是否无毒、配件是否牢靠、物品是否干净等。还要避免提供孩子过敏的物品和材质。任何你不想孩子触碰的东西，一定要放到孩子探索范围之外。

有凸起的球

圆木珠摇铃

相扣的木制圆环

羊毛编织球

三、协助孩子听觉发展的辅助物

当孩子通过自己的动作触发声响，孩子接受到反馈，会被鼓励去重复探索。我们可以选择“天然乐器”，葫芦就是常见又便宜的最佳选择。还有不同形状、质感和材质的小乐器，如沙蛋、沙锤以及传统的小乐器——拨浪鼓。当然，孩子们还非常容易被音乐盒空灵优美的声音吸引，我们需要选取适合这个阶段孩子能力的拉线式音乐盒，而不是上发条或需要摇动的音乐盒。

木制沙蛋

葫芦

圆柱摇铃

银铃

拉线式音乐盒

拨浪鼓

四、协助孩子嗅觉发展的辅助物

宝宝从出生起就知道母亲的气味。熟悉的气味能够让孩子觉得安全舒适。因此，我们应尽可能地使用同一种洗涤用品，避免气味刺激的香水、精油、芳香剂等，这些刻意添加的气味可能会干扰孩子对气味的判断。

气味承载着我们的记忆和情绪。妈妈的饭菜香会把我们拉回到童年幸福的一家人吃饭的时光；书报的油墨味，会让我们回忆起读书时代的青涩与美好。最好的嗅觉发展辅助物就是自然和生活的气味。带孩子去大自然吧，去感知花草树木的气息；带孩子去日常生活的场所吧，去感知菜市场、图书馆、理发店特有的味道；带孩子进入家庭活动吧，去感知厨房烹饪的烟火气，感知晾晒衣服的“我家的味道”。

在孩子还不能自己做决策的时候，父母的每一个决定，都会影响他们的生活。“买买买”是为孩子打造适宜环境的一种手段，但在付款之前，你需要清楚这些物品将给孩子带来的，正是你期望孩子获得的。

发展辅助物只是媒介，孩子需要融入真实的日常生活。与衣、食、住、行相关的感官刺激正是他们发展所必需的。不要过分保护孩子，他们需要融入环境和社会。丰富、真实的感官体验能够帮助他们适应环境，未来才可能有能力将我们的环境改造得更好！

6~12个月

从宝宝开始能够爬行到独立行走的爬行期，他们的大肢体运动的发展和精细动作的发展是惊人的。我们来看一看哪些物品可以辅助爬行期孩子精细动作的发展。

1. 鼓励孩子去触碰、拍打的物品

这一类物品的特质是：当孩子触碰或拍打物品，物品会做出回应，孩子看得到自己做动作所产生的结果，从而激励孩子重复做相同的动作。对于爬行能力有限的孩子，可以选择有吸盘的拍打类玩具，吸附在不同斜度的表面，让孩子探索如何有效地启动玩具。当孩子可以追逐时，可以选择不同外形、材质的不倒翁，一方面，孩子可以尝试不同的抓握可能；另一方面，会挪动的不倒翁能够鼓励孩子爬行。建议选择只有当孩子触碰才能做出回应的物品。如果物品本身自己就能转动或者发出声响，那就不能激励孩子去反复探索。

孩子触摸物品的过程，就是发展抽象空间思维能力的过程。我们发现，孩子只有接近物品时才会伸出手臂，而他们每一次尝

试触碰，都是在评估自己的手和物体之前的空间位置，只有反复地练习，才能让孩子掌握如何在空间中使用身体去操控物品。

当你看见孩子无法触摸玩具时，请等一等，提供机会让孩子自己去解决。每一次你出于爱和“好心”的帮忙都让孩子少了一次自主学习的机会。

木制不倒翁

2. 鼓励孩子用不同的方式使用手指的物品

这类物品需要孩子探索使用手指的不同方式才能启动，如按压、拍打、推动、拧转等。孩子要看到自己动作造成的结果，才能改变或继续动作来启动物品。

建议每一样物品只具有单一的反馈模式，鼓励孩子多次重复，熟悉动作，强化认知。

木制绕珠

木制按钮发声小老鼠

3. 锻炼孩子手眼协调能力的物品

在这个年龄段，孩子主要通过“套”和“投”的动作辅助发展手眼协调能力。这里我们要提出的是，这两大基本类别的发展物品也是有发展梯度的。

“套”的发展物品的基本结构包括两部分，带环或孔的物品以及固定到底座上的立柱。孩子将带环或孔的物品放到立柱上。这一类商品很多，例如套塔、木柱穿珠子等。一开始，我们使用弧形底座的立柱和一个较大的圆环，摇摆的底座和较粗较短的立柱更容易让孩子获得成功。之后你可以增加圆环的数量，保持孩子的兴趣。

“套”的发展物品选择梯度

下一个难度梯度是平面底座，孩子必须控制放的角度，保持底座不倾倒。当孩子可以较好地控制，你可以使用开孔较小的环增加难度。再进一步，我们可以提供多个立柱，同时使用颜色、形状、大小有区别的环，让孩子在锻炼手眼协调能力的同时，建立对颜色、尺寸的认知。随着孩子年龄和能力的增长，我们还可以提供有曲度的立柱让孩子进阶练习。当孩子熟练掌握后，我们还可以引导孩子进行拧螺丝的工作，即在“套”的基础上，融入“拧”的动作，这是更有难度的活动。

“投”的发展物品选择梯度

“投”的发展物品同样是由两个基本结构组成：带几何形状孔洞的容器和与之匹配的几何体。孩子将几何体放到对应的空洞上方，将其投入，再从容器中取出，反复练习。这样的发展物品，除了锻炼孩子的手眼协调能力外，还可用作“物体恒存”意识的强化道具，同时也提供给孩子用不同的方式使用手的机会。

我们从开放式的容器开始，孩子仅仅将几何体放上去，它们不会消失。当引入“物体恒存”概念后，我们从最容易投入的球体开始。然后，增加投入的难度，将可压缩的球投入较小的圆孔，孩子可以练习挤压。寻找球的方式也可以变化，融入抽屉、翻板等元素，让孩子练习感知不同的启动方式。接下来，可以引入不同的几何体，巩固孩子的认知；或者让孩子投入更小、更薄的物体，锻炼孩子三指或两指捏握的能力。

第 38 问：宝宝健身架的大作用，你知道吗？

问：出生头几个月的宝宝每天大量的时间都在睡觉，醒着的时间虽然不多，但是因为身体没法移动，有时候感觉宝宝挺无聊的。除了和宝宝对话以外，还有没有其他能让出生没多久的宝宝自己玩的好物推荐？

很多新手妈妈第一次听说宝宝健身架这个名字都不禁要问：刚出生的小婴儿都不能自己翻身就要健身啦？！是的，宝宝健身架能激发还不能自己翻身、不能独立爬行的宝宝的运动热情。

很多新生儿一日生活中的大部分时间都在吃奶、睡觉和拉臭臭中度过，有了宝宝健身架，新生儿的生活无疑会充满乐趣，活动量也会大大增加，同时，专注力也会在这个时候逐渐形成。

昭昭躺在健身架下

简单地说，宝宝健身架其实就是一个能够悬挂小玩具的架子，通过这个架子可以把宝宝平时爱玩的小玩具吊在宝宝视线上方。这个时候，宝宝一定会非常好奇，忍不住想要伸出小手去触碰，这样一个看似简单的动作，对于还不会翻身的宝宝来说可是很有难度的，他们需要调动全身的力量去完成这样的一个动作。

首先，宝宝的小眼睛需要锁定悬挂物的位置；其次，他们要通过大脑来控制小手伸出的方向；最后，挥动他们的小手臂，上肢力量也会得到加强。在这样的手眼配合下，当宝宝最终触碰到小玩具并发出声音的时候，也就意味着他们自主地、成功地完成了一件事，宝宝的自信心将会大增。

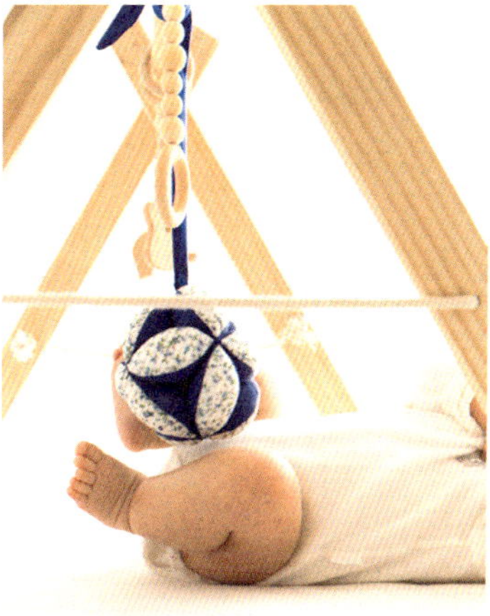

宝宝可踢健身架上的挂件

不要小看这简单的挥舞手臂触碰的过程，宝宝上肢力量的增强是他们后期独立翻身和爬行的重要基础。如果你仔细观察就会发现，在学爬初期，宝宝还没有学会使用腿的力量来配合爬行，他们更多地使用手臂的力量来向前挪动。对于刚刚学会爬的宝宝来说，爬过健身架是它们非常热衷的小游戏，通常他们会非常乐意来回钻进钻出，这个过程可以帮助宝宝增加全身的大运动量。

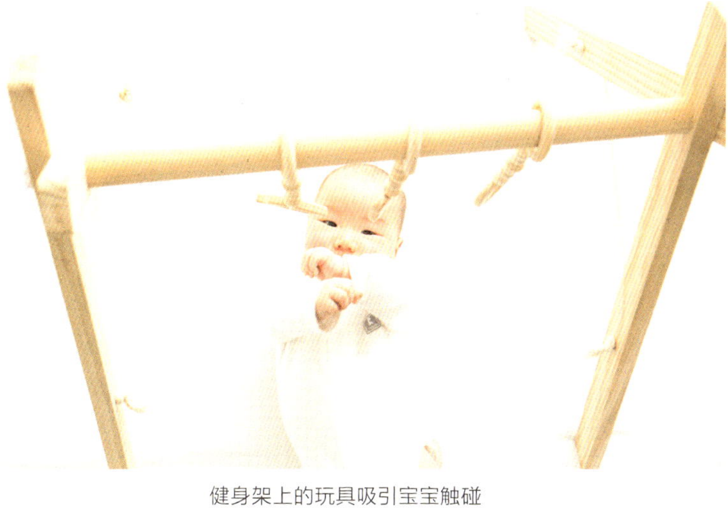

健身架上的玩具吸引宝宝触碰

当宝宝开始从爬行往站立过渡时，宝宝健身架又变成了他们学习扶站的好帮手。很多宝宝第一次站立就是从宝宝健身架开始的。宝宝健身架的高度刚好支撑刚学步的儿童学习走路。

没想到一个小小的健身架，竟然有这么大的作用！

了解了宝宝健身架的功能之后，我们再聊一聊如何挑选功能齐全的健身架。

购买时，需要考虑以下几个原则：

首先，宝宝成长到一定阶段，健身架要起到支撑宝宝扶站的作用，所以，建议直接选购木制的、支撑性好的健身架。软的且不具备支撑性的健身架不适合宝宝的发展，不建议大家选购。

其次，不建议给宝宝选择带有声光电功能玩具的健身架。“声光电”的刺激对于宝宝来说太强烈，会让宝宝兴奋，从而影响睡眠。可以为宝宝选择一些木制免漆的玩具。当然，也可以选择不同材质的悬挂物，比如棉质的小玩具、光滑的丝绸质感的布料等，带给宝宝不同的触感体验。

最后，要考虑健身架的颜色。半岁以前的宝宝，其视觉不断地发展，色彩辨识度还不是很高，不建议选择绚丽的色彩，一些低饱和度、温馨的暖色系颜色比较适合宝宝。

第39问：哪些玩具对宝宝有害？

问：宝宝还有几个月出生，家里已经堆了很多宝宝的东西，市面上比较畅销的玩具基本上都买了，但邻居妈妈却告诉我很多东西对宝宝的发育并不好，建议我不要买，是这样吗？

在孕期，特别是孕晚期，几乎所有的宝妈都会用“囤货”的方式表达自己对即将到来的孩子的爱和期许。第一次做母亲，忐忑不安是肯定的，似乎“买买买”可以在某种程度上缓解我们的焦虑。其实，这是非常正常的，是准妈妈“筑巢本能”的一种表现形式。但在看过网红视频推荐或者大数据推送的商业广告后，我们要有能力甄别不适合孩子发展的物品。许多儿童用品虽然是畅销款，但是对宝宝的生长发育却有负面作用，并不建议购买。下面给大家简单罗列了一些不建议购买的儿童用品。

1. 学步车

从某些方面来说，学步车会对孩子大运动发展造成阻碍。

孩子的大运动发展遵循其大脑发展的进度。心急的父母或祖父母经常在孩子能够爬行之前，将孩子放入学步车。这样做会妨碍孩子的发展。一方面，孩子的自然发展被限制，缺少在地面上活动的时间，错过了四肢爬行对大脑发育的促进作用。另一方面，孩子大运动的能力还未能发展到腿部的阶段，孩子提前被直立，肌肉被错误地使用，并不能为正常的直立行走做预备。

使用学步车的孩子，仅脚趾着地。他们看似在行走，甚至走得很快也不会摔倒。但这给孩子传递了一个错误的信息："我已经会走路了。"当这些孩子被抱出来自己行走时，因为没有经过自然的从爬行到直立的过程，他们没有建立起保持身体平衡的能力，必然会摔倒。这在生理和心理上对孩子都可能造成伤害。孩子错失的不仅是保护自己的平衡能力，还可能形成不正确的走路方式：身体前倾且用脚趾走路。此外，学步车通常配有一个置物盘，放着一些玩具或者食物。这看似方便，但当孩子移动到他想探索的东西前时，却始终拿不到。这会极大地打击孩子探索世界的自信，"我能看到，我想拿到，却始终够不到。"丰富的感官体验和与环境的联系是这个阶段孩子学习和发展所必需的，父母不会愿意自己的孩子因为看上去的"安全"而错过对他们真正重要的东西。况且，学步车并不是绝对的安全。如果学步车翻倒（楼梯或斜坡上），孩子因为卡在里面不能出来，可能会受伤。

【可以选择的替代品】

小推车（可调节速度，方便孩子装载运输）；家庭环境中的横杆、具有一定重量的家具等允许孩子扶站的物品。

木质推车

昭昭扶着梯子站立

2. 婴儿围栏

婴儿围栏在家庭和一些公共场所很常见。但它看起来给孩子提供了安全玩耍的空间，实则是让成人省事，但是对儿童而言弊大于利的商品。

毫无疑问，孩子的自由探索和运动发展被围栏严重限制了。谁愿意如同动物园里面的动物一样被关起来呢？我们希望孩子只在围起来的安全区域里活动，这人为的屏障却加强了孩子出现“不合宜行为”的可能性，例如向围栏外扔东西等，以此来吸引围栏外成人的关注。

【可替代的方案】

主动调整家庭环境，开放安全适宜的区域让孩子探索。

3. 婴儿摇椅

这类产品市面上很多，常见的有婴儿摇椅和学坐椅两类。

第一类商品限制了孩子的自主活动。孩子被卡在座椅里，看似安全不会掉出来。但孩子不能自由活动，而且通常只能看到或者摸到悬挂在前方的玩具，严重限制了孩子的感官探索。

第二类商品表面上看起来能够帮助孩子坐起来，强迫三四个月的孩子直立背部。在孩子大运动能力发展进程还没到达到背部和臀部的阶段，过早地坐立，不仅对宝宝脊柱造成压力，还限制了宝宝的自主活动。

【可以选择的替代品】

养育者选择这样的座椅，通常是因为自己需要做事情，暂时不能看护孩子。对于四五月龄的孩子，最合适的姿势就是自然地仰卧在安全的活动垫上。我们可以提供适宜的发展辅助物，让他们自然地发展，从转头、控制手到翻身。

当孩子五月龄左右，可以有支撑地坐，我们可以提供U型靠枕，让孩子解放双手，自由探索。

4. 宝宝秋千/弹跳机

市面上的宝宝秋千，通常通过轴承或绳子将一个婴儿座椅悬在空中，孩子只能被成人抱进或抱出，而且秋千的运动很难由孩子自己控制。孩子被大人推动荡来荡去，这样，他们会误认为自己不用运动，也可以让身体活动起来。此外，秋千在摆荡过程中，不同的角度可能对孩子的脊柱造成压力。

如果成人使用秋千来安抚孩子的情绪或促进孩子入睡，可能造成孩子认知上的错误："我必须在摇晃中才能平静下来或者睡着。"

使用弹跳机的孩子，并不能控制动作的幅度，这同样也会带给孩子夸大的身体动作体验。孩子可能认为自己就能够跳那么高，但实际他是做不到的。而且在使用过程中，孩子的双脚悬空，胯被固定来支撑体重，可能造成静脉曲张等循环不畅的问题。

【可以选择的替代品】

很多秋千商品的广告会宣传秋千有助于孩子大脑发育。其实，任何有加速度改变的运动，都可以在一定程度上促进孩子大脑发育，例如翻身、跳跃、滑滑梯等。对于年幼的孩子，最安全的方式是成人怀里自然地晃动。例如爸爸的“飞机抱”是宝宝非常喜欢的姿势，可以促进亲子感情，对宝宝有很好的安抚作用，但是要特别注意，宝宝身体柔软，“飞机抱”的时候要稳一些，而且不能在宝宝刚喝完奶或很饱的时候“飞机抱”，否则容易导致宝宝吐奶。

任何阻碍孩子自由发展，任何孩子不能自由进入和离开的设备都是不推荐的！另外，电子玩具以及各种“屏幕”都应该避免让年幼的孩子接触。

希望各位宝爸宝妈能智慧地避开“买买买”路上的坑。

Part2　蒙氏家居环境设计指南

第40问：蒙特梭利家居环境设计应遵循哪些基本原则？

问：许多蒙氏教育的书籍都会反复强调家庭环境的重要性。还有几个月就要和宝宝见面了，趁着这段时间，我想把家里的环境重新调整一下，该从哪些方面入手呢？

可能从拿到检查报告的那一天，或者在更早的备孕阶段，你打量着家里熟悉的桌椅沙发，不禁开始琢磨，我是不是应该为即将到来的宝宝做点什么环境上的准备了？是的，如果有条件，为孩子做家庭环境的准备和调整，应该在体力和精力比较充沛的孕中期就开始。作为这次环境打造的总设计师，可别忘了拉上队友一起执行喔！例如取快递、搬家具、安装和拆卸设备等体力活，你是非常需要宝爸的。正好通过参与和协同，让宝爸更多地参与到育儿这件大事中，协助他完成从一个“无忧青年”到“神圣的宝爸”角色的转换。

“在生命的起初，我们必须尽我们所能制造一个有趣而又吸引人的环境。”

——玛利亚·蒙特梭利《吸收性心智》

一、蒙特梭利家庭环境设计的“三大准则”

1. 安全

毋庸置疑，安全是养育孩子的首要准则。“安全”和“自由”一样，是相对的概念。没有绝对的安全，只有程度的区分。我们不会赞同为了安全而将孩子放入真空养育，例如完全禁止孩子将玩具放入口中，不让孩子触碰大自然的花草或一直抱着孩子防止他跌倒。这样的“安全”以阻碍孩子自然发展为代价，是不可取的。当然，亦不可走到另一个极端，让孩子毫无保护和过滤地在真实世界中探索。

那什么才是安全的家庭环境呢?

安全的家庭环境，是孩子身处其中，你可以放心不用盯着孩子，背过身去做自己的事情。

其实，在排除危险因素的基础上，安全的度取决于成人的接受能力。比如性格大胆、喜欢挑战的妈妈可能对风险接受度较高，她认为一般木桌子的角不会对孩子造成严重伤害，可以不用包起来。孩子如果碰到了，下次才会规避这个风险。而比较谨慎的妈妈，可能就不太能接受类似于从几厘米高的地方摔下的风险，相应地也就不会在环境中提供有高度的斜面玩具供爬行期的孩子探索。

对风险的接受程度因人而异，没有对错可言。不需要与他人比较或者改变自己的态度。

2. 秩序

蒙特梭利环境中的秩序只要包括以下三点。

（1）物品摆放的秩序。

每个物品都有属于自己的位置，每次使用后需放回原处。一方面，固定的物品位置是孩子安全感的参照物；另一方面，帮助孩子养成“用完玩具要归位”的好习惯。

（2）做事情的秩序。

年幼的宝宝需要建立相对稳定的一日流程，在每天相同的时间做同样的事情，例如醒来后做卫生护理、进食、玩耍再睡觉；睡觉前拉窗帘、洗澡、抚触再亲吻晚安。这样的秩序对孩子而言具有可预见性。他们虽然没有时间概念，但当我们每日不断重复相同流程，他们会预知接下来会发生什么事情。这样孩子们会觉得安心，也为合作协同做一件事情打下基础。

家长除了要安排有秩序的一日流程外，还要注重自己做事情的秩序。如果一个孩子在婴幼儿时期经常看妈妈如何整理床铺或做面包，“吸收性心智”会将这些转化成他以后做类似事情的秩序。

以上两个维度的秩序我们统称为“外部秩序”。在蒙特梭利教育理念中，“孩子们是通过外部秩序构建内部秩序的”。早期家庭环境中带给孩子的上述秩序，就是构建孩子心智的元素，是孩子认识这个世界的基础。

秩序对于孩子而言，如同呼吸一样重要。你愿意去不按类别摆放货品的超市购物吗？你能生存在没有法律、制度和规则的社会吗？我们对秩序已经习以为常，经常忽略它，如同我们经常忽略我们的呼吸一样。例如在瑜伽练习中，我们最开始不是去练习看得见的体式，而是从最根本的调息开始。同理，当你为孩子打造家庭环境时，先别急着“买买买”，回到最基本的秩序，思考你应该从哪里开始。

3. 定期更换

0~1岁孩子的发展非常快，你不知道哪天宝宝就能抓住悬挂物了，突然就会翻身了，然后从爬行、坐立到拉着物品站起来，还会哼哼唧唧似乎开始说话了。适合宝宝成长的环境改造需要提前规划，预先准备适宜的但少量的辅助物，才能跟上孩子的发展节奏。

二、蒙特梭利家庭环境设计的“四大区域”

按照孩子不同的生理需求，我们一般将孩子需要用到的区域按功能划分为：睡眠区、进食区、运动区以及生理护理区。

其实，我们需要的也就是上述四个区域，只是我们的世界从家延伸到社会，活动范围不局限在家里。而对年幼的孩子，他们的世界暂时就是家。

无论你是否在家里给孩子准备单独的房间，明确的区域划分必不可少，能帮助孩子更好地融入家庭生活，而且不同的区域、不同的陈设，会带给孩子不同的参照点。当他一进入某个区域，看到某些物品，他就知道即将发生什么。例如，你抱着孩子走近尿布台，他看到换尿布的垫子和旁边的用品，就知道：“我该换尿布了。”这有助于孩子建立安全感和规律的作息。

值得一提的是，家庭环境不是一成不变的，本篇中提到的家庭环境打造的建议和方案仅供大家参考。每个孩子都是独一无二的，最适合他们的才是最好的！

你才是最了解孩子的那个人，你才是给他量身定制VIP方案的设计师！

第41问：蒙特梭利家庭环境需要考虑哪些要素？

问：在网上看过很多精美的蒙氏儿童房，真的既实用又美观，这需要请专业的设计师来设计吗？如果想要自己动手设计，有哪些需要考虑呢？

蒙特梭利家庭环境设计是每一位蒙氏老师的入门必修课，听起来好像很专业，但其实每个新手妈妈都可以做到。蒙氏居家环境设计中五个要素是：空间、光线、空气、色彩和物品，只要每个要素都考虑到，每个妈妈都能打造出适合宝宝发展的环境。

1．空间

家庭现有房间的布局决定了你将如何为孩子准备环境。对于新生儿的空间，我们需要考虑的，不仅仅是地面的活动面积，还包括整体空间。

考虑如何在可用的空间里安排物品。现有空间必须得到有效的利用，尽量使用家里已有的物品进行改造，减少成本。我们还应该考虑成人的生活和工作需求，因为我们的家庭环境是同时为孩子和成人准备的！

2．光线

光线决定空间的安排。如果某个房间采光不太好，那么这个房间的陈列就必须考虑除使用自然光外，还需要额外配置足够的照明光源。

自然光是最好的光源。自然光使事物看起来真实。孩子生活的房间通常需要一扇窗户。这样他们就能看到外面发生了什么，还能看到天空的颜色。

如果房间的朝向、层高或其他原因造成自然光线不足，我们需要使用人造光源来补充。推荐使用“全光谱照明灯”。

【小贴士】光谱是复色光经过色散系统（如棱镜、光栅）分光后，分解成一系列的单色光，又按照波长大小依次排列的一条光带。全光谱是指最接近于太阳光的，涵盖可见光波长范围的光谱，普遍定义为400nm~700nm的光波。在人造光源还没有出现之前，太阳光是唯一光源，不仅为地球提供照明和能量来源，还能调节人的生理节奏，对人的身体和心理产生深远影响。由于近代城市的兴起，LED照明带来便利的同时，也带来了孩子近视问题。因此，人们越来越关注类太阳光线对人类的意义。“全光谱健康照明”就是再现太阳光，重现大自然光线的有益作用。

在我们的家庭环境中，尽量使用漫射光而不是直射光。后者会刺激孩子的眼睛。漫射光可以通过以下方式实现：

（1）把光源投射到墙上；

（2）使用灯罩；

（3）使用窗帘；

（4）使用亮度调节器。

3. 空气

（1）温度。

新生儿还不能很好地调节自己的体温。建议新生儿的房间的室内温度在24℃左右，根据具体区域略有波动。

新生儿基本不怎么动。你看到他们挥手踢脚的动作大多是反射性的。即使他们自愿做出一些动作，也很难让身体保持一定的温度。婴儿的穿着应适合房间的温度。宝妈宝爸要经常检查他们的手脚和脖子，确保它们是温暖的。

当孩子三四个月的时候，他们可能会翻身或匍匐前进，从床上爬到地板上。此时，你需要检查家里的暖气系统（裸露的暖气片），确保它不会太热。如果你不希望孩子触摸到暖气片，需要用物理障碍将其与孩子隔开。

空间方位指房间朝哪个方向。如果阳光直射进房间，尤其是下午，房间可能会很热。一般来说，我们希望孩子的房间拥有更多的自然光，因此房间朝南或朝西比较好。但如果是在炎热的地方，方向则相反。

（2）湿度。

《食品与健康》杂志指出："按照我国室内空气标准，夏季室内湿度以40%~80%为宜，冬季应控制在30%~60%。"在不同的地域，如果在冬季非常干燥的我国北方城市，可以使用加湿器。相反，在潮湿的地方，如我国川渝和珠三角地区，建议选用除湿机，尽量避免使用空调。

（3）空气质量。

在孕期和产后，务必经常清洗空调滤网。风扇是取代空调的一个不错选择。当然我们不会将风直接吹到宝宝身上，可以对着墙面，增加空气流动来降温。

4. 色彩

舒适的色彩搭配有助于家庭和谐。孩子房间的颜色应该是柔和且美观的，尽量选择自然颜色组合。例如花朵、植物、天空或云霞的颜色。另外，颜色不能太多，否则会导致孩子注意力分散或对孩子造成压力。

孩子的床上用品选取精梳棉或桑蚕丝等天然材料，最好不要有卡通图案，使用清爽的颜色。

房间里的陈设，可以给宝宝提供欣赏不同颜色搭配的机会，但切忌过多，颜色搭配合理，不要花哨。

5. 物品

设计家庭环境时，我们需要考虑的不仅是物品本身，还包括它们的质地、尺寸、摆放位置、数量等。房间里的所有物品都要互相融合，令人舒服。

安全、简约、不贵重，以及适度的感官刺激是我们选用物品时需要考虑的。

要创设适宜孩子成长的环境，不仅要考虑上述物理因素，还要注意家庭环境中的非物理因素——人，以及不同的家庭关系。这些家庭关系包括以下两个方面。

（1）成人之间的关系。

成人之间的关系是指，家庭中，父母、祖父母和其他可能的成年人（如保姆）之间的关系。每一个成人都是孩子重要的环境。

蒙特梭利教育理念认为孩子有通过“吸收性心智”内化环境的特殊能力。环境中的所有成人，无论他们具有何种个性和气质，他们的行为、语言、态度，以及他们之间沟通和协作的方式，都会影响孩子，甚至决定孩子以后的行为模式和价值观念。家里人说话都是轻言细语吗？家里有“一个人说了算”的情况吗？你是如何对待保姆和老人的？父母一定要留意自己的言行，我们做出的每一个小动作和微表情都逃不过背后那双小眼睛。

（2）成人、哥哥姐姐、新生儿之间的关系。

首先，这种涉及三方的关系取决于哥哥姐姐的年龄，年龄不同，他们对新生儿的嫉妒心也会有所不同。一般而言，七岁以上的哥哥姐姐对于新生儿的接受度较高，而三四岁以下的小哥哥小姐姐，因为自我的强大作用和同理心还未充分发展，可能会表现出嫉妒和排斥弟弟妹妹。

其次，不同气质类型的孩子对新生儿的态度不同。

有时，如果两个孩子的年龄很接近，小哥哥或小姐姐自己都很小，他可能会为了获得父母更多的关注和爱，出现退化到婴儿时代的行为，如想吃母乳、吃手或尿裤子等。面对孩子的“退化行为”，我们不能指责或嘲笑他们，可以给予其更多的陪伴和关注，让他们感受到自己依然被爱，并让他们参与到照顾弟弟妹妹的过程中，激发他们的责任感和爱心，增加对弟弟妹妹的接受度。

对新生儿而言，妈妈是家庭的第一成人。第二成人应该是爸爸或其他家人。第一和第二成人应该意识到，自己最重要的任务就是让家里的其他孩子感受到被爱。

宝妈分娩后很长一段时间都和新生儿黏在一起，特别是在共生期。那么，此时第二成人则需要照顾新生儿洗澡或带孩子去户外散步。这样妈妈就可以单独和其他孩子待一会儿，享受他们的特别时光。

第二成人的角色非常重要，如果扮演得好，不仅宝妈可以有时间单独和哥哥或姐姐待在一起，还可以促进新生儿和妈妈的健康分离。

在创设环境时，一定要充分考虑这五大要素，同时遵循简单、美观、有序和精准的原则，才能为孩子和自己创造一个舒适、方便的生活环境。

第 42 问：如何设计新生儿的睡眠区？

问：睡眠区还需要设计？不就是一张婴儿床么？蒙特梭利教育理念认为的新生儿睡眠区是什么样子的？

睡觉是孩子健康生活必不可少的一部分，如同营养对孩子身体发育很重要，睡眠对孩子大脑的发育至关重要。如果孩子在出生后就能形成和保持固定的睡眠规律，且能独立睡觉，他们就可能保持更长的睡眠时间且不易惊醒。

孩子的气质、睡前仪式以及睡眠环境都可能影响孩子的睡眠表现和质量。

在属于孩子的房间，我们将相对暗淡且安静的角落设置为睡眠区。这个区域的墙面最好是柔和的纯色，不要有太强的光源。可以在适合的高度悬挂真实、美好的装饰画或家人的照片。

有矮床的睡眠区

在蒙特梭利教育理念中，我们提供给孩子睡觉的地方是一张矮床，而不是传统意义上带着轮子和栅栏的婴儿床。一开始，我们可以直接放一个婴儿床垫在地上，当孩子可以用四肢爬行和行走之后，可以将垫子放在低矮的床架上。

传统婴儿床的弊端主要体现在以下几个方面：

（1）将孩子像动物一样“关起来”，孩子无法自由地上下床；

（2）床四周的栅栏会影响孩子的视线，他们可能看不到房间里的陈设和发生的事情；

（3）孩子躺在床上，只能看到固定不动的栅栏，眼睛长时间聚焦在固定的物体上，不利于视力和眼部肌肉的发展；

（4）通常婴儿床的围栏很高，大人需要越过围栏俯身抱起孩子，这可能对大人的腰背造成损伤。

矮床的益处：

（1）床面低，当孩子可以翻身和爬行后，能自由地上下床；当孩子困了想睡觉时，可以直接爬上床，醒了能够自己离开。从最开始就让孩子自主睡觉，这样的好习惯不仅可以让孩子更独立，也让成人有更多属于自己的时间和空间，可以缓解育儿焦虑和矛盾；

（2）矮床（床垫）通常只有5cm左右，即使孩子突然开始翻身，从床上掉到地板上，也不会造成太大的影响；

（3）没有遮挡，孩子可以更好地观察四周；

（4）妈妈可以直接躺到矮床上给孩子喂奶，保护腰背。

“给孩子心理发展最好的协助是给他一张床，满足他的需求。一个孩子应该被允许在他累了的时候可以睡觉，睡到自然醒，想起床的时候再起床。这就是我们为什么建议提供特定的儿童床，而不是许多家庭里已经在使用的床。应该给孩子提供一张低矮的睡床，置于地板上合适的位置，他可以按照他的期待躺下或起床。”

——玛利亚·蒙特梭利《童年的秘密》

矮床是可以在整个婴幼儿期使用的。除了矮床外，我们还建议在孩子的睡眠区使用婴儿抱枕和支撑枕，这对新生儿特别重要。

婴儿抱枕

婴儿抱枕是一个椭圆形的薄的枕头，大小和一般的成人枕头差不多，里面的填充物需要柔软、透气且有一定的支撑性。和枕头一样，至少需要两副枕套定期清洗更换。你可以购买或者尝试自己制作，这是你在孕期给孩子准备的最实用的礼物之一。

婴儿抱枕

婴儿抱枕的使用方法很简单，将宝宝放在上面睡觉。宝宝醒来后，成人可以将抱枕和宝宝一起抱起来。它的作用非常多，很适合新手妈妈。

婴儿抱枕具有以下八个作用：

（1）能够避免新生儿接受过多的皮肤刺激；

（2）在家里不同房间移动时，温度会不同，抱枕能保护孩子，减少温度变化对孩子造成的影响；

（3）避免不同温度的手直接接触孩子；

（4）新生儿身体柔软，抱枕可以帮助成人更稳地抱孩子；

（5）当宝宝被抱起时，抱枕能够给他们提供背部支撑；

（6）如果孩子在喂奶或护理时睡着，可以通过抱枕将孩子放回到床上，不用担心弄醒孩子；

（7）在婴儿推车里，抱枕可以让孩子获得更好的视野，它还可以折叠起来当作枕头；

（8）抱枕是孩子的环境参照点，固定的物品能给宝宝带来安全感。

支撑枕

支撑枕可以放在孩子的矮床上，给新生儿创造一个封闭的空间，增加包裹感，让孩子觉得安全。

支撑枕

支撑枕最好是圆柱形的。材料坚实，可以滚动。当孩子们推或踢它时，它就会滚开。

宝妈宝爸，与其辛苦抱着宝宝入睡，或用胳膊给宝宝当枕头，还不如用上述简单的方法，既能解放自己，又可以提高宝宝的睡眠质量。

上述介绍睡眠区所需要的物品不是固定的，为孩子设置睡眠区域，你需要以下信念支撑：

相信孩子能够独立入睡。很多新手爸妈会对刚出生的宝宝呵护备至，关爱有加，恨不得时时捧在怀里。很容易在孩子入睡时，抱着、拍着，走着摇晃，放音乐唱歌，甚至必须推车出去孩子才能睡着。我们不需要把睡觉这件自然发生的事情和无关的事情联系起来。在孩子清醒的时候，你有很多时间和方法跟他互动，表达你的爱意。请尊重孩子的能力，把睡觉这件事的主导权还给孩子。而你完全可以在宝宝睡觉的时间照顾自己和其他家人。

如果你的孩子已经形成了自己的睡眠习惯，需要你陪着入睡甚至抱着入睡，而你也发现，纠正调整会对你和孩子带来很大的痛苦，那么，请接受这个事实。孩子总有一天可以独自睡觉。现在你的付出也是值得的，可以让你们的关系更加亲密。好好享受这看似漫长其实短暂的哄睡时光吧！

愿天下的宝妈宝爸和孩子都能整夜安睡！

第43问：如何设计新生儿的进食区？

问：听说宝宝进食区的设置有很多讲究，那么宝宝进食的区域应该设置在哪里，又该如何设置呢？

新生儿从一出生就会通过吮吸获取乳汁。吮吸是孩子可控制的、主动进行的以满足发展需求的动作。所以，这个区域我们更愿意称之为“进食区”，而不是被动的“喂食区”。很多家长，特别是祖辈父母，经常担心孩子吃不饱而强迫孩子多吃几口。孩子扭开头或者推开喂食的勺子，成人还总是想办法哄着孩子张嘴然后趁机塞一口食物。这样做既损坏了孩子消化系统对饥饿和饱的感知和调整，又让孩子失去了自主进食的机会。“吃”与睡

新生儿进食区

觉、如厕一样，是应该被尊重的，而不应该被限制或强迫。

0~1岁的孩子在其发展过程中会出现显著的进食变化：从躺着吃母乳（或被抱躺着喝奶），到坐到餐桌前独立进食。一般来说，这个变化大致在孩子5个月左右出现，我们称之为“离乳”（并不是完全不吃母乳，而是孩子开始享用母乳外的食物）。因此，宝宝进食区的环境也应该进行相应的调整。

在宝宝0~5月龄左右，孩子基本是躺卧的姿势，在成人的臂弯或者在床上，吮吸母乳或配方奶。喂奶的过程是建立孩子与抚养者亲密关系的重要过程。因此，这个区域的布置，既要考虑为孩子吃奶提供一个安全舒适的环境，又要让喂养的成人（我们假定是妈妈母乳喂养）享受这一过程。

可以在孩子房间靠近窗户的位置设置“进食区”。放置一把让妈妈能够舒适靠着坐，进行母乳喂养的椅子。椅子最好有扶手，能够支撑妈妈的手臂。可以搭配腰垫和脚凳，让妈妈的后背和腰部有更好的支撑。喂奶结束后可以轻轻摇晃，让孩子感觉舒适。

椅子旁边可以放一张桌子，桌子上放一些妈妈喂养需要的物品，比如纸巾、擦拭孩子嘴巴的软布、一杯水，以及笔和小本子，方便妈妈记录每一侧乳房喂奶的时间。孩子通常会有偏好的一侧乳房。在喂奶过程中，母乳的成分是有变化的，要注意让孩子吃到各个阶段的奶。

小桌子上不可以放手机！在母乳喂养时间，妈妈应注重与孩子分享食物，而不应该被手机或其他东西分散注意力。如果妈妈在母乳时间打电话或者和别人聊天，没有把所有注意力放在喂奶这件事情上，孩子会觉得被忽视。

母乳喂养是孩子未来所有社会关系的原型。从母乳喂养开始，食物已经是我们社交的媒介。当我们试图与他人建立联系时，食物就是“媒介”。例如，当遇到喜欢的人，我们总是说：“我们一起吃饭吧！”“我们一起喝杯茶吧！”共同进食是人类交流沟通和增进情感的重要途径。中国人有中秋团圆和吃年夜饭的习俗，家人在一起吃饭，是一种仪式和家庭归属感的表达。食物既能让我们果腹，还具有情感和社交功能。

在睡眠区我们提到，如果一些妈妈产后腰背部疼痛，建议采用躺卧哺乳的方式。妈妈可以躺在孩子的矮床上哺乳。你可以准备一条只在宝宝吃母乳时才使用的软毛巾，垫在孩子嘴巴下方。它既是孩子要吃奶的参照物，也可以吸收孩子溢出的奶，保持床垫干净。

无论是使用哺乳椅还是躺卧着喂母乳，“进食区”都是一个美好舒适，令人放松的地方。母乳喂养是孩子获得营养的过程，也是母亲给予孩子生命力量的过程。这是每天最美妙、最重要的时刻。宝妈们，可能你在母乳喂养的过程中会遇到阻力和困难，然而只有母乳喂养的时光，才是专属于你和孩子的亲密时光，他人无法替代。享受并珍惜和孩子的这段特别时光吧！

第 44 问：如何设计新生儿的活动区？

问：当孩子睡好吃饱之后，就该活动了。新生儿的活动区该安排在房间的哪个区域？应该放置什么样的物品配合宝宝的发展呢？

当孩子睡好吃饱之后，就该活动了。孩子的活动区域可以靠近门口和窗户，也可以靠墙，尽量选择有充足的自然光线的地方。

新生儿的随意运动（自己能控制的动作）是很少的，你通常看到他们挥手、蹬腿以及微笑，这些都是反射性动作。随着大脑的发展，他们的随意运动会逐渐丰富，大肢体运动和手部的精细运动也会有规律地发展。

0~5月的孩子从只能仰卧，发展到能抬头、有意识地伸手去碰和抓握，然后翻身，并开始肚子贴地，撅着屁股爬行。

这个阶段的活动区，我们需要提供：

新生儿活动区

（1）一张活动垫。可以根据房间的大小准备，可以是两个儿童床垫拼起来的方形，要有厚度，这样孩子趴着时也很舒适。

（2）一面镜子。横向安装，稳稳地固定在墙面，以便孩子可以看到房间的环境。

（3）悬挂吊饰的设备。可以是天花板上固定牢靠的挂钩或可以移动且牢靠的支架。

（4）适合孩子发展阶段的吊饰。悬挂在孩子眼睛的斜上方，高度可视情况调整。

在新生儿初期，吊饰可以提供不同的视觉刺激。从黑白吊饰到彩色的、同色系不同深浅的吊饰，帮助孩子视力的发展和对颜色精准的认知。这些视觉吊饰材质轻盈，会随着室内空气流动而摆动，有助于孩子眼睛聚焦能力的发展。此外，相较于电动类吊饰，它们不需要依赖成人来触发摆动，这样既可以保护孩子玩耍的独立性，也解放了成人，成人可以去做自己的事情。

杰西的活动区角

3个月左右的宝宝能够控制肩膀和手臂，会尝试触碰抓握吊饰。这个阶段，要替换前期用于发展视觉的吊饰，放上牢固的、安全的、干净的、无毒的吊饰供孩子抓握，并提供让孩子放到嘴里进行探索的吊饰。这些吊饰应当与有弹力的带子进行连接，这

杰西躺在活动垫上玩耍

样孩子通过拉扯可以将吊饰放入口中。另外，还要准备鼓励孩子大运动发展的悬挂物，如踢踏球。当孩子踢到球，球上的铃铛会发出声响并在空中摆荡，孩子能看到和听到自己的动作改变了环境，这促使孩子反复地练习这一动作。

（5）置物架。一般是两层，放适合孩子年龄的发展辅助物。一开始是大人提供适合的物品给孩子探索。当孩子能自己挪动且伸手够到顶层时，注意将较大较重的物品放在底层，在顶层放一些轻的，即使掉落也不会给孩子造成伤害的玩具。

这一阶段，适宜的发展辅助物会带给孩子不同的感官体验，帮助他们的听觉、触觉、味觉、温度觉等感觉的发展。

选择天然材质的、安全的，能提供不同质感体验的物品，且允许孩子用嘴探索。例如木头、丝绸、棉等。物品的形状多样，构造要便于孩子抓握和操作，孩子容易探索，并获得反馈，以鼓励孩子持续地探索，能发出声响的摇铃就是不错的选择。

天然材质的物品和不会滚太远的球

如果这些物品会滚动，要确保它们不会滚得很远。一方面，新生儿还不会移动取回滚动的物品，不能控制的玩具会给其带来挫败感；另一方面，新生儿还无法理解“物体恒存”的概念，对于看不到的物品，他们就认为真的消失不存在了。

辅助物要保持清洁，并根据孩子的能力和兴趣，定期更换。

（6）一块小的垫子。可以是睡眠区的婴儿抱枕或其他干净整洁的枕头大小的垫子，最好定期更换抱枕枕套或清洗垫子。抱枕或垫子大小适中，方便孩子移动。

活动区域是为孩子设置的，同时也应该让成人容易与孩子进行交流，便于拿取发展辅助物与孩子互动。别忘了，你是孩子最好的玩具。孩子们对人脸非常感兴趣，你缓慢清晰地对孩子说话，孩子既能感受到你对他的关爱，又能获得语言启蒙，并建立起安全感和归属感。

第 45 问：如何保障孩子的爬行空间？

问：爬行对于宝宝大运动的发展和大脑的发育非常关键，但是家里空间有限，宝宝爬不了几步就会被叫停，不是担心她磕碰就是担心地上不干净，这种情况该怎么办？

经常听到宝爸宝妈和宝宝的祖父母，以及专职带孩子的保姆抱怨说爬爬期的孩子最难带。这个阶段的宝宝对什么都很好奇，活动范围比新生儿的大，而且什么都想摸一摸，什么都想放进嘴里尝一尝，你不得不一直跟在他们后面保护他们。特别是在他们会走之前，什么东西都可以拉着想要站起来，例如盆栽、窗帘、充电线等。这样看来，孩子周围充满危险，跟在爬爬期孩子后面一直阻止其做出“危险动作”，既让大人感觉疲劳，又阻碍了孩子的“探索”。

很多养育者直接将孩子放在学步车/学步带里，或者用围栏将孩子圈在一个所谓的“安全区域”。这样看似安全，却让孩子错过了“自己通过爬行完成行走”的重要发展过程。使用学步车或学步带的孩子，在大脑发展到能控制腿部之前就被大人强迫直立。他们通常是踮着脚尖迈步，胯下被支撑着。他们误以为自己能够行走，当脱离辅助物后会频频摔倒，无法控制身体的平衡。

一般情况下，我们称5~14个月，即从爬行到能够独立行走之前的时期为“爬行期”。这个阶段，孩子的大动作发展最显著，孩子由爬行，有支撑地坐，独立地坐，拉起自己，四肢爬行，到扶物站立和行走，最后在12~18个月时，实现独立行走。

孩子的动作发展是由大脑神经发展进程决定的，只要孩子在正常的生活环境中成长，就会自然地发展，顺利通过各个阶段，最后直立行走。

当孩子处于爬行期时，我们需要做的，不是拔苗助长般地让孩子提前达到某个阶段，然后跟别人炫耀：“看！我家孩子才八九个月就会走路了！”而是了解和尊重孩子发展的规律，在对应的阶段提供正确的环境，允许并支持孩子完成自然的发展。

当孩子能够开始控制自己的身体，并向自己意愿的方位挪动时，意味着孩子需要更大的活动空间。孩子爬行阶段活动区的布置，相较于新生儿的活动区会出现较大的改变。

蒙氏婴幼儿NIDO班活动区

（1）孩子在这个阶段会频繁地爬行，新生儿阶段的垫子如果较厚，或底部不防滑，则需更换或移走。如果地板很冷，可以铺一块薄一点的垫子，让孩子感受到地板的支撑，也有助于脚趾参与爬行。一般情况下，活动垫可以移除，而用来移动孩子的抱枕则不再需要。

（2）如果没有大的活动垫，我们可以使用小坐垫，让孩子练习坐。当孩子还不能独立地坐时，我们可以使用U型枕，让孩子坐着时能有支撑，而且可以自由下滑。孩子的双手得到解放，可以乘机让孩子多做精细动作的练习，例如投、套等相关活动。

（3）安装一些安全的、稳定的设备，帮助孩子拉起。例如，横跨镜子的长杆，其粗细应适合孩子的手抓握。没有横杆也可以，在保证安全的前提下，在镜子旁边放一把具有一定重量的椅子，可以让孩子扶着站起来。

（4）镜子的高度应进行调整，让孩子坐着或扶着站立时都能看到自己。

（5）在宝宝爬行期，吊饰的使用要特别注意。如果你想家里有一个安静的角落，可以悬挂轻盈的视觉吊饰，但一定要确保孩子无法触摸。当你疲累或烦躁时，静静观察它的运动，也是一种不错的静心方式。

（6）置物架依旧放在活动区，物品根据孩子的发展需求、能力和兴趣，不定期更换。值得一提的是，我们可以将各种材质的球放在篮子里或镜子前，让孩子去追逐，鼓励他们爬行。

如果家庭空间有限，没有单独的儿童活动房，可以把家里的客厅打造成儿童活动区，前提是确保安全。也就是说，你转身做其他事情时，宝宝是安全的。如果好几分钟你都没有听到孩子的动静，就需要马上查看。

很多家庭的客厅布置大同小异，我们可以参考以下做法。

1. 保留

我们可以保留以下物品，因为它们不会影响宝宝爬行。

（1）沙发。

（2）茶几。

（3）电视柜。

它们通常矮且重，高度适合孩子拉站和扶走，也不会倾倒。电视柜和茶几还可以放孩子的发展辅助物。柜子尖锐部分一定要采取措施进行防护。

（4）地毯/地垫。

北方干燥，可以保留地毯作为孩子的活动毯；南方潮湿，可以提供不容易发霉且防滑、较薄的垫子，方便孩子活动。一定要注意保持清洁。

（5）楼梯。如果家里有楼梯，可以安装一个栅栏，开放三级台阶给孩子爬行，并且在底部放上软垫，防止孩子摔伤。

2. 移走

以下物品需要移开，因为它们会影响宝宝爬行，存在安全隐患。

（1）电器、电源和充电设备。

（2）盆栽。如果稳固且你允许孩子探索泥土，可以保留。

（3）剪刀、针线盒等尖锐物品。

（4）药品、化学用品，如洗洁精、杀虫剂等。

（5）轻且高的柜子或书架。

（6）任何可能被扯掉或倾倒的物品。

3. 有条件的可以增加

（1）适龄的发展辅助物、绘本。

（2）适合孩子拿取的书架。

（3）简易的、小型的大运动发展辅助物，例如三脚架、推车等。

厨房是孩子最感兴趣的区域，他们爱你，他们看到你在厨房工作，就想要模仿和体验。如果你不允许孩子探索这个乐趣和危险并存的地方，就将它锁起来。类似的还有厕所、阳台和书房。如果有条件，你也可以给其他柜子上锁，只开放一个专属孩子的抽屉，放一些安全的餐具和真实的蔬菜水果，让孩子忙活起来。这对孩子感官发展帮助极大，为后期做家务做好准备。

调整现有的家庭环境，而不是频频打断和阻止孩子。“别碰它！”“别这样！”任何你不想孩子碰的物品，都放到孩子视线范围以外。确保孩子能去到的空间，能拿到的物品，都是你预备且检查过的。你可能需要改一改放东西的习惯或者收起漂亮的工艺品。但各位宝妈宝爸不用担心，家里的每一处调整都是暂时的，只需要几个月、半年或一年，当孩子们长大一点，具有一定的控制能力时，你可以把这些东西放回原位。

当孩子能够行走之后，他们的活动区域就不局限在一个小房间了。学步儿会不知疲惫地行走。当他们会走的时候，孩子们就很难再频繁地爬行了。足够的与地板接触的时间，不仅能让孩子自然过渡到行走，拥有良好的平衡能力，更重要的是，四肢交替爬行有助于大脑发育。爱孩子的你们，请尽可能地松开你的臂弯，将孩子放在安全的地上。

基于了解的爱，才是真正的爱。

第46问：小户型的家居环境应该怎么布置？

问：我家空间有限，应该如何打造宝宝需要的四个区域呢？

很多家长都希望孩子在家里能有一个专属的房间，四个功能区域（睡眠区、进食区、活动区和生理护理区）能够集中。然而，对于大多数家庭来说，可能没有条件或没有计划预留一个单独的房间给孩子。

很多家庭，通常是新生儿和妈妈一起住在主卧。宝宝睡在紧挨着妈妈大床的婴儿床里。房屋面积比较大的家庭，爸爸和其他孩子可以住到别的房间。也有很多家庭，宝宝只能睡在爸爸妈妈的床上，爸爸妈妈不敢大口喘气，不敢翻身，甚至宝宝进食、活动和生理护理等活动全都在婴儿床或爸爸妈妈的床上进行。

一方面，新生儿抵抗力不强，和大人睡在一起，会增加过敏和细菌感染的风险；另一方面，宝宝的生活区域混在一起，他们缺乏该做某件事的参照点，不利于形成良好的一日作息规律，也不利于建立良好的秩序感和安全感。孩子的发展总是超出大人的预期，刚刚还在大床上玩的小朋友，说不定哪一分钟就翻身掉落，非常危险。

难道普通家庭就无法在家践行蒙特梭利教育吗？别着急，将空间有限且必须亲子共同生活的卧室改造得和谐融洽，只需要坚持一个原则，那就是尽量利用已有空间和物品，不增加成本和负担。

一、睡眠区

尽早建立良好的睡觉习惯非常重要。新生儿不要和父母同床，尽量分开睡。如果没有空间放置一张矮床，可以使用睡篮。睡篮的尺寸要适合新生儿，一般放在80cm~100cm高的架子上，方便成人抱放孩子。底部装有轮子，方便移动位置。但将孩子放在睡篮之前，一定要注意固定睡篮的轮子，以免出现意外。

如果条件允许，也可以准备一张单独的婴儿床垫，当孩子要睡觉时，将床垫放在妈妈的床上，铺上专用的宝宝床单，让孩子有参照点，躺在床单上就表示该睡觉了。注意做好小床垫四周的围挡，防止孩子掉落。这种方式也方便妈妈躺着给孩子喂奶。

二、进食区

如果房间空间不大，没有准备专门的喂奶椅，妈妈可以躺在床上喂奶。喂奶时准备一块专属的用来垫在孩子下方的软毛巾，作为孩子的参照物。

妈妈可以倚靠在床头，抱着孩子喂奶。也可以让孩子躺在他自己的小床垫上，自己躺在旁边喂奶。

孩子渐渐长大到三四个月，妈妈需要为离乳做准备了。如果主卧室没有位置摆放离乳桌椅，可以在餐厅的成人餐桌旁放置一把“成长椅”。这样的椅子在市面上很容易买到，选择时要注意：

（1）座椅四周和裆部要有围挡，协助年幼孩子坐稳。后期可拆除，以便长期使用；

（2）要有脚踏板，让孩子的脚不悬空；

（3）脚踏板和椅面的高度可以调节，以便配合孩子的成长；

（4）防翻倒设计。

三、活动区

即使在空间有限的成人卧室，孩子的活动区也不要设置在成人的床上。当孩子可以翻身或爬行时容易跌落。可以用前面提到的垫子，换上专属活动时间用的床单，给孩子制造一个活动的参照点。

如果家里没有大面积的空白墙安装大镜子，可以选择拼贴的小镜子，物美价廉。可以将其固定在任何接近地面的地方，再将“活动垫”放在旁边，用前文介绍过的婴幼儿健身架悬挂吊饰，一个适合宝宝的活动区就打造好啦！

四、生理护理区

如果空间有限，亲子共同生活的卧室很可能没有孩子专属的衣橱和尿布台。宝妈宝爸需要在大床上给孩子换衣服或尿布。

建议购买隔尿垫，并将其放在床上，方便为孩子换尿布。隔尿垫是孩子知道要换尿布的参照物。将准备好的垫子放在床上，而给孩子护理的必需品如干净的尿布、护臀霜等，可以放在不占空间的挂壁收纳袋里。但必须确保这些要使用的物品在你能拿到的范围内，就算是在大床上，也不要将孩子一个人留在那里。

给宝宝洗澡的活动，就应该是在大人的卫生间里面进行了。如果家里的洗脸池足够大，可以在洗脸池里给新生儿洗澡，这样成人不用弯腰导致劳累。宝宝洗澡前后要做好消毒工作，在洗脸池底部铺上一条毛巾，让孩子接触时舒适且防滑。要注意控制好水的温度，避免过冷或过热。

值得注意的是，如果使用放在地上的澡盆给孩子洗澡，洗好后需要将孩子递给另一个成人。一定要避免抱着孩子突然站起眩晕或滑倒造成伤害。

只是进行小小的调整，在小而美的居家环境中，我们还是能为孩子划分出不同的功能区域。在一家人共同生活的房间，爸爸妈妈一定要确保房间保持通风，整洁干净。每个人都有隐私和空间需求，成人要注意如厕和更衣的隐私。你就是孩子的环境，你的一举一动，都被他们时时刻刻吸收和学习。

第47问：新生儿房间的窗帘应该怎么选？

问：我家宝宝睡眠不好，特别羡慕那种可以安安静静睡好长时间的宝宝。看了一些育儿书，里面都提到儿童房的窗帘选择很重要，会极大地影响宝宝的情绪和睡眠质量，那该如何选择呢？

如果说眼睛是心灵的窗户，那么窗帘就是窗户的语言。尤其是对于儿童专属空间而言，窗帘绝不仅仅是遮光这么单一的功能，窗帘的颜色、材质、款式会间接地影响孩子的个性、情绪、睡眠质量，甚至健康。

很多正期待宝宝降生的新手妈妈会花大量的时间和精力来做儿童房的整体规划，大到家具摆设，小到一双袜子的花色，但她们却常常容易忽略窗帘和整个儿童房的搭配。

1. 窗帘的配色

记得几年前看过《色彩心理学》，书里提到每个人的性格都可以对应成一种颜色，反过来，如果人长期处在某种颜色之下，他的性格、心情、健康状态也会被影响。比如喜欢红色的人通常热烈奔放，但是也容易急躁。再如，绿色是大自然的颜色，容易让人放松，蓝色和白色容易让人平静。

简单地说，就是人的感官之间会相互传递信息。窗帘是整个房间最大的色块，可以说，你走进一个空间的第一感受就是窗帘给你的，窗帘的选择会影响整个房间的风格和基调。

举个例子来说，同样一个房间，选择了两种不同的配色方案，我们就会感受到两种截然不同的风格。而这些信息也会被孩子捕捉到，不适合的搭配可能会影响孩子的睡眠、性格，甚至健康！这可不是危言耸听。例如，有的设计师会觉得孩子的房间就应该有很多卡通图案，花花绿绿的，但是它们之间可能并不搭配，最后呈现出来的效果不尽如人意。

真的很难想象每天生活在如此高强度视觉冲击下的孩子，究竟怎样才能乖乖睡觉不亢奋？怎么才能做到专注地写作业？颜色真的不是堆积得越多就越好。

那么，儿童房的窗帘应该如何配色？

当你不知道选择什么颜色的时候可以选择白色。白色可以和任何颜色搭配。可以有一点图案点缀，也可以是和条纹组合搭配，这样就不会显得太白，过于单调，也不会显得颜色太多，凌乱不堪。

白色窗帘儿童房

除了和遮光窗帘搭配外，还可以和百叶竹帘搭配，效果也是很不错的。白色还可以和各种花纹组合，营造出小清新的感觉，让整个房间显得更有生气和活力。如果希望房间有更多的颜色变

化，也可以在换季的时候做更多的色彩搭配。饱和度低一点的粉色、黄色、绿色、蓝色、米色、紫色等也非常适合儿童房。

搭配时，可以考虑整体搭配和局部搭配两种方法。整体搭配，就是窗帘和房间内不易替换物品的颜色搭配，比如选择和墙纸、地板的颜色相近的颜色。局部搭配就是和房间里的小物件颜色搭配，例如和抱枕、沙发、地毯的颜色搭配。使用这两种方法进行搭配，整个房间会让人感觉和谐、舒适。

2. 窗帘的配件选择

除了颜色外，窗帘的配件对于整个房间也是非常重要的，但常常容易被忽视的。窗帘常见的悬挂方式有罗马杆和轨道两种，如果是儿童房，且在设计时已经预留了窗帘盒和轨道，其实轨道的静音效果会更好一些，某些品牌的轨道甚至可以做到无声，承重力也会比窗帘杆要好一些。

罗马杆

轨道

如果没有预留窗帘盒，罗马杆式的轨道也是很方便的。

建议儿童房的窗帘长一些，拖地最好，不要做半窗，否则会让孩子产生强烈的不安全感，另外，窗帘太短容易被风吹起来，飘动的窗帘会很影响孩子的睡眠。

再来看一看窗帘搭扣，与窗帘相匹配的搭扣是整个窗帘的灵魂。材质柔软，绘有可爱图案的搭扣会增加空间的灵动感，更受小朋友们的欢迎哦！

宝宝喜欢的小猴窗帘扣

选择窗帘原来要考虑这么多细节，你家的窗帘选对了吗？窗帘选对了，孩子可以更快乐、更健康。

第48问：如何让自然变成生活的一部分？

问：孩子应该接触大自然。我家宝宝还不到1岁，带其远足不太现实。小区和公园的植被又经常被施化肥和农药，宝宝触碰不安全。有没有办法在家里给孩子营造接触自然的环境呢？

现在越来越多的人居住在城市，我们的生活更加便利了，却离自然越来越远。其实，我们可以将一些自然元素融入家庭环境，让孩子充分感受到大自然的力量。

1. 绿植和鲜花

阳台是摆放绿植的好地方

绿植和鲜花在准妈妈孕期就可以引入。首先我们得确保植物安全无毒，避免引起准妈妈过敏（花粉过敏）或受伤（带刺的植物）。同时，我们要注意摆放的位置。很多植物可以进行光合作用，吸收二氧化碳，产生氧气，对人类有益，但它们只有在阳光下才能发挥作用。在黑暗中，植物会消耗氧气，产生二氧化碳。因此，不要在卧室里放太多的植物。可以摆放一些热带植物，它们习惯少光照的环境，反光合作用在夜晚相对不是那么强烈，或者引入喜阴植物，美化环境。

不要把所有植物放在窗户附近，尤其是热带植物或喜阴植物。有些植物具有净化空气和吸收辐射的功能，可以将它们放在厨房或电器附近。

无论是绿植还是鲜花，在准妈妈照料它们的过程中，比如修剪、松土、施肥、清洁、和植物说话等，这些生命也会做出反馈，让准妈妈感受到平和、宁静和喜悦，帮助准妈妈释放焦虑。

当新生儿降临，妈妈可以继续给他示范如何与植物互动。准妈妈可以介绍植物的名称，与宝宝分享与某个植物相关的童谣、诗歌或歌曲，为孩子的语言启蒙做准备。想象这样一个美好的画面：妈妈在窗边打理一盆茉莉花，阳光洒满阳台，孩子在活动垫上看着妈妈，妈妈哼唱起《茉莉花》。相信这样的时刻是非常美好且令人感觉幸福的。

当孩子活动能力有限时，更多的时候是你做，孩子看。在确保安全的前提下，可以让孩子摸一摸植物的各个部位，抓一抓掉落的叶子，闻一闻植物的味道。

家中有绿植的区角

当孩子可以爬行去探索更多的地方时，我们就要提前准备：

（1）检查家里的植物是否危险（有毒、气味强烈、带刺、容易滋生蚊虫等）。丢弃危险的植物或者将其移到孩子无法触碰的地方。

（2）将护理植物需要的锋利物品和化学肥料等危险品移到孩子够不到的地方。

（3）确保盆栽类植物安放稳固，避免孩子拉扯时倾倒，造成伤害。

（4）确保植物没有细小的部分，如小果实或小绒花，避免孩子吸入或放入口中，造成卡堵，甚至窒息。

杰西在户外亲近绿植

当排查后，确保所有植物都是安全的情况下，你可以让孩子逐渐参与到照料植物的过程中。从简单的喷水、浇水开始，到擦拭植物叶子、修剪枝丫和插花。孩子们会非常喜欢这样真实的工作。可能一开始，孩子只是帮你拿一个工具，可不断地重复会让孩子逐渐具备能力，且能独立地进行。值得一提的是，有一些基本的规则和尊重，我们需要从小帮助孩子建立。例如，轻轻摸而不抓扯叶子和花朵，某种植物一天只浇1~2次水等。

家长可以和大一点的孩子做与植物相关的小实验。如观察种子（可以使用大豆或绿豆）在不同环境下（温度、水和光照）的生长情况，和孩子讨论看到的情况，甚至可以画下来做成观察日志。还可以搜集不同的花和叶子，做成标本。此外，通过照顾植物、观察植物等活动，孩子会建立良好的习惯和责任心。通过植物在一年四季的变化，孩子可以感受大自然的力量，滋生对生命的热爱和敬畏之情。

2. 其他自然元素

除了可以将有生命的植物引入家庭外，我们还可以选取一些安全的、质地不同的自然物品，例如：

（1）石头。不同种类的石头，其密度、质感和纹理不同。做好清洁和安全处理后，可以让孩子自由探索。

（2）可做玩具的植物部位。干燥的果实，如松果、橡果、葫芦等。不同的形态和质感给孩子带来自然和丰富的感官体验。有些还可以像乐器一样发出声音。

（3）海洋带壳类动物的壳。各种贝类、螺类可以给孩子带来丰富的感官体验。有机会可以带孩子去海边拾贝壳，并将一些好看的贝壳带回家，做成“感官墙”，或者和孩子一起玩刷贝壳的游戏。

（4）四季桌。有条件的家庭，可以专门安放一张小桌子，摆放当季的植物和农作物。如果能和孩子一起去收集，就更有乐趣了。春日的柳条、夏天的莲蓬、秋天的枫叶和冬季的腊梅，就算居住在城市，我们也能够把大自然的变化请进孩子的环境，让孩子感受四季更迭的乐趣和规律。

下面推荐一些适合在家里摆放的植物，仅供大家参考。

（1）富贵竹。适合瓶插或盆栽。富贵竹要接受光照且不被灼伤，可以摆放在距离阳台1m~1.5m的位置。

（2）发财树。发财树喜欢温暖湿润的环境和充足的光照，耐阴，具有一定的净化空气的能力。

（3）仙人球。仙人球比较耐旱，不用多浇水，以免烂根，具有净化空气的功效。

（4）绿萝。绿萝可以净化空气，盆栽或在水中培养皆可。

（5）吊兰。吊兰适应性强，易成活，对土壤的要求不高，且较耐阴，具有一定的除甲醛的功效。

（6）白掌。白掌能净化空气，但对环境的要求较高，不能进行暴晒。

（7）琴叶榕。琴叶榕喜暖，喜光，可以养在室内，但是采光一定要够好，对空气污染及尘埃抵抗力很强。

（8）常春藤。常春藤可以净化室内的空气，吸收由家具及房屋装修后散发出的苯、甲醛等有害气体。

（9）散尾葵。散尾葵喜欢半阴、通风、潮湿的环境。

（10）龟背竹。龟背竹耐阴，喜水，适合室内养护，具有净化空气的功能。

适合室内养护的还有虎皮兰、龙血树、金钱树、巴西木、橡皮树等，成人可以根据喜好和需要选择。

1岁的都都在草地上晒太阳

第49问：怎样制作一张新生儿家庭版安全防护清单？

问：我们都知道，孩子到了两岁左右，会有一个阶段非常难处理，我们称之为“可怕的两岁”。其中最突出的一个表现是无论你问孩子什么，他都会说不，例如不想吃饭、不想刷牙、不想出去玩、不想要这个玩具，不不不不不，全部都是不。

有多少成人曾因为被宝宝拒绝而心烦意乱？想想看，当孩子一岁的时候，你也是这样对他的啊！“不要把手放在嘴里”“不要把抽屉拉开”“不要扯家里的窗帘”“不要乱扔玩具”“不要去啃那个玩具”……只要你尝试在不到一岁的宝宝家待上一小时，你应该会听到三四十次“不”！现在明白两岁的宝宝为什么这么喜欢说不了吧！因为他们从出生就生活在一个做什么都是错，最好什么都不做的家庭模式里。两岁开始，他们终于会用语言表达了，有时候也许并不是真的不想去做这件事，但他们总是喜欢用“不”来表示拒绝，来告诉你：“爸爸妈妈，我已经有自己的想法了，我不喜欢再像过去那样‘任人摆布’了，每次当我拒绝你的时候，我都感觉自己很酷！”

你之所以在孩子一岁的时候总是喜欢对他说不，其实并不是真的要阻止他的探索，只是你的潜意识告诉你：“这样做是不安全的，要及时制止。”所以，想要从根源上鼓励宝宝自由探索，最重要的前提是到位的安全防护，只有在一个相对来说没有太大安全隐患的环境中，我们才有可能做到真正地放手让孩子自由探索。最好的办法是准备一个单独的房间作为婴儿活动室，在那里孩子可以随心所欲地探索。

我认识一个妈妈，孩子四个月前几乎是寸步不离地待在宝宝身边，每时每刻都看着他。尽管她已经非常小心了，但在宝宝快五个月的时候，还是发生了掉床事件。当时她只是回头拿了一件衣服，就短短的几秒钟，意外就这么发生了。当她看见宝宝掉下来的时候，想伸手去接，已经来不及了。触地的那一瞬间，宝宝发出了撕心裂肺的哭声，她整个人都吓傻了，甚至不敢去看地上的婴儿，脑中不停地盘旋着各种糟糕的假设。幸好最后宝宝并没有留下后遗症。但在这之后的很长一段时间，她都特别紧张和焦虑，害怕自己一不留神，宝宝就会发生意外。

其实，这位妈妈的烦恼完全可以靠充分的安全防护来解决。下面是一份新生儿家庭安全防护清单，请务必认真阅读，看自己是否已经做好了充足的准备，来迎接一个新生命的降临。

新生儿家庭安全防护清单			
序号	项目	防护说明	是否已完成
1	防触电	插座保护盖、各种充电线、各种地拖插排都要妥善处理，不要留没有灯泡的灯口	
2	防烫伤	将孩子可以触摸到的电灯泡移动到高处；厨房门要装上童锁；热水壶温度设定在55℃以下，保持常温；刚出锅的饭菜不要立刻端出厨房，以免烫伤宝宝	
3	防撞	床和沙发四周放上软垫；1.2 m以下的墙角、桌角、桌边都要装上防撞条	

新生儿家庭安全防护清单			
序号	项目	防护说明	是否已完成
4	消毒防护	消毒锅、玩具、奶瓶、碗勺定期消毒，使用消毒棉片定期擦拭；购买单独的宝宝洗衣机或者手洗宝宝衣物	
5	防窒息	婴儿床附近不要堆放太多东西，尤其是不要放太多毛茸茸的玩具；用过的塑料袋要及时收好	
6	防溺水	厕所装上安全童锁，防止宝宝把重要物品扔进马桶，不要留一岁以内的宝宝独自在洗手间，宝宝洗澡时必须有成人在	
7	防事故	剪刀等尖锐物品收到高处；窗帘绳尽量在高处打结；滚筒洗衣机的门使用童锁关闭；楼梯和窗户装上安全防护栏；50 cm 以上的矮柜需要和墙面固定；家里的大门和阳台门内侧需要加装一道安全童锁；新买的袜子要剪掉里外的线头，防止缠绕脚趾	
8	防滑倒	浴室进出口、花洒下方放上防滑垫；浴室内放一条小凳，方便宝宝坐着穿脱衣服	
9	防误食	小于卷筒纸直径的任何小东西都要收起来，防止孩子吞咽或塞进鼻子和耳朵里，要把以下物品放在宝宝无法接触的地方：狗粮、猫粮、鱼食、清洁剂、洗衣液、酒精、漱口水、化妆水、各类成人饮料，以及打火机、火柴、药品等	
10	防破坏	抽屉加装童锁，同时将贵重物品以及细小东西收起来	
11	防纠纷	对于有二胎宝宝的家庭来说，可以请大宝把不希望被小宝宝弄坏的东西收起来，例如书、玩具等，避免不必要的纠纷	

Part3　新手妈妈有办法

第 50 问：0~1 岁的绘本如何选择？

问：现在市面上有很多针对低幼宝宝设计的绘本，我想宝宝都还不会说话就可以看绘本了吗？后来，我看了几本针对低幼宝宝的绘本，觉得非常有趣，不是我们传统意义上理解的书，有些甚至可以当作宝宝的玩具。相比较玩几下就被丢弃的玩具，绘本使用率更高。那么，该如何给宝宝选择合适的绘本呢？

0~1岁的宝宝处于“前阅读”发展阶段，相比较“阅读”，“玩绘本”这个概念可能更准确。从这个阶段开始，孩子的破坏性动作，例如撕书、咬书，都是宝宝与书互动的过程。成人真正要做的不是一直在旁边喊“停下来”，而是选择适合孩子年龄发展特点的书。

著名教育家苏霍姆林斯基说：“孩子的阅读开始得越早，阅读时思维过程越复杂，对智力发展就越有益。”

昭昭认真地盯着黑白卡片

较早开始阅读的孩子，智力发展迅速，阅读兴趣浓，能力强，知道的东西多，个性发展好，成绩出类拔萃。早期阅读能够激发孩子学习的动机和阅读兴趣，是孩子语言启蒙的必要途径。

那么，如何选择适合0~1岁宝宝“玩”的绘本呢？

根据新生儿到一岁这个阶段宝宝视觉的发展规律，我们整理了以下几类绘本。

第一类：黑白视觉书

宝宝出生后的前三个月，其视力还处于发展过程中，一般能看到20cm左右的东西。此时的宝宝，对于红色、黄色、蓝色、绿色等彩色的反应并不明显，相反强烈的黑白对比色更容易吸引宝宝。所以，在绘本的选择上，选择黑白视觉书就可以了。现在市面上有很多黑白视觉书，也有一些是卡片式的，方便贴在墙上。黑白视觉书能在一定程度上培养宝宝色觉，推动其视觉发展；促进宝宝大脑发育；培养宝宝的专注力和辨别力；提升宝宝的认知能力和阅读兴趣。

《奠定孩子一生艺术修养的视觉启蒙书》

画面简约唯美，寥寥数笔却包含艺术之美，从出生到三岁的孩子都可以看。

White on Black and *Black on white*

这本书的作者塔纳·霍本曾是一名职业摄影师，他利用摄影中的透视技巧为孩子创作出了一本本美丽的图画书。这套经典的黑白系列书是专门为新生儿设计的，简单而有趣。

第二类：防水洗澡书

这一类书具有防水功能，可以让小朋友带进浴室。它既是绘本又是玩具，有一些还配有声音，让宝宝洗澡也变得有趣起来！

下面这本书每一页都介绍了一种海洋动物，可以让宝宝感受小手小脚在水里拍打的感觉，小鱼在海洋里也是这样的感觉！

Ocean Friends

下面这本洗澡书里有许多小动物，柔软的防水页面，内置的吱吱声……洗澡时间到了，小朋友的学习时间也开始了。

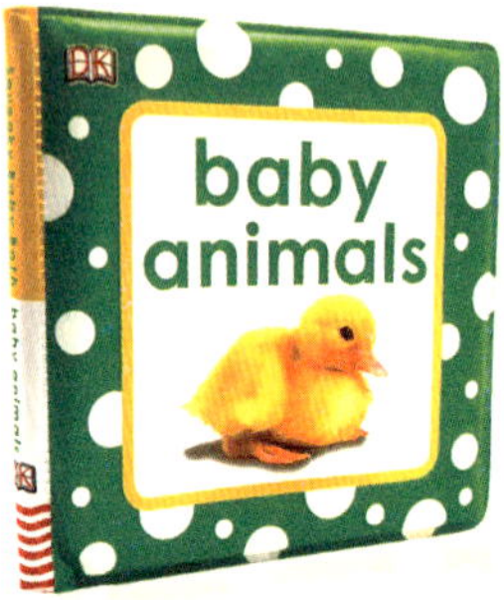

Baby Animals

第三类：充满惊喜的感官书

绘本不仅可以用来阅读，还能带给宝宝很多互动的感官体验，例如视觉体验、触觉体验、听觉体验、嗅觉体验等，对于一岁前的宝宝来说，这些都是不曾感受的新奇体验。

Touch and Feel: Farm

推荐DK的动物主题触觉书系列。当孩子看见这些软萌的小动物，并能用小手指触摸到它们毛茸茸的小短毛时非常兴奋。这种通过触摸获得的感知被传递到大脑，通过妈妈的描述，孩子知道这种感觉叫作“柔软”。

《哇！》《蹦！》《谁的声音？》

对于咿呀学语的宝宝来说，这样从头到尾只有拟声词的书能够非常好地与宝宝形成互动。他们通过妈妈阅读时的表情与声音，逐渐明白画面中的情景所表达的含义。

第四类：撕不烂的翻翻书

一岁以内的宝宝会喜欢撕书、咬书，这正是他们探索世界的方式，从原始人时期开始人类就是通过这样的方式来认识世界，成人需要做的是给他们提供一本撕不烂的书，并定期对绘本进行消毒，而不总是对孩子说“不可以”。

暖绘本《啊呜！》系列

这套书非常适合低幼的孩子，每一本书都是和封面动物有关的一个小故事。成人与孩子一起阅读时，可以模仿各种动物的声音，慢慢地孩子就会把这些声音与动物的形象联系起来。

没有一个宝宝不爱躲猫猫，也没有一个宝宝不爱翻翻书，每一页翻翻书都有未知的惊喜等待宝宝探索。

下面这本翻翻书可以帮助宝宝认识自己身体的各个部位，非常有趣，而且宝宝可以反复玩。

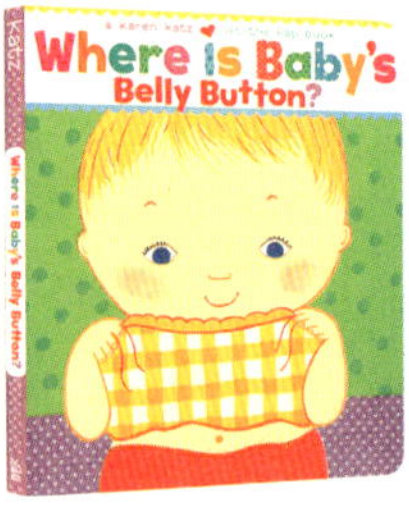

Where is Baby's Belly Button?

优质的低幼段绘本有很多，这里只是挑选了几本经典的推荐给大家。现在市面上还有很多有趣的读物，例如长尾巴的布书、能发出火车声音的书、像小圆球一样可以转动的书等。在宝宝“前阅读”阶段激发他们对图书的兴趣，将令他们受益一生。等孩子长大以后，自然而然对自主阅读产生兴趣，这种阅读兴趣将持续孩子一生。

第 51 问：如何为 0~1 岁的宝宝挑选衣物？

问：萌萌哒的小宝宝总是让妈妈们爱不释手，妈妈们也愿意花钱、花时间把宝宝打扮得乖巧可爱，再来几套时髦的亲子装，拍照、拍视频晒娃，但是这些衣服真的适合宝宝吗？

爱美的年轻妈妈通常会花费很多精力和金钱在自己的衣着上。追逐潮流体现个性无可厚非，但我们要避免将不适合的元素用在孩子的衣着上。

孩子的衣物选择应从孩子的健康出发，体现“实用性”和“美观性”，除此之外，还要考虑衣物的功能性、材质以及穿着的场合。

【衣物与孩子的生理健康】

选择宝宝衣物时，首先要考虑宝宝身体的活动，特别对于大运动迅速发展的孩子，衣服要配合孩子频繁且大幅度的活动。除此之外，松紧合适、舒适透气等要求也要考虑。

我们可以观察到，小宝宝都是腹式呼吸，而且呼吸速度比较快。进食后，孩子的小肚子往往会鼓起来。因此，宝宝衣服要具有弹性，保证孩子的胃部和腹部不受挤压，保持舒适。

有弹性而且松紧合适的衣物有助于保暖，让孩子血液循环正常进行。宝妈宝爸们要特别留意衣物手腕脚踝部位的松紧，不要勒着宝宝。

【衣物的功能性】

0~1岁婴幼儿的衣物要适合当季的温度，满足保暖的需求，且方便增减以适应一天气温的变化。

衣物简洁大方，不要有过多的小装饰品，如亮片、胸针、领结等。样式花哨的衣物穿脱麻烦，而且还有掉落配件导致宝宝误食的风险。

衣物穿着舒适，标签应在衣物外的侧面而不是脖子后面。

对于不会走路的孩子，系带、扣子等应该在侧面或背面，允许孩子舒服地趴着。要选择适合孩子大肢体运动的衣物。当孩子开始爬行时，衣物应当避免过短过紧过宽大，或者有长绳子等，以免妨碍孩子自由活动。

衣服的尺寸比例要合适。相较于成人，宝宝的头部更大，而手臂和腿部相对较短。很多产品只是看起来好看，根本不是为孩子设计的。建议妈妈们不要为了节约，想让宝宝多穿几年，购买太宽大的衣物，这样不利于保暖，也妨碍孩子自由活动。

衣物的扣子、拉链等要设计合理。选择摁扣或魔术贴等孩子容易参与的类型，以便帮助孩子建立“合作”和“独立”的能力。

在温度合适且做好保温措施的情况下，尽可能多地将孩子的四肢暴露在自然光下。这样有利于孩子对钙的吸收。

在有阳光的户外活动时，要给孩子戴上有沿的帽子，避免阳光直射。在天冷时进行户外活动，孩子头部的保暖也是非常重要的。

建议孩子光脚，利于爬行时更好地借助蹬地的力量和摩擦。如果需要穿袜子，尽量选择纯色的，注意袜子内部不要有太多线头，以免宝宝感觉不适。

【衣物的材质】

宝宝的衣物材质最好是天然的，如棉、丝、羊毛等。0~1岁婴幼儿的衣物要选择满足婴幼儿用品A类标准的产品。

【小贴士】婴幼儿衣物相关标准

《婴幼儿及儿童纺织产品安全技术规范》（GB 31701-2015），“GB”是指国家标准。

《针织儿童服装》标准（FZ/T 73045-2013）。

衣物的颜色尽量选择材质本色。如果使用了人工染料，要确保无毒且不掉色。

衣物的质感柔软，贴合肌肤，穿着舒适。

衣物要易于清洗，方便为孩子频繁更换。

0~1岁的孩子成长速度非常快，很多衣物通常穿一季就不合适了。二手衣物的流动是很好的节省家庭开支的方式，而且被使用过的衣物含有的化学物质更少，更安全。尤其是睡袋、鞋子、雨衣、雨靴之类，非常适合在社区或妈妈群里流动起来。

简而言之，宝爸宝妈要谨慎选择宝宝衣物，不要一味地追求“萌萌哒”的效果。

第 52 问：如何选择适合 0~1 岁宝宝的探索物？

问：现在孩子的玩具真是越来越贵，随便一件都要上百元。买了之后也玩不了几次就闲置了，十分浪费，又占地方。日常生活中，有没有既安全又适合宝宝玩的物品可以替代玩具呢？

目前，市面上有很多取悦成人的玩具，但它们并不适合低龄的孩子。它们可能看起来“高大上”“极具科技感”或者“萌萌哒”，很容易俘获年轻父母的心。但通常这类玩具都是夸张的卡通形象、充满不真实的信息或者使用了声光电。我们要认真甄别，只选择“合适”的玩具给我们最亲爱的小孩。

0~1岁宝宝活动架

适合婴幼儿探索的物品的形状应该由其功能决定。如果用于抓握，可以是环状或棍状；如果用于咬磨，需要有突触以便孩子放入口中。探索物品的形状要有真实的意义，不要制作成卡通形状。

物品的边缘要平滑，没有锋利边角。

物品的尺寸要合理，不要选择细小物件和有松动的小零件的物品，以确保宝宝安全。

摇铃一类的物品，只有当孩子把玩时才发出声响，放置时要安静。

物品的颜色应简单，最好是材料本色，尽量少使用染料、色素或油漆，要保证无毒且耐洗。避免花哨杂乱，谨慎选取强烈的颜色（强烈的颜色只用于小范围的点缀）。父母选择颜色，就是在帮助孩子建立基本的色彩欣赏能力和审美能力。

很多父母已经能够很好地为孩子选择合适的物品了，但这些物品是否令孩子喜欢，只有孩子自己进行评价。当然，年幼的孩子不会直接告诉你这个东西好不好，自己喜不喜欢，父母必须观察孩子与物品的互动，来确定自己的选择是否真的适合孩子。你需要观察：

孩子是否选择了这个物品？（物品是否激发了孩子的兴趣？）

孩子是否重复操作且专注？

孩子是否第一次探索就很容易上手？

我们还需要考虑，某一个物品对孩子来说是不是太简单了？不要给孩子提供太容易操作的物品，否则，他们不会重复操作和专注地探索。给孩子一点点的挑战，让他们通过努力完成，这样才能更好地促进孩子发展。

接下来，我们来看一看哪些探索物适合婴幼儿。

木制品。木材是可以提供给孩子的天然材料。木头能够将孩子与自然和真实生活联系起来。木头是有温度的固体，有不同的质感和外观。孩子们能很容易地使用木头。建议选择安全的原木，如果是带油漆的木头，要确保是无毒油漆。

天然橡胶制品。橡胶具有弹性，手感极佳。孩子可以很容易地捏握。

金属制品。最好是小尺寸的银制品或铜制品。通过金属制品，孩子们可以体验温度变化。金属制品一开始是凉的，拿握久了就会变暖。这是木头或橡胶不具备的特性。孩子小手能握的银摇铃就是一个很好的选择。

天然纤维制品。棉、麻、丝绸等都是不错的选择，可制成给孩子抓握的球、摇铃等。

纸制品。选择纸制品时要小心，有些纸制品放入口中可能会溶化。卡纸和硬纸板是比较好的选择。虽然纸制品不太耐用，但性价比高，适合家庭使用。

蔬菜的根茎。它们并不是给孩子把玩的材料，在孩子出牙阶段，它们可以作为咬磨的物品。西兰花、莴笋、胡萝卜等都是不错的选择。

在制作或购买材料时，我们要考虑家庭的经济条件和物品的耐用性。孩子逐渐长大，需要的物品越来越多。如果父母为孩子购买或制作太多的材料，会造成浪费。

我们可以从日常家庭生活中搜集能够满足孩子发展的材料。比如引导孩子用带盖的瓶子练习拧的动作，用卷纸的芯和小积木来玩发展“物体恒存”概念的游戏。另外，还可以物物交换。在你居住的社区肯定有很多家庭会淘汰一些玩具，例如扭扭车、平衡车、小推车等，参与到二手交易中，不仅让闲置物品流动起来，避免浪费，还方便新手妈妈们交流育儿经验。

第53问：怎么做宝藏探索篮？

问：自从宝宝会爬行之后，家里的每个角落都被翻了一个遍。每一次辛辛苦苦收拾整齐的房间，一瞬间就会变得凌乱不堪。这个时候只能深吸一口气默念：是亲生的，是亲生的，是亲生的……有什么好方法既能满足宝宝的探索欲，又能让妈妈在收拾的时候不觉得那么累？

在孩子的眼中，这个世界时刻充满了神奇而好玩的东西等待着他去探索和发现，那些装在盒子里和抽屉里的会不会是宝贝？快让我来看一看。

——蒂姆·赛尔丁格

探索外在的世界是孩子与生俱来的内在本能，越是神秘的东西越能引发孩子的好奇，包括你最不想让他打开的抽屉和垃圾桶，你收纳整齐的玩具和衣服。

*How To Raise An Amazing Child the Montessori Way*的作者蒂姆·赛尔丁格在很多年前就提出了“探索篮（Treasure basket）”的概念，帮助孩子通过双手的探索来建立事物内在的联系，学会独立收纳和整理。相比较其他的蒙氏教具，这个太容易实现了。

想自制一个探索篮，首先要选择一个“篮子”，这里的篮子是泛指。你想要孩子学会收纳，首先要让他明确地知道应该收纳到哪里，哪些东西应该收纳在一起。给他提供一个大小适中的容器，帮助他建构最初的分类概念，为日后分类奠定基础。

藤编的篮子

我们通常选择竹编或者草编的篮子，最好是原木色或者白色的，不要彩色或者塑料的，引导孩子将注意力集中到篮子里而非篮子本身。如果想增加神秘感和打开的难度，让孩子尝试自己打开。

将物品放于不同容器，让孩子自己打开

选择容器后，就要选择适合的主题。可以使用不同的材质，例如金属玩具、木质玩具、有声玩具、食物类、球类、水果类等，把同一属性的、安全的东西放在同一个篮子里就可以了。

能发声物品主题

木制的主题非常适合宝宝，既安全，而且手的触感也不错。

形状的主题或者数字的主题适用于配对游戏。圆形、球体、正方形或1~9某个数字都可以。还可以让孩子在环境中寻找相同主题的东西。

自然物品主题

自然是最常用的主题，没有孩子不爱自然，院子里收集起来的宝贝会令孩子眼里泛光。

厨房用品主题

厨房主题也深受孩子喜欢。现在市面上有很多适合孩子练习的小厨具。选择时一定要确保安全、卫生。另外，绝对不能给孩子提供非常小且有危险的、尖锐的小厨具，以及任何可能伤害孩子的或者会脱色的小厨具。

开始爬行的宝宝正处于口欲期，他们什么都要放进口中探索，非常容易吞咽一些小的东西。如果我们需要提供给孩子一些小的物品，比如豆子，我们可以将豆子装在容器里给孩子探索，并且一定要确保大人在身边照看。成人绝对不能在旁边玩手机或者走开。“误吞异物”常年位居孩子意外死亡原因的榜首。这类事情真的非常容易发生。如果不幸这件事情真的发生了，请立刻就医。

如果来不及送医，家长可紧急采取拍背法或者压胸法，使异物排出（针对1岁以下的宝宝），即施救者取坐位或者单膝跪在地上，将婴儿放在施救者的膝盖上，让婴儿脸朝下趴在前臂上，并使其头部稍低于胸部，用手撑住婴儿的头部和下颌，施救者要将前臂撑在大腿上，用另一只手的掌根用力在婴儿肩胛骨中间的部位拍打5次，并观察婴儿是否将异物吐出。如拍背法没有将异物排出，再将婴儿小心翻正托在前臂上，注意托住婴儿的头部和颈部，保持婴儿头部低于胸部，用另一只手的食指和中指按压婴儿胸骨下部，压5次。拍背与压胸可重复进行，一直做到气管阻塞解除。如果婴儿失去反应，则立即给婴儿进行心肺复苏。

玩耍时间结束之后，成人在孩子面前示范如何将玩具放入收纳篮。还不具备行动能力的孩子通过看成人如何做，逐渐培养完成一项工作就收纳整理的习惯。通过探索篮逐步培养孩子独立的收纳能力。当然，这需要一段时间。任何习惯的养成都不可能短时间见效。成人要坚持示范，通过一次一次地重复来强化孩子做事的秩序，帮助其形成习惯。

第 54 问：如何动手做一个新生儿视觉吊饰？

问：我看见很多蒙氏宝宝的婴儿房里都有各式各样的视觉吊饰，如果想自己动手制作，该怎样做呢？

蒙特梭利新生儿的视觉吊饰，材质轻盈，适合悬挂在孩子眼睛斜前方30cm左右的高度。随着孩子月龄的增加，距离也可以相应地增加。即使是室内细微的空气流动，它们也能自主地移动，方便孩子练习双眼聚焦能力。

黑白吊饰适合新生儿的视觉能力。一些彩色吊饰有不同的几何体形状和颜色，为孩子的色彩区分能力和深度知觉提供发展契机。这些吊饰简洁美观，轻盈灵动，能让孩子和成人静下心来。

我们挑选美观灵动又简易的一种吊饰——跳舞小人（Dancer），手把手教你制作，这可能是你送给宝宝的第一份自己亲手制作的礼物哦！

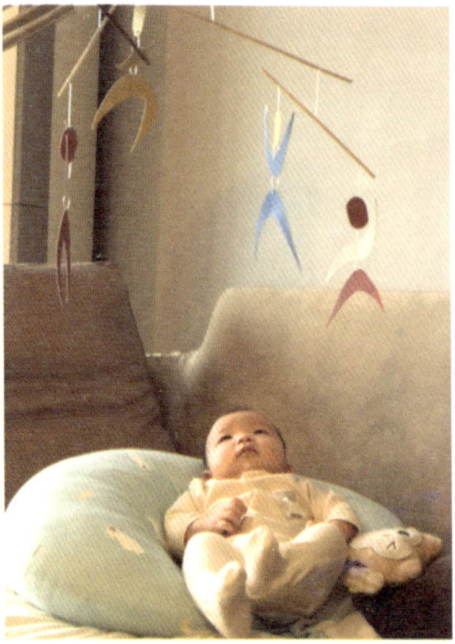

三个月的宝宝专注地看吊饰

跳舞小人吊饰

吊饰名称：跳舞小人

适合孩子的月龄：2~3月

所需材料：

金葱海绵纸/全息纸（如果是单面，将两张粘贴在一起）；

1根长木棍，直径4mm左右，长40cm左右（树枝也可以）；

2根短木棍，直径4mm左右，长20cm左右；

1卷透明的钓鱼线；

1张模板纸（扫描二维码下载）。

“跳舞小人”
制作过程及模板

制作工具：胶棒、剪刀、铅笔、橡皮擦、玻璃胶、打孔笔（尖嘴笔）、软尺。

制作方法	
1. 将1张图案模板纸放在粘好的两张颜色不同的金葱海绵纸上，用尖嘴笔描画图纸，把形状印在彩色的金葱海绵纸上。标记出需要打孔的点。 备注：还有一种方式，将模板剪下，再在金葱海绵纸上用铅笔描轮廓，也是很容易操作的。或者用胶棒将模板纸贴在金葱海绵纸上，不要贴太紧，一起剪下，再移除模板纸，清理掉胶的痕迹	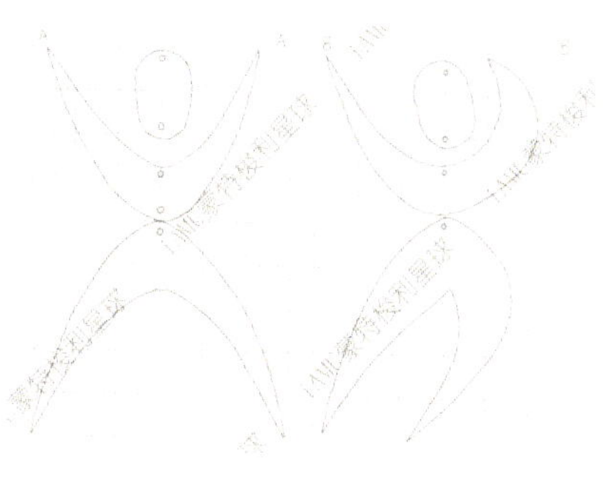

制作方法	
2. 拿走图纸，在彩色金葱海绵纸上，沿着轮廓剪开。根据图纸上的ABCD，将剪下来的部分分成4份，每一份拼成一个舞者	
3. 用打孔笔戳小洞，目的是方便穿线悬挂	
4. 将三个部件两两用针线穿在一起。每个身体部位之间的间距为1cm。顶部留足够长的线以便悬挂	
5. 用同样的方法制作另外三个舞者	

<table>
<tr><th colspan="2">制作方法</th></tr>
<tr><td colspan="2">悬挂吊饰</td></tr>
<tr><td>1. 用钓鱼线将每个舞者连接到短木棍上，头部距离木棍的长度约5cm，用玻璃胶固定连接点。
2. 在短木棍的中间绑一段线，连接到长木棍的一端。在短木棍的中点，打一个活结，方便调节其位置。
3. 在长木棍的两个端点，用胶固定和短木棍的连接点。
4. 在长木棍的中间绑一段双股的钓鱼线，建议大家系一个活结，双股的绳子是用于悬挂整个吊饰的</td><td>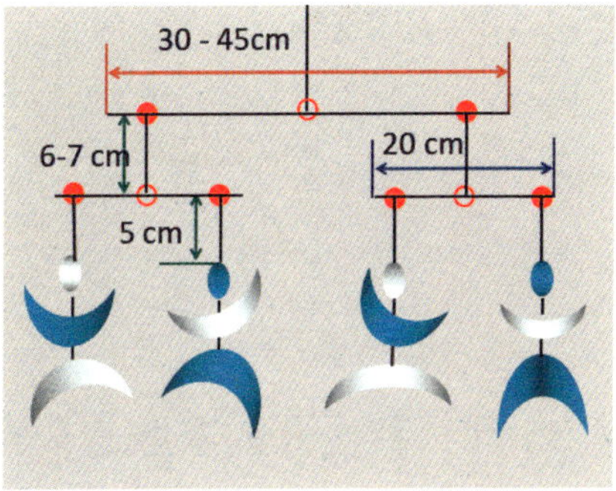</td></tr>
</table>

这样，一个轻盈灵动的“跳舞小人”吊饰就做好啦！因为钓鱼线是透明的，从孩子的角度看上去，就像是飘动在空中的小人翩翩起舞一样。

爸爸妈妈需要注意：“跳舞小人”是由金葱海绵纸制作的吊饰，可能会反光，要避免挂在阳光照射的地方，以保护孩子的眼睛；“跳舞小人”属于平面图案的吊饰，不能悬挂在孩子眼睛的正上方，要悬挂在斜上方，便于孩子看到图案。除了“跳舞小人”，还可以制作其他主题（在真实的世界中可以飘动或者飞翔）的吊饰，例如飞机、树叶、蝴蝶、燕子等。

可购买的吊饰

第55问：新生儿的衣服怎么穿？

问：长辈常说奶娃娃要穿厚点，怕着凉，穿袜子戴手套，晚上还要裹襁褓。但一些育儿书又说宝宝要和爸爸妈妈穿得一样多。真不知道该听谁的。市面上，新生儿衣服品种丰富，真是挑花了眼。到底我的宝宝应该如何穿衣服呢？

准妈妈怀胎十月，肚里的孩子已经非常熟悉妈妈的子宫带来的舒适、温暖和安全感。当他们来到这个陌生的世界，离开了羊水的包裹和子宫的庇护，不得不“暴露”在空气中，这对他们而言，是一生中的巨大变化。

“适应”新环境，是需要我们协助孩子尽快完成的。给新生儿选择合适的衣物，就是家长帮助宝宝适应新环境的积极行为之一。

当孩子来到人类社会，就要在衣物的遮蔽下生活。这是最基本的“适应”。新生儿的衣物，一方面，要满足保持身体温度的基本需求；另一方面，合适的衣物可以带来一定的包裹感，让孩子觉得安全。

新生儿衣物选择的原则

在生命初期，孩子尚不具备调节体温的能力，需要成人帮助，要保证孩子的身体是温暖的。通常，新生儿的房间应是恒温的。考虑一天中室外气温的变化，我们需要时时检查宝宝的衣服是否合适。触摸和感觉孩子的后颈、手和脚是否温暖。几周后，孩子们的体温调节能力有所提高，爸爸妈妈就不用太过担心了。

新生儿没有太多的自主运动，但他们有频繁的反射运动，如挥动手臂、踢腿、蹬腿等。随着大脑的发育，新生儿开始观察、探索手部，这个时候孩子的手需要“暴露”，以便配合大脑的发育。

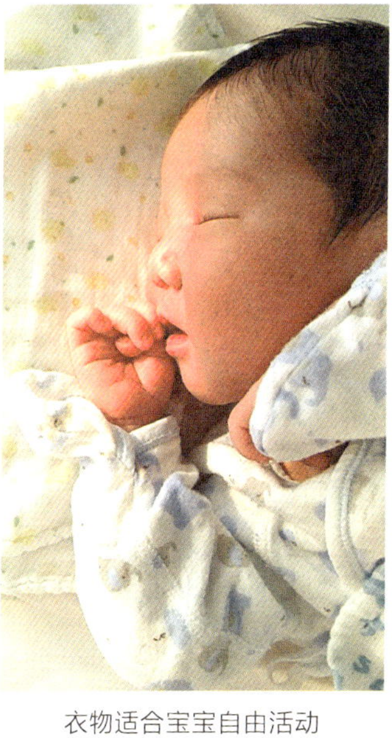
衣物适合宝宝自由活动

蒙特梭利新生儿的穿衣法则

蒙特梭利婴幼儿教育理念提倡使用“三层衣物法”（上半身）。总结起来就是：贴身——无袖内衣；中间——长袖内衣；外层——长袖外衣。

这三种衣物，特别是贴身穿的内衣，要选择材质天然且符合接触新生儿皮肤的安全标准。在北方比较寒冷的地区，妈妈们可以选取厚实的精梳棉。在温暖的地区，可以选择轻薄透气的棉质面料或桑蚕丝。衣物的剪裁，特别是腋下部分，要注意不要有线缝和线头。新生儿的衣物要非常舒适，避免引起宝宝不适。衣服整体的接缝尽可能少，尽量选择无骨接缝的。如有接缝，选择接缝朝外的。

新生儿还不会翻身，其内衣主要是用来保护宝宝的躯干。贴身内衣的两片衣襟可以交叉重叠于孩子胸腹前，不需要绑带或纽扣，最好选择无袖内衣，方便穿脱。内衣的领口可以稍微高一点，利于颈部保暖。

开始翻身和爬行的孩子，中间层推荐选择裆部有兜底的长袖内衣，便于固定尿布。

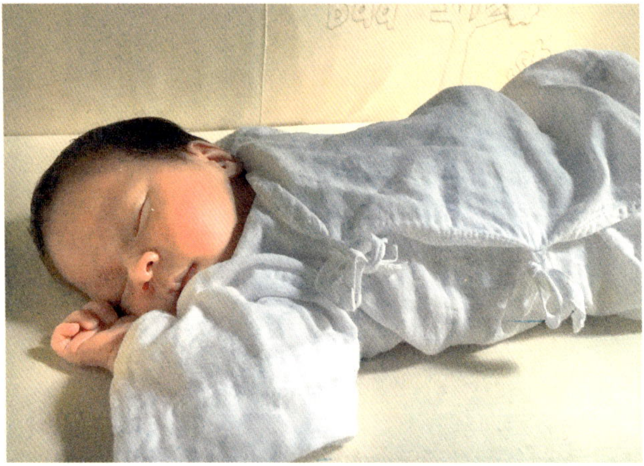

新生儿外衣的系带在侧面

长袖外衣的材质，在寒冷地区可选用细羊毛，而温暖地区可采用棉质。外衣的两片衣襟重叠起来保护胸腹部。绑带或者纽扣要设计在身体侧面，方便孩子俯卧运动。虽然是外衣，接缝还是尽量在外面，避免宝宝感觉不适。开始翻身和爬行的孩子，推荐连体衣款式。

无袖贴身内衣　　中层长袖内衣　　长袖外衣

需要注意的是："三层穿衣法"并不是一定要给宝宝穿三层，宝爸宝妈可以视情况，根据宝宝需求调整；要选择具有延展性的面料，可以更好地配合孩子运动或进食；三层衣物都要选择开衫样式，在穿之前，可以将三件套在一起，一次性给孩子穿上；新生儿的手臂相对较短，直接购买的上衣需要稍加修改，才能给宝宝穿；如果购买的衣物表面绑带、扣子等配件太多，可以拆除一些，以免阻碍孩子运动与穿脱。

【下半身衣物】

1. 尿布

建议使用可多次清洗的棉质尿布。需要注意的是，靠近大腿内侧的尿布尽量薄，不能妨碍孩子腿部的运动。不推荐使用一次性尿不湿，一方面，它会对环境造成极大的代谢压力；另一方面，尿不湿无法给孩子自然的"我尿尿了，所以湿了"的生理反馈，时刻保持干爽的假象，不利于孩子建立完整且正确的对身体的认知，也延迟了孩子进行如厕练习的时间。

2. 袜子

建议在气温合适的情况下，尽量“裸露”孩子的下肢，以方便孩子运动和更换尿布。如果需要保暖，可以给新生儿盖一条轻便的小毯子，以不影响腿部的活动为宜。

老人常说：“寒凉从脚起。”通常父母会比较重视孩子腿部的保暖。建议给新生儿下肢穿袜子而不是裤子。袜子比裤子更方便穿脱，而且不会阻碍下肢运动。建议选择纯棉材质的长款袜，最好露出孩子的脚，方便他们运动。

【其他衣物】

1. 睡袋

尽管新生儿大部分时间都在睡觉，我们也可以通过衣物帮助他们区分白天和夜晚。在夜间入睡前，给孩子换上睡袋。这个小小的仪式会让孩子知道接下来是正式睡觉的时间了，是不同于白天的小睡的。

睡袋可以选用连腿式或分腿式。前者更适合小月龄（0~4月）的孩子，而分腿式的睡袋更适合会翻身的孩子。需要注意的是，分腿式的睡袋要选择可以露出孩子脚部的。我们可以给宝宝穿上袜子保暖，但必须确保孩子的活动不受限制。

2. 帽子

一方面，新生儿身体的汗腺发育还不完善，他们主要依靠头部散热。年龄越小的孩子，头部散热的作用越明显。因此，当气温较低时，我们可以选择天然材质且柔软舒适的帽子，为孩子做好头部保暖。

另一方面，新生儿的头皮薄弱，除了保暖外，还要考虑避免孩子头部被强烈阳光直接照射。在夏季或紫外线强烈时，建议选择材质天然且轻薄的帽子，为孩子遮挡直射的阳光。

综上所述，我们为娇嫩的新生儿选择衣物，都是为了协助他们更好地“适应”离开母体子宫的新环境。保暖、舒适、不阻碍运动，这三个要点，你了解了吗？

第 56 问：爬行期宝宝的穿衣法则有哪些？

问：前面我们了解了如何协助新生儿通过衣物更好地适应环境。那么，宝宝在开始翻身和爬行阶段，我们又该如何给孩子选择合适的衣服呢？

当宝宝开始进入大肢体运动快速发展的爬行期，我们对其衣物的选择也不同。这个阶段，衣物的重要作用是“辅助孩子大运动的发展”。下面我们一起来回顾，从宝宝翻身开始，要经历哪些运动发展阶段，最终实现独立行走？

以下月龄仅供参考，依据每个孩子大运动发展水平略有不同：

4~6月龄：翻身、匍匐、有支撑地坐；

7~9月龄：独立坐、四肢爬行；

10~11月龄：拉起、扶站；

12~14月龄：扶走、独立走。

为了协助以上一系列大肢体运动的自然发展，为不同月龄孩子选择衣物，需要注意以下方面。

一、4~6月龄：翻身、匍匐、有支撑地坐

孩子的下半身可选择长度在膝盖以上的短裤。

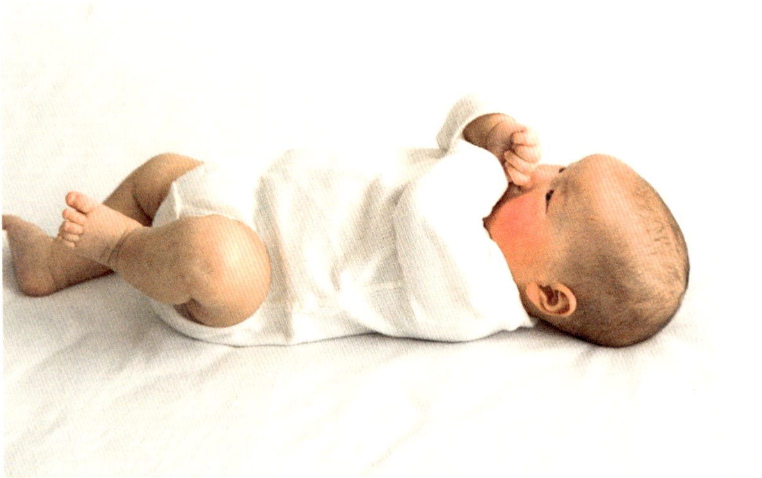

衣物不妨碍宝宝活动

这个阶段的孩子经常俯卧或趴着，短裤方便孩子更好地感知身体与地面的接触，借助摩擦练习爬行。

建议赤脚，以便孩子能够使用脚趾的牵引功能。如有必要穿袜子，可使用防滑袜。

当孩子可以翻身了，应选择适合孩子翻身的衣服，不造成运动阻碍。连体衣是不错的选择。

二、7~9月龄：独立坐、四肢爬行

建议宝宝穿不过膝的短裤。

孩子会大量练习坐姿和爬行姿势，上衣要足够长，保护腹部。

短裤和光脚利于爬行期的孩子借助摩擦力活动

不建议选择连衣裙、半身裙或背带裤等容易造成运动阻碍的衣物。每一位父母都期望自己的孩子能够建立起良好的自信心和自尊心。当孩子们想去任何地方，他们都可以靠自己实现。孩子拥有“我能自己做到”的态度，就拥有了建立自信心和自尊心的基础。

三、10~11月龄：拉起、扶站

“拉起”可能在宝宝会爬后很快就会发生，这取决于孩子的肌肉发育。不同的孩子拉起的时间不同。这个阶段的孩子喜欢练习拉起自己又坐下，再拉起，再坐下。他们可能抓住任何物体来拉起自己。

11个月的杰西

不要选择任何可能阻碍孩子上下运动的衣物，例如连衣裙、半身裙、背带裤或过长的T恤。

孩子上衣的袖子不能太紧，以免限制手臂的运动。

可以赤脚或穿防滑鞋、防滑袜套。

四、12~14月龄：扶走、独立走

学步儿的衣物松紧适合运动（13个月的杰西）

孩子开始学习穿脱下半身的衣物。

选择有松紧带的裤子，而不使用腰带，方便孩子穿脱。

上衣不要过长，以免孩子如厕时弄湿衣襟。

爬行期孩子衣物选择的主要原则是“协助孩子的大运动发展”。当孩子能够独立行走，进入“学步儿”时期，衣物就需要“协助孩子独立”。站立起来的孩子，视野更开阔。衣物不能阻碍他们的肢体运动。在新生儿时期和爬行期，孩子在很大程度上依赖成人完成衣物的穿脱。而在学步儿时期，孩子需要在成人的示范和协助下，更多地参与这一照顾自己的基本活动。孩子们需要离开大人独立探索世界，自己能够独立穿脱和整理自己的衣物。这样的独立，滋养着孩子的自尊心和自信心，同时也能逐渐解放照料者，让他们有更多自己的时间和空间。

第57问：音乐可以让宝宝更快乐吗？

问：音乐对宝宝的发展肯定有利，但具体好在哪呢？在家里如何跟宝宝分享音乐的美妙呢？小宝宝是不是只能听儿歌？他们吃饭、睡觉时能不能播放音乐？

音乐是生活的重要组成部分。世界各地的每个角落都有音乐。从古至今，不同种族、地域和信仰的人都用音乐表达自己的情感和价值观。音乐，似乎本来就应该与人类自然和谐且长久地共存。

我们为孩子设置的早期家庭环境中，音乐作为看不见的环境的一部分，不可或缺。

音乐能促进宝宝大脑发育。准妈妈怀孕4~5个月时，肚子里的宝宝就能够听到外界的声音了。他们能听到妈妈的声音、心跳等母体内的声音，以及外界的各种声响。法国著名的耳鼻喉科专家、听觉—心理—音位训练方法的创始人阿尔弗雷德·托马提斯发现了耳神经与声音之间的关系。从孕期开始的听觉刺激点燃了孩子整个大脑神经系统的发育。音乐能促进大脑健康发育，使人放松身心，具有很强的情绪感染力。贝多芬说过："音乐是比一切智慧、一切哲学更高的启示。"不同阶段的孩子适合听哪些方面的音乐？我们怎样才能使孩子喜欢音乐，学会欣赏音乐呢？

一、孕期

孕期最好的音乐是父母的歌声。我们建议准父母为宝宝准备一首专属歌曲，在和肚子里宝宝交流的时候反复歌唱，让他感受到被爱、被期待和被接纳。当宝宝出生后，他可以识别这首歌。熟悉的旋律和声音，是孩子安全感的一个参照点。

准妈妈在孕期歌唱可以释放负面的情绪和压力，缓解怀孕的不适，有助于轻松分娩。

二、宝宝出生后

1. 父母的歌声是最好的音乐

新生儿还不能理解语言的内容，但他们喜欢优美的、有旋律的、节奏简单的声音。如果可以，尽可能多地在家庭中分享音乐，甚至可以将你对孩子说的话唱出来。不要担心你唱得不好或嗓音不够优美，家庭中歌声流动，就是爱意流动。

在孩子幼年时期，孩子会聆听很多的童谣和摇篮曲。它们简单地重复优美的旋律和节奏，配合成人摇摆的动作，通常能有效地安抚烦躁的宝宝。经典的童谣传递了代际间的文化。在你小时候，妈妈给你哼唱的摇篮曲，现在你也可以唱给你的孩子听。

2. 宝宝应该体验由人或乐器产生的音乐

如果你或其他家庭成员会演奏乐器，那就在孩子面前演奏，让孩子好奇乐器是如何发出声音的。在安全的前提下，鼓励孩子触碰乐器。他可以按一按琴键或拨弄琴弦，体会不同声音的奇妙。当你带孩子去公园散步时，也可能碰到演奏乐器的成人。停下脚步，让孩子静静聆听，感受音乐的美好吧！

虽然我们不可能把整个管弦乐队都请来，但可以通过电子设备让孩子感受不同乐器的声响，欣赏不同类型的音乐。

3. 与孩子分享不同形式的音乐

除了儿歌，我们还可以与孩子分享不同形式的音乐，对孩子的阅读能力和记忆力的提高非常有帮助。例如：

格列高利圣咏，低沉的男声合唱，能够给宝宝带来力量，营造安静的氛围，缓解压力。

慢板的巴洛克音乐，如巴赫、亨德尔的音乐。这类音乐可以激发创造力。

古典乐，如海顿、莫扎特的音乐。古典乐旋律优美，情感丰富，能与儿童内心的情感产生共鸣。

浪漫主义音乐，如舒伯特、肖邦与李斯特的音乐。浪漫主义音乐强调个人的情感与幻想，让人感受到自由、奔放的力量。

中国古乐。中华民族古老的乐曲与大自然紧密结合，宝宝能够从中感受到智慧。

可供孩子欣赏的音乐类型有很多，但是考虑到孩子的年龄特点，要注意避免以下两种情况：

（1）避免让宝宝听重金属摇滚乐。过强的重低音和节奏可能对孩子心脏和循环系统造成损害，影响宝宝身心健康；

（2）避免让宝宝听一直循环播放的节奏较快的乐曲。例如节假日的商场、超市等地方经常重复播放一首主题曲。无休止地重复可能令人精神压抑，感觉烦躁。

4. 适当地使用音乐

音乐能陶冶情操，激发人的创造力，让紧张的情绪得以舒缓，令人身心放松。对孩子而言，通过音乐，他们能够受到美的熏陶。既然音乐对人益处多多，那么，我们是不是应该随时放音乐给孩子磨耳朵呢？当然不是！

音乐是人类的艺术和智慧，我们应该和孩子一起专注地欣赏音乐，而不是将音乐当作可有可无的背景。

对于成人而言，进餐时的背景轻音乐或许可以营造舒适的进餐氛围，令人食欲大增；工作时播放音乐或许可以让我们排除干扰，专注手上的工作。

但年幼的孩子身心还处于发展的过程中，我们不希望他们将本应独立进行或自然发生的事情，例如睡觉、进食、玩耍、如厕等，与音乐产生必然的联系。如果孩子在很小的时候就习惯听歌才能进行这些必需活动，那么，他长大后。想要脱离这样的环境或者摆脱这样的依赖，需要花很长的时间，并承受改变的痛苦。

其实，形成一个好的习惯远比改掉一个坏习惯容易。

第58问：每个孩子都是天生的艺术家吗？

问：艺术听起来高大上，普通家庭如何让孩子从小接受艺术的熏陶呢？

“艺术元素”，这里指可以呈现在家庭环境中的视觉欣赏艺术品，如吊饰、绘画、照片、雕塑等，以及孩子能参与或部分参与的艺术创作。环境中的装饰品，一方面辅助孩子视觉系统的发展，包括视力、聚焦能力和颜色辨别能力；另一方面，它们是孩子审美的基础。艺术创作需要身体协同的动作，为既独立又关联的大脑两个半球的整合提供了可能性。

进行手指画的宝宝

一、如何添加被动的艺术元素？

从眼科医生的角度，为了不阻碍宝宝的视觉系统发展，在新生儿还不能自主转动头部的时候，爸爸妈妈们需要避免让宝宝眼前出现固定不动的物品，如婴儿床的围栏。如果宝宝被迫长时间只能看到某一个物品，疲累后又无法自主挪动头部移开视线，将对视觉系统的发育造成负面影响。

结合前面我们介绍过的如何为孩子设置家庭环境的四个功能区域，我们如何添加艺术元素呢？例如在活动区，可以悬挂制作精良的视觉吊饰。黑白吊饰和渐变色吊饰能给处于视觉能力发展中的孩子适宜的刺激。当孩子可以自主转动头时，我们可以在这四个区域孩子视力能及的高度，张贴一些高质量的艺术画作或照片。建议选择以下作品：

（1）熟悉的家人的照片；

（2）真实、美好的摄影作品，如一些涉及自然风景、可爱的动物或积极的社会活动的摄影作品；

（3）具有民族特色或中国风的作品，如中国的水墨画、木版画等；

（4）名师的经典画作。

选择作品时要注意以下几点：

（1）作品的主题和内容一定要积极、阳光，才会让宝宝产生愉快的情绪体验；避免可能令宝宝产生恐惧感的艺术作品，以及卡通漫画等艺术作品；

（2）展示的绘画作品大小适中，可以是25cm×30cm，悬挂在孩子能看到的高度；

（3）可以在孩子活动的区域，选择摆放材质安全又具有文化特色的雕塑作品，例如木雕、银雕等；这些艺术品不仅具有很高的欣赏价值，让孩子感受到美，而且带给孩子丰富的感官体验；

（4）保证展示作品的清洁和安全。

除上述提到的作品，孩子的涂鸦画也是不错的房间装饰品。

以杰西的涂鸦画制作的房间装饰画

二、如何添加主动的艺术元素？

1. 进行艺术活动的家人

如果你和家人喜欢绘画、雕刻、泥塑等艺术活动，在孩子独自玩耍的时候，你可以在一旁专注并享受自己的艺术创作过程。这就是主动为孩子的环境融入艺术元素。在这个过程中，孩子不仅意识到艺术作品是由人创作的，还有可能去摸一摸你的画笔，感受陶土的质感。在吸收性心智的作用下，孩子会知道你是如何进行艺术创作的。

你可以将孩子抱在膝上，给他介绍用品的名称、颜色，甚至分享你创作的想法和感受。别担心孩子太小听不懂，这样的“耳濡目染”对孩子而言非常可贵。这是将你特有的品质传承给下一代的重要方式。作品完成后，你可以和孩子一起将作品放在家中进行装饰，他会一直记得这个作品出自你。当你小心地呵护你的作品，孩子也会形成珍视劳动成果的价值观。如果是易碎品，在孩子能够控制好自己的身体之前，还是将它放在孩子够不到的地方，确保孩子安全。

换一个角度看，在辛苦的带娃生活中，这样的闲适时光十分难得，也让你有机会关心自己，享受美好时光。

先滋养自己，你才有能力去滋养孩子。

申妈陪同昭昭玩手指画

2. 为孩子创造艺术提供可能

当孩子能够独立地坐，且能够有意识地抓握住物品并进行简单的运动时，我们就可以提供适当的材料和用品让孩子进行创作了。

我们可以从自制的“颜色小球”开始，简单地将面粉、水和食用色素混合，你就可以和孩子一起探索颜色的奥秘了。捏捏拍拍，看似简单的动作，却可以带给孩子不同的触觉刺激，也为其手指精细能力的发展提供机会。

用面粉和食用色素制成的橡皮泥小球

这个阶段，孩子还处于无意识状态，他们不会有目标地画画，也没有构图和使用色彩的能力，我们称这样的画画为“涂鸦”。涂鸦是人类绘画发展的自然步骤。孩子在没有受到鼓励或有人教授的情况下自己随意进行的艺术活动，我们称之为“自主学习的艺术”。真正的“涂鸦”大约在孩子18个月时出现。这个时候的孩子开始形成“我在画画”的意识。

更小的孩子也能够握着画笔涂涂画画甚至拍拍打打，他们在探索自己的不同动作，可以使得画纸上出现不同的颜色和图案，获得视觉上的反馈，然后不断地重复。这个过程对孩子而言，主要是获得感官体验的过程。蒙特梭利指出：“对感官的训练是获得更高水平的环境感知能力的方法。通过这样的方式，孩子能够更好地利用它。”蒙特梭利在《吸收性心智》中指出：“将感官活动视为探索世界的工作，它‘开启了知识的大门’。”任何形式的艺术似乎都有助于训练感官。

你需要提供的物品很简单：

（1）一套适合孩子身材的桌椅或画架；

（2）足够大的纸张，白色和其他浅色的纸张都可以；

（3）安全无毒的画笔。

对于精细动作还没发展完全的婴幼儿，短粗的三角油画棒是不错的选择。控制数量和颜色，每次给宝宝提供1~2支笔即可。

无需苦恼你要如何“教”孩子画画，涂鸦是人类与生俱来的能力。你只需要示范如何用笔在纸上制造出痕迹就可以了，然后将材料和时间都留给孩子。千万不要画具象的东西，或者提前说我们来画个什么。毕加索曾经说过：“我花了四年的时间画得像拉斐尔一样，但用一生的时间，才能像孩子一样画画。”你确定你可以做孩子的老师吗？

评价孩子的画作时，不建议成人问孩子画的是什么，然后评价像不像或者一定要为作品取一个名字。这个年龄段的孩子更需要探索和实践的过程，画作的结果他们通常是不在意的。当孩子年龄大一点了，如果他们拿着画作与你分享，你只需要真诚客观地说出你看到的，比如“你用了红色”“我看到这里有一个圆圈”。当然你也可以表达对画作的喜爱，但习惯性且漫无缘由的赞美是不必要的，例如“你真棒！”“你太厉害了。”

年幼的孩子都是自发并带着巨大的热情和兴趣进行这些活动的。我们希望他们保持学习探索的动力，而不是因为成人的意见去做。因此，在你忍不住要介入孩子的活动前，问一问自己，“自主学习能力”和“独立”是否是你期待孩子受益终身的品质？如果是，请退后，静静观察，惊叹孩子无比卓越的能力吧！

第59问：陪宝宝玩耍时如何与他互动？

问：花了很多钱买了很多玩具给宝宝，但每个玩具宝宝都玩不了几分钟就会找我，要我陪着一起玩。在陪宝宝玩的过程中，我应该如何引导才好呢？

孩子并不是天生就懂得如何使用环境中的物品，所以，成人要基于观察，给孩子进行示范。

适合不同阶段的孩子的发展物品很多，我们要有针对性地选择，并让他们知道如何使用。这样一来，成人的示范就显得非常重要。通过成人的示范，他们能“依葫芦画瓢”，自己操作。例如，我们在日常生活中示范如何打开门，如何扔一个球等。

申妈给昭昭做示范

以下是我们给孩子做示范的一些要领：

（1）给孩子展示时，自然地切入，并确保他们可以看到你。我们可以通过简单的话语来吸引孩子的注意力，比如“看我怎么……”“让我告诉你怎么……”

（2）如果你想孩子能跟随你一起玩，直接发出邀请而不是询问他们的意见。如果你问“你是否愿意……？”“你要不要……？”那么孩子就有拒绝你的可能。我们就用简单肯定的句子邀请他们，比如“是时候做……”“请跟我来，我们一起……”“我需要你的帮助……”“我给你看一些新东西。”

（3）当你给孩子示范如何操作的时候，需要表现出对这个活动的兴趣。用简洁的动作展示如何做。尽快让孩子参与进来。这个阶段的孩子都是不耐烦的探索家，他们不会乖乖地等着看你完整地演示，而需要马上自己做。否则他们就可能失去兴趣，直接离开。

（4）这个年龄段的孩子处于语言敏感期，我们要向他们介绍每个物品的名称，关键动作的名称，并用简洁的语言引导他们，不断重复。例如，“这是一个球。”“看，套上去。”需要注意，我们说话的同时不做动作，做动作的时候不说话。让孩子清楚知道你要说的话，或者专注于你手上的动作。

（5）尽管爬行期的孩子还不能走路，我们也有必要向他们展示使用物品的规则和礼仪。你需要让孩子看到你从哪里拿出物品，如何安全地拿物品，如何将物品移动到桌子上，如何放下，使用后如何整理并将物品放回原处。这样重复多次的示范，会让孩子在认知中建立起使用物品的规律，养成“从哪里拿放回哪里”的好习惯。一开始是成人来做，孩子看。当孩子逐渐开始走路，你可以请他尝试参与部分“取出”和“放回”的过程，直到他能够独立完成。

（6）一般来说，如果坐在孩子旁边，让孩子坐在你的非惯用手的一侧或者和孩子面对面地坐，尤其是在集体活动中。我们的原则是让孩子处于能够看清楚你的动作的位置。

（7）当你示范时，尽量让孩子参与。比如给他一个东西，让他帮忙拿着。当你结束示范，积极地邀请他来尝试：“现在你来试一试。”

（8）不强迫孩子探索某个物品，也不强迫孩子用你示范的方式探索物品。孩子的兴趣是他探索的主导，而不是你认为的“应该”。

（9）当孩子独立操作时，你需要退后，观察孩子和物品互动的情况。时刻记得，如果孩子在某件事情上做错了三次，那就很可能是我们的错。我们需要观察和判断：这个物品是否适合孩子？孩子是不是感兴趣？是不是太简单或太复杂？是不是需要再示范一次？

（10）在孩子专注且独立地进行操作时，务必管好你的手和嘴。我们要给孩子提供专注探索的时间，这对他们学习能力的提高很重要。很多家长，因为太爱孩子，总习惯“关心孩子”，这样其实是在打断孩子，例如“你在玩什么呀？”“这个可以这样玩。”“来，宝贝喝点水。”

孩子天生就有专注的能力，我们教导不了，不去破坏，就是最好的“早教”。

当然，如果孩子出现危险行为，如伤害物品、伤害他人或自己，我们就必须马上介入。用正向的语言和示范再次告诉他们什么是适宜的行为。其他时间，请你放轻松，静静地待在孩子身后，做好观察吧！

（11）如果孩子在探索中遇到挫折，面对挫折，孩子的反应会不同。有的孩子可能因此发脾气，他们需要情绪和感受被认可。此时，只需要告诉孩子：“我在这里陪你。”你的态度会帮助孩子尽快平复，并且让他意识到这样的挑衅行为是没有用的。等他平静下来，你可以再次示范一次。

一开始，孩子们只能在小范围内移动，玩具可以放在他们努力一点就能拿到的距离，而不是紧挨着身边，或者远到他们没有兴趣去拿。当孩子可以敏捷地用四肢爬行时，他们可以被允许去往更多的房间。我们可以在每一个房间或者区域放置3~5种物品，鼓励他们爬行和探索。但前提依旧是确保你允许孩子进入的空间是安全的。

在宝宝非常年幼的阶段，玩具是他们探索和认知世界的媒介，而成人正确合适地引导，是他们生理和心理发展的最好助力。你，就是孩子最好的玩具！

第60问：如何培养孩子的优雅与礼仪？

问：商场、机场、酒店、游乐园……只要有孩子出入的公共场合，就一定会遇到“熊孩子”。有的随地大小便，有的大吼大叫，有的破坏东西……这样的新闻屡见不鲜。虽然现在宝宝还小，但不希望宝宝长大以后成为这样的“熊孩子”，我该如何从小培养孩子的优雅与礼仪呢？

相信你一定在小区、商场或餐厅看到过这样的画面：

孩子想玩，不想回家，大人“威逼利诱”，却没有任何效果；

孩子发脾气，骂脏话，甚至与其他小朋友打架；

孩子哭闹着要买玩具，大人拒绝，孩子就在地上撒泼打滚，大人碍于面子，不得不满足孩子的无理要求或者当街教训孩子；

孩子不想吃饭，大人求着、哄着、追着喂，或者让孩子坐在屏幕前看动画片，趁其不备塞一口饭到孩子嘴里。

很多家长意识到这样的行为不好，但通常的回应是：“没办法，这孩子就这样。”

孩子真的就是这样吗？

我们承认并尊重孩子与生俱来的潜能，他们的发展是顺应自然规律的。但孩子并不是生下来就知道什么该做什么不该做。特别在社会行为方面，他们需要模仿成人的言行，需要获得成人的反馈，然后逐步建立自己的行为准则，形成自己的行为模式。

最有效和轻松的方法，就是从孩子婴幼儿时期，就开始建立清晰的规则，并让他们看到成人礼貌的言行。

我们都希望自己的孩子言行举止得体，在群体中受欢迎被接纳。但孩子的社会行为，并不是与生俱来的，而需要成人为其创建可以模仿的言行环境。这个“软环境”是最难实现的部分。它不是物质环境，不是简单地“买买买”就能形成。要求我们成人自律，帮助孩子逐渐地建立好的行为习惯。

“优雅与礼仪”是蒙特梭利教育对社会行为的练习。

我们希望通过成人的模范作用，让孩子能习得被自己所在的社会群体认可和接纳的言行。在家庭生活中，成人需要意识到自己的行为举止时刻被孩子模仿和学习。你期望你的孩子如何做，你首先就要变成那样的人。

“优雅与礼仪”包含两个层面的含义。

外显的“礼仪”

简单来说，礼仪就是“文明礼貌”。从基本的“谢谢、请、对不起”，到更高层面的尊重、友善和共情。这些人类特有的高级品质，孩子无法从天生带来而是需要从环境中通过成人的示范来习得。

如果你不想孩子在家里大呼小叫，那么请你每次和他人说话时都轻言细语；如果你希望孩子形成良好的用餐礼仪，那么请你先留意自己用餐时的表现，是否含着食物说话？是否餐具发出了较大的声响？是否吃完后收拾好自己的用餐区域？如果想孩子认真听你讲话，请想一想自己有没有一边刷手机一边回应孩子？

你应该明白了，我们的要求并不指向孩子，而是成人自己。

内化的“优雅”

礼仪，不仅仅指行为举止得当，彬彬有礼，它要求我们的内心真正认可并践行，也就是“知行合一”。

当我们认为这样做是对的，我们自然就会按照符合这样价值观的方式行动。如果我们尊重生命，我们自然不会伤害弱小的动植物；如果我们爱惜地球，我们自然不会乱扔垃圾；如果我们反对暴力，我们自然会冷静有效地和他人沟通。

当然，孩子模仿学习的渠道有很多，比如电视、身边的他人，孩子学习速度很快，学会不好的行为速度更快。很多不好的语言和行为并不一定是从父母身上学到的，不能说只要孩子有不文明的行为都是父母的错。孩子的成长是一个错综复杂的过程，但是父母对孩子的影响无疑是最深远的。孩子的成长是一个既缓慢又快速的过程，每个孩子在其成长过程中一定会不停地犯错，成人也是如此。

孩子是成人的镜子，是父母开启第二次人生成长的契机。虽然我们大多数人在学校中没有专门学过“优雅”与“礼仪”，但它确实是人生的必修课。不需要担心犯错，不需要逼迫自己完美，只有你谦卑地从孩子身上看到自己，保持自觉自省且能够做出相应的调整，你就是终身学习的“蒙特梭利父母”。当你觉得孩子做得不好的时候，抱一抱你的孩子，对他们说，“我也是第一次学习做父母，我们一起学习如何变得更好，好吗？”

第三章　做一个幸福的新手妈妈

Part1　准妈妈的自我修养

第 61 问：育儿是一件很私人的事吗？

问：自从备孕以来，就接触了很多自己过去从来没有了解过的育儿理念，比如说蒙特梭利、华德福、瑞吉欧、高瞻课程、正面管教等，每种教育理念都有自己的独特之处。比如有的育儿理念认为，孩子哭了就要赶紧去抱，被积极响应的孩子心理安全感足；有的育儿理念又认为不能样样都依着孩子，要及早树立规矩意识，不然孩子容易被惯坏。作为一名新手妈妈，我感觉太难了，到底应该听谁的？

一提到育儿，父母常常挂在嘴边的一句话就是："为什么要把养孩子这件事情弄得这么复杂？"你从小不也是这么长大的，现在也很好啊！

的确，在我们小的时候，育儿是一件比较简单的事情。没有这么多高大上的育儿理念，没有这么多的玩具，没有这么多的绘本，养孩子也不是一件费钱的事情。与其说现在的家长主动选择用哪种方式育儿，不如说是被动比较的结果。我们是在比较中成长的一代人，所以，当我们长大了以后，骨子里还是不想输的。在学校的时候，我们怕学习落于人后，长大了以后我们怕自己育儿理念不够先进，怕孩子输在起跑线上。

很多时候并不是家长主动选择每天要给孩子读绘本，周末陪孩子上早教班，而是周围的家长都是这样做的。尽管自己的内心很不情愿，但还是不得不逼迫自己这样做。因为不想输，不想让别人觉得自己是不负责任的父母。育儿已经从一件私人的事情，变成了朋友之间的谈资。

但是，新手爸妈们请别忘了，育儿自始至终就是一件私人的事情。那些日常和你交流育儿，为你的照片点赞的朋友，可能并不是真的关注你的孩子，更多的是出于礼貌性的社交。举一个很简单的例子，在幼儿园的汇报演出上，只要有孩子出来，所有的家长都会齐声欢呼，但是很多家长心里明白，他们真正关注的，只是自己孩子出来表演的那几分钟。

面对各式各样层出不穷的育儿理念，请一定要记住，育儿真的是一件很私人的事情，你和宝宝的感受才是最重要的。要让育儿方法变成育儿道路上的利器，而不是被育儿理念牵着鼻子走。绝大部分被公认的比较好的学校都不会只用一种教育方法，而是多种教育模式融合。有的教育理念真的很好，但真的不适合你的孩子，那就不要犹豫，果断地换成让自己和宝宝更舒适的育儿模式！这个过程不是一蹴而就的，需要多次反复尝试。

适合自己和孩子的，自己和孩子觉得好的，才是真正好的！

第 62 问：从准妈妈到新手妈妈，你准备好了吗?

问：曾经有一段时间因为担心自己没有办法胜任妈妈这个角色，而十分抗拒怀孕生子这件事。尤其是当身边的新手妈妈告诉我，她们当了妈妈以后，就从无敌青春美少女变成了缺钱缺觉缺时间的保姆，我就更觉得孕育新生命是一件非常需要勇气的事情。从当妈妈的那一刻起，我不仅要对自己的人生负责，还要对另外一个生命负责。对于如何照顾一个嗷嗷待哺的新生儿，我一无所知。自从怀孕后，我就把育儿当成了一门全新的学科在学习。看了很多育儿方面的书才知道，育儿真的是一门复杂的学科。自己好像明白了一些但又有很多不明白的地方。临盆在即，但我好像还没有完全做好准备，怎么办?

无论在过去的十个月里你看了多少育儿书，宝宝真正降临的那一刻依然会让你措手不及。

很多妈妈在临产前的一两个月都会变得紧张焦虑，毕竟经历了整整十个月的等待，即将与肚子里的宝贝见面，内心既期待又担忧：最后两个月某项检查指标会不会不合格？自己的奶水会不会不够充足？家里人都准备好了吗？是不是还有什么东西没有买？宝宝会喜欢我这个妈妈吗?

准妈妈们每天一醒来，脑子里就不停地想着这些问题，有时觉得自己快喘不过气来了，甚至一些妈妈郁郁寡欢。

一些妈妈还会发现，原本没有洁癖的自己变得敏感，每天从早到晚不停地打扫。就像鸟儿在准备下蛋之前会先筑巢，妈妈们体内的生物闹钟也会在这个时候发挥作用，不断地提醒自己：要让家里更整洁，好好迎接全新的小生命。

在临产前的一两个月，你确实需要花很多时间做各种各样的准备，确保小天使回家后，自己能留出足够的时间照顾宝宝和休息，而不是在一些琐碎的事情上浪费时间。接下来我们就来看看，有哪些准备工作是在你真正成为新手妈妈之前需要完成的。

一、心理准备

在过去十个月的时间里，无论你是出门在外还是在家里，身边的人都会有意无意地关注和照顾你，你甚至可能会提出一些无理取闹的要求，即使这样，家人也会尽量地满足你。你享受了十个月的“孕妇特权”，当你完成生产的那一刻，你身边所有的人都会把焦点转移到宝宝身上。很多妈妈感觉非常失落，但又无法和身边的人倾诉。尤其是当宝宝并不像你预期的那样好养育，心理上的落差会更大，甚至自我怀疑。因此，建议孕期妈妈有机会时去身边有新生儿的家庭实地了解情况，而不要只从书本上找答案，及早降低心理预期。

二、生理准备

生产前和生产后的前后两天里，产妇的身体会发生巨大的变化，你再也不能想去哪就去哪了，你的身体变得虚弱，在产后的六周里你需要大量地休息来恢复体力。尽管这个时候会有很多的亲戚朋友想要来看宝宝，最好提前和他们打好招呼，等你完全恢复后再来，尽量多点时间休息和照顾宝宝。

在生产结束后的一段时间里，体内的激素水平会急剧变化，由此导致的情绪波动是正常的。不要强迫自己坚强，也不用表现得坚强。没有新手妈妈能在几天时间里就学会万能的育儿方式，你需要很长一段时间来适应这样的身份转化，不要逼迫自己立刻接受这样的变化，如果真的难过就告诉家人，而不是独自承受所有的压力。随着你体能的恢复，心理上也会慢慢适应和调整过来。

三、物资准备

如果有可能，在生产前一两周，把家里的冰箱塞满，集中管理宝宝需要用到的所有东西，这样你就不必在宝宝回家以后，一只手抱着宝宝另一只手到处找东西。单独准备一台宝宝洗衣机和一个奶瓶消毒器，这些东西会让你大大减少日常照料的工作量。

四、人力储备

很多时候，“妈妈”就等于新生儿的“首要照护者”。但是如果你已经计划好在产假结束后第一时间重返职场的话，那最好从一开始就安排好可以接替你作为主要照护者的人，并做好角色衔接。如果你需要家人配合你完成宝宝照护的工作，请一定要直接告诉他们具体的工作内容，而不是等着他们自己发现自己的“工作”，这样可以避免很多家庭矛盾。

手忙脚乱是每一个新手妈妈都会经历的，二胎妈妈也是如此。

无论你看过多少育儿书，面对一个充满未知数的新生儿，没有人可以真正地从容淡定。

从准妈妈到新手妈妈，整个家庭格局甚至主导权都可能发生变化。当然，你需要面对的问题可能还有很多，例如自己与家人教育理念的冲突、饮食习惯的冲突等。如果不想自己陷入两难又尴尬的境地，最好从一开始就想好多种应对方案，掌握育儿的主导权。

第 63 问：如何开启孕妈妈的自我修养之旅？

问：我怀孕了！当看到验孕试纸上两条深色的红线，我有点不敢相信自己的眼睛，也有点激动。去医院确定怀孕后，我买了很多关于胎教的书，开始恶补。越学习，越觉得无知。虽然已经看了这么多，但是对于即将到来的小生命依然没有十足的把握。在孕中期，我逐渐变得焦虑，我该怎么办？

一些准妈妈们为了不让肚子里的宝宝输在起跑线上，于是用声音和光线过度刺激宝宝，这种方法是不可取的。科学的胎教是孕妈妈从营养和环境两大方面着手，为胎儿创造一个良好的生长环境。从胎龄6个月开始，在保证自身充足的营养和足够的休息的情况下，对胎儿实施定时的、程度可控的声、光、触摸等良好刺激。

1. 认识胎教

有些妈妈误认为胎教就是对胎儿的教育，这种说法其实是片面的。胎教指孕妇在怀孕期间，通过自身的调养和修养，给胎儿以良好的影响。

准妈妈们保持愉悦的心情，将有助于胎儿的健康发育。

在古代，准妈妈是如何进行胎教的呢？在古书《正俗方》中有这样的记录："宁静即胎教"，"怀孕妇女性宜宽厚，神全气和，不惟安胎，生子必温厚，古所谓胎教也。"这一段话打动了我，让我没有那么焦虑了。我很同意这个观点，孕期保持良好的心态很重要，胎教其实是孕妈妈的自我修养之旅。

胎教不是教育孩子，而是准妈妈自我成长的过程。

有人说胎教就是给孩子讲故事，有人说胎教就是给胎儿听歌，有人说胎教就是对着胎儿说话，有人说胎教其实是将孕妇的良好情绪传递给胎儿，这些行为能为胎儿发育起到促进作用，那么胎教的本质到底是什么呢？

传统中医将“胎教”称作“养胎”，不仅包括胎儿在子宫中的教育，还包括孕前的优生受胎、孕期的综合养胎，目的是优生优育。

《黄帝内经》《胎产书》《千金要方》等书籍里记载了关于胎教的论述。这些经典的著作记录了胎儿正常发育和孕妇身心健康保健的宝贵知识，为后世提供了参考价值。同时，建立了“外象内感”“因感而变”的独特中医理论。历代有不少中医认为：“孕妇的精神状况会直接影响胎儿的智力发育，所以胎教的实质是让孕妇保持良好的精神状态和健康的体魄。

虽然这是古代的胎教观点，但是对当代依然有着重大的借鉴意义。

现代人的胎教观念不断发生变化，很多人将胎教视为妇女在妊娠期的卫生保健。其中包括两个层面的胎教内容：一是促进胎儿在母体内健康发育，二是帮助孕妈妈在妊娠期能够保持良好的精神状态。

无论是传统中医理论，还是现在医学理论都强调：“孕妈妈在妊娠期要保持良好的精神状态。”

胎教，其实是孕妇的自我修养之旅。

2. 开启孕妈妈的自我修养之旅

胎教的核心在于孕妇本身的自我修养。

如果孕妇自身的情绪或者健康状况出现问题，胎儿也必然受到影响。孕妇自身的良好情绪是促进胎儿积极发育的有力保障。

在古代，关于准妈妈的胎教有如下建议："常处静室，多听美言，令人诵读诗书，陈说礼乐，耳不闻非言，目不观严事。"也就是说，如果想生下健康聪明的宝宝，要待在安静的地方，要多听一些美好的话，多读一些高质量的书，多听一些美妙的音乐，不要搬弄是非，不要看乱七八糟的东西。

孕妇的情绪对孩子的影响很大。所以，孕妇要稳定自己的情绪，保持乐观开朗。

列出自己喜欢的书单，学几首经典的摇篮曲，与其他孕妈多交流，培养一两种爱好，例如画画和插花等。这些都是很好的胎教方式。

胎教，从准妈妈提高自我修养开始。

第 64 问：多胎家庭的大宝心理建设应该如何进行？

问：还没来得及感受二宝到来的喜悦，我就先感受到了大宝的焦虑。随着我的肚子越来越大，大宝的焦虑和担忧也表现得越来越明显。大宝最近常常问我："妈妈，有了弟弟妹妹以后，你还会不会爱我？"家里即将迎来新生命，大宝的情绪该如何安抚？

“妈妈，我帮你捡地上的东西吧，你怀着宝宝呢！”

“妈妈，这个玩具就留给二宝了。”

“妈妈，二宝在肚子里做什么呢？我是姐姐，我是姐姐，我爱你哟！”

当我怀孕35周时，朋友小Z来家里探访，听到我家大女儿对我说的这番话，开始大倒苦水：“你家老大真是天使宝宝啊！我家老大5岁了，还是不接受老二，他们总是争风吃醋！我为什么会要二胎啊，太后悔了。”

其实，刚刚怀孕的时候，大女儿5岁多，对于即将到来的新生命，她是挺不接受的。

刚怀孕时，大女儿经常这样说：

“妈妈，我是一只刚刚出生的小黄鸡，刚刚出生哦！”

“妈妈，我才不要弟弟妹妹！”

“妈妈，你生下二宝后，我的小床怎么办？我睡哪里啊？”

听到这些话，我开始反思，孕前我给大宝做的“心理建设”工作还不够。

备孕的时候，我们就已经开始给老大做思想工作。我原本以为，经过一段时间的心理铺垫，老大已经接受我怀孕这件事。可是，铺垫工作明显做得不到位。于是，我开始努力做功课，学习如何给大宝做“心理建设”工作。经过几个月的努力，大女儿终于从“完全不接受二宝”转变为“期待二宝”。

江苏一位10岁的小男孩每天哭着央求妈妈把二宝扔掉。

据新闻报道，2016年，一位7岁的小女孩将二宝从8楼扔下，二宝当场死亡。调查发现，小女孩前几天听到邻居的一句话：“你妈妈有了弟弟，就不要你了。”悲剧就此发生。

有些年龄较大的孩子以死威胁父母，希望父母放弃生二胎的想法。

有的妈妈发现二宝出生后好几年，大宝都无法接受二宝，每天家里都是鸡飞狗跳的，面前呈现的完全不是“一起长大”的美好画面。

随着政策的开放，很多家庭都选择了生二胎，甚至三胎。

为了迎接新生命的到来，每个家庭都要做好准备。这些准备包括很多方面，比较重要的就是经济方面的准备，因为家里即将要增加一个可爱宝宝，各方面的花销必定会加大。

除了经济上的准备外，准爸妈们还需要做其他准备，例如空间的准备等。但在准备的过程中，很多准爸妈忽略了一件关键的事情，那就是大宝的“心理建设”，如果这件事情没有做好，对家里的大宝来说，影响巨大，甚至会影响大宝的一生。

比经济准备更重要的是大宝的“心理建设”！

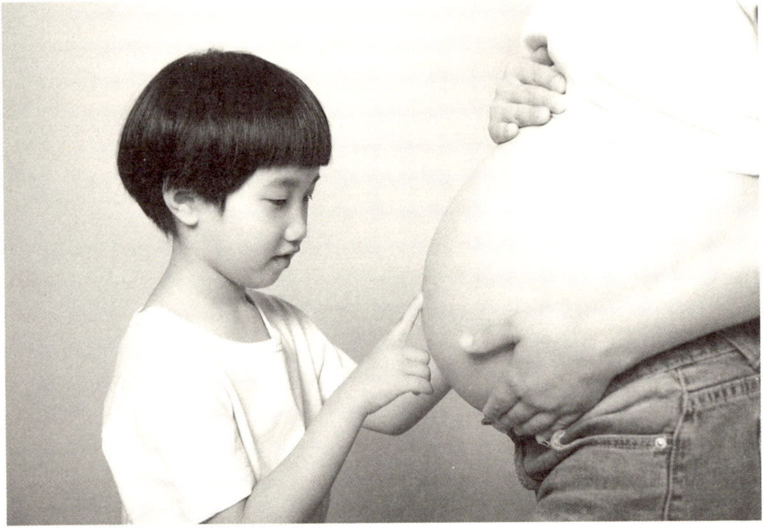

一定要找准时机和大宝沟通打算要二胎或者三胎的计划。为了沟通顺利，可以带着老大读关于弟弟妹妹的绘本，例如《小凯的家不一样了》《小弟弟要来了》《你们都是我的最爱》等，在读绘本的过程中，自然地切入这个话题。

1. 突然怀孕

如果之前并没有和大宝沟通过这件事，那么怀孕以后，先不要第一时间告诉大宝，先看一看大宝对这件事的态度。准爸妈要观察孩子的反应，然后再找合适的时间告诉孩子，通常是孩子心情愉快的时候。

有的孩子反应强烈，十分抗拒；有的孩子会很兴奋，明确表示非常想要一个弟弟或者妹妹。

2. 增强大宝的参与感

准妈妈可以经常和大宝谈论肚子里的二宝，增强大宝的参与感，大宝会慢慢接受自己即将有一个弟弟或者妹妹的事实。

大女儿发现我在看孕期的食谱，她也好奇地跑过来看。这本书的前几页介绍了肚里胎儿的变化。她问我："现在二宝多大了呀？"我微笑地回答："现在二宝有柠檬那么大。"她哈哈大笑起来。每隔一段时间，她都会问我这个问题，我会告诉她："现在二宝有菠萝那么大。""等妈妈生二宝的时候，二宝就和大西瓜一样大了。"一天，我看到大女儿拿来一个菠萝，笑着对我说："这就是二宝，妈妈，你来抱抱他吧！"

当出现胎动的时候，准妈妈完全可以将这些有趣的事情与大宝分享。晚上躺在床上时，准妈妈们会明显感觉到胎动，这个时候可以让大宝和二宝互动。

当我感觉到胎动时，我会让大女儿把手轻轻放在我的肚子上，她会很好奇地问："这是二宝的脚吗？"一开始，她不太愿意这样做，后来她主动要求："妈妈，我们一起感受一下二宝在做什么。他这是在打嗝吗？哈哈哈！妈妈，你快告诉二宝姐姐现在正在做什么。"

一个小生命降临前，准爸妈会做很多事情，例如数胎动、买奶瓶，准备待产包和婴儿玩具等。这时，让大宝也亲身参与，共同为迎接二宝做准备，引导孩子明白兄弟姐妹和自己的关系。

3. 带大宝和二孩或多孩家庭一起玩

通常，准爸妈会用语言给大宝描绘他们将来有一个弟弟或者妹妹的好处，比如可以一起和大宝玩耍，和大宝一起睡觉，一起学习等。

但是对于孩子来说，尤其是0~6岁的孩子，这样的描绘太抽象了。

其实，我们可以带大宝和二孩或多孩的家庭一起外出游玩，让他们切实体会有了弟弟妹妹之后的快乐。

女儿汐汐在幼儿园里有两位好朋友，很巧的是，她这两位好朋友都有可爱的妹妹，其中一个妹妹不到2岁，另外一个妹妹2岁5个月。当我怀上二宝后不久的一个周末，我们几家人约着一起去近郊野餐，混龄的小朋友们在一起跑跑跳跳，大家都玩得很开心。汐汐在回家的路上突然问我："妈妈，我什么时候才有妹妹啊？"她似乎开始期待自己成为姐姐的那一天。

4. 要给大宝足够的安全感

安全感，虽然看不见摸不着，但是非常重要，特别是对于孩子。

很多家庭自从有了二宝，大宝就感觉没有安全感，这对大宝影响很大。

父母一定要让大宝知道，即使有了弟弟或者妹妹，爸爸妈妈对自己的爱也不会减少。可以直接告诉孩子："即使有了二宝，爸爸妈妈还是一样地爱你。”

准妈妈应该尽量保持怀孕前的生活作息，该陪大宝的时间不要减少，不要因为怀了二宝就顾不上大宝了。孩子对这些事情非常敏感，不要让大宝感觉到失落。每周可以安排一段固定的大宝独享的时间，哪怕只是带大宝出去吃一顿早餐，或者在小区内散散步。可别小看这段与大宝的独处时间，会让孩子得到极大的满足。

女儿汐汐喜欢画画，每周要上三次绘画课。刚刚怀孕时，我和很多妈妈一样，对于气味特别敏感。闻到女儿画画时颜料的气味，我就忍不住想吐。女儿对此不理解，但她还是希望我陪着她画画，于是我戴着口罩陪她一起画画。一天上课前，她突然说：“妈妈，你在门口等我吧。我画完了画，就送给你和二宝。”那天，是我怀上二宝后第一次掉眼泪，突然感觉到育儿过程是“痛并快乐着”。

给大宝足够的爱，让他感觉爸爸妈妈仍然是爱他的，这样可以让孩子有足够的安全感，也会让他更容易接受家里的新成员。

5. 二宝出生后，准备两份礼物给大宝

生完二宝的当天，我送给大宝两份礼物（这两份礼物是提前准备好的，一份礼物是大女儿喜欢的书，另一份礼物是我怀孕期间给二宝做的黑白吊饰）。我对大宝说：“这一份礼物是送给你的，祝贺你成为姐姐；另外一份礼物是用来迎接家里的新成员的，你可以去送给弟弟吗？”大宝乐呵呵地过去看着弟弟，在那一刻，她虽然没有把礼物递给弟弟，但是他们之间建立了联系。

大宝微笑地看着弟弟，沉浸在升级当姐姐的喜悦中。

此时此刻，我们可以告诉大宝，这个世界上又多了一个爱他（她）的亲人，这个亲人会陪着他一起玩耍、一起长大。

一般来说，二宝出生后，全家人都会把目光集中在新生儿身上，无形中冷落了大宝。

每个孩子都需要父母的关注和爱。当二宝出生后，大宝就可能体验到被忽视、被“排挤”，会出现很多家长觉得不应该出现的行为，如突然尿床、黏人、爱哭闹等，其实这是孩子寻求成人关注的方式。

生完孩子后，我们突然发现家里多了很多事情。例如要给孩子换尿布、喂奶、洗衣服、洗澡等。准爸妈可以让大宝参与某项家务。例如，可以让大宝担任“换尿布提醒员”“喂奶提醒官”，让大宝参与某项简单的任务，感觉自己被重视。

再次建议：父母应该有与大宝独处的时光。

一位全职妈妈分享了自己带娃的经验。每天晚上，让下班回家的老公帮忙照看二宝，她至少抽出30分钟的时间和大宝独处，不管是读绘本，还是和大宝简单聊聊天。父母一定要让大宝实实在在地感觉到被爱，而且这种爱从头到尾都没有变化。每周三下午，她会带大宝去他喜欢的科技馆或者公园，在路上聊聊自己当哥哥的感受和感兴趣的事情。平时，大宝很喜欢像父母那样逗逗弟弟，有时候还主动帮妈妈做家务，两兄弟相处得非常好。

每个孩子都是独一无二的，父母应该多花一点时间和他们单独相处。

大宝往往会因为家里人对二宝的悉心照料而“吃醋”，例如看到妈妈逗二宝开心，大宝就开始哭；看见妈妈给二宝喂奶，就凑过来求抱抱。遇到这些情况，家长可以陪大宝看一看他自己婴儿时期的照片，让大宝看一看在他小的时候，妈妈是怎么给他喂奶的，怎么给他换尿布的，怎么哄他睡觉的，怎么每天抱着他，逗他开心的。

这样可以逐步建立大宝的安全感。

要深信：爱是解决所有问题的起点。

第 65 问：如何找到同频的孕期好伙伴？

问：在医院做产检时，旁边一位男士说：怀孕6个月的老婆准备下楼晒太阳，结果出去后，才发现下雨了，当时不知道为什么，她就是越想越生气，眼泪一下子就出来了。我们都觉得不理解，她怎么突然变得那么敏感。孕妇都是这样吗？后来我才知道，原来这位妈妈患上了抑郁症。

北京安定医院李晓虹医生指出："处于人生特殊阶段的孕产妇除了应对生活环境、生活方式的调整外，还面临着重大的生理和心理变化，身体受到激素水平剧烈变化的影响，更容易产生情绪障碍，严重者会出现抑郁症。"

《广州日报》报道：十个孕产妇就有一个出现孕产期抑郁症，然而长久以来，产前产后的抑郁却经常被忽视，不少人觉得孕产妇闹情绪是"作"。实际上，孕产妇良好的心理健康状况有助于促进婴儿的身心健康，并促进孕产妇自身的身体状况和自然分娩。孕产妇的心理问题如果未得到及时的干预，会给妇女、家庭、卫生系统和社会造成重大负担，甚至引发严重后果。

出现孕期抑郁症的原因比较多，常见的原因有以下几种：

（1）激素水平发生变化。怀孕后，孕妈妈的激素水平会影响其大脑调节情绪的神经传递素变化，再加上孕妈妈可能担心身材走形，担心胎儿发育不正常，以及没有得到足够照顾等原因，逐渐变得敏感、情绪低落、狂躁及抑郁。

（2）怀孕前的痛苦经历。若女性怀孕前有过不好的经历，比如流产、离婚、失去家人或失业等，这些都可能让他们情绪失控，再加上怀孕后，孕妇肉体和精神上都变得很脆弱，导致孕期抑郁症。

（3）人际关系。不良的人际关系也是导致孕妈妈患上抑郁症的主要原因之一。

孕期抑郁症会导致我们的压力水平增加，怀孕期间压力过大容易引发并发症，如流产、早产等，对胎儿造成伤害。

可以通过健康饮食、规律运动、调整睡眠等方式避免孕期抑郁，此外，自我心理暗示也是不错的缓解紧张情绪，使自己放松的好方法。

那么，如何在孕期保持良好的情绪？如果出现抑郁的症状，如何调节？

建议准妈妈们在孕期多和其他孕妈妈交流，多讨论一些积极的事情，比如宝宝出生后给家庭带来的快乐，自己为宝宝到来做的准备，以及宝宝的成长计划等，这样有助于保持良好的情绪。

记得刚刚怀大女儿时，因为糖耐量检查不达标，我患上了妊娠期糖尿病。营养科医生一脸严肃地告诉我：“你不能再吃那么多葡萄！”然后，我拿到一张营养科医生开的食谱，上面列出了很多我要少吃或者不吃的食物，例如粥、面条、红薯、香蕉等。可这些都是我喜欢的食物啊！难道每天都只能吃番茄、黄瓜代替水果吗?

检查报告出来后，我变得很沮丧，不知所措。

后来医生推荐我加入一个“糖妈妈社群”（患有妊娠期糖尿病的准妈妈），群里很热闹，大家每天都在讨论怎么吃不升血糖。入群后我发现：“原来我并不是一个人在战斗，这么多的准妈妈都遇到了同样的难题。”整个孕期，我的情绪一直很积极。宝宝生下来很健康，我的血糖值也很快恢复了。

人们终其一生，都在寻找价值感和归属感。

——心理学家阿尔弗雷德·阿德勒

阿德勒是著名的心理学家，个体心理学创始人。他认为：“人类的所有行为都是为了追求价值感和归属感。”

在孕期，准妈妈们可以下载一些育儿App或者加入一些孕妈妈论坛和社群。有的社群是按照预产期来组建的，例如2022年3月预产期妈妈群；有的社群按照地区划分，例如上海黄浦区孕妈妈群，有的社群是按照孕期大家关心的问题来组建的，例如妊娠期糖妈妈群。通过沟通，你很容易找到你关心的问题的答案。

当人拥有归属感的时候，他才会感觉到安全，无戒备。

当人看到自己有价值的时候，才会感到人生是有意义的。

归属感和价值感是每一个人心灵深处最需要的。

第 66 问：孕期应该学几首摇篮曲吗？

问：我天生五音不全，但是想在孕期学几首摇篮曲，等宝宝出生后唱给他听，但又担心这样的启蒙方式不正确，应该怎么办呢？

对于孩子来说，在他生命中出现的第一个最优美的声音，一定是妈妈的声音。

怀老大的时候，我经常哼唱《莫斯科郊外的晚上》。令我吃惊的是，大宝出生后，一天晚上，她睡觉前不停地哭，当我给她哼唱这首歌时，她居然立刻停止了哭闹，很快便睡着了。后来，这首歌变成了她睡前的专属摇篮曲。

怀老二的时候，有一天，我依然哼唱《莫斯科郊外的晚上》，大宝听到后，一脸不悦地说："这是我的（歌）！"我笑了，后来改唱《友谊地久天长》。

虽然我的歌声不够优美，唱歌技巧也不专业，但是对于孩子来说，这应该是世界上最优美的声音。我现在还记得儿时外婆经常给我唱的《南泥湾》，每当听到这首歌就会想起外婆，心里暖暖的。

许多准妈妈担心自己五音不全，哼唱摇篮曲会误导宝宝。其实，孩子关心的不是妈妈歌唱得好不好，而是妈妈是否爱自己。

下面推荐6首简单、舒缓的摇篮曲。

1. 德国摇篮曲《勃拉姆斯摇篮曲》

《勃拉姆斯摇篮曲》有着悠久的历史，是一曲耳熟能详的经典歌曲。这首歌曲调平缓优美，细腻地勾画了一幅母亲对孩子亲切祝福的动人画面。听这首歌的时候，仿佛看到母亲轻轻拍着宝宝慢慢入睡的画面。二宝出生后，这首歌也是我手机上单曲循环播放次数最多的，二宝经常听着这首摇篮曲入睡。

快安睡，小宝贝，夜幕已低垂。
床头布满玫瑰，陪伴你入睡。
小宝贝，小宝贝，歌声催你入睡。
小宝贝，小宝贝，歌声催你入睡。

2. 中国摇篮曲《月儿明，风儿静》

中国很多民乐都适合作为摇篮曲。《月儿明，风儿静》是一首经典的、耳熟能详的摇篮曲，影响了中国几代人。

月儿明，风儿静，
树叶遮窗棂啊！
蛐蛐儿叫铮铮，
好比那琴弦儿声啊！
琴声儿轻，调儿动听，
摇篮轻摆动。

3. 美国摇篮曲《摇一摇，我的宝贝》

这是美国比较经典的摇篮曲之一，可以追溯到17世纪。

4. 日本摇篮曲《竹田摇篮曲》

《竹田摇篮曲》是一首流传于日本京都府京都市伏见区竹田村的民谣。常作为日本民族音乐和流行音乐的素材。

5. 奥地利《舒伯特摇篮曲》

这应该是大家最熟悉的一首摇篮曲，由奥地利作曲家舒伯特创作。歌曲旋律简单优美，具有很好的催眠作用。

睡吧，睡吧，我亲爱的宝贝，
妈妈在梦中，轻轻摇着你。
摇篮摇你，快快安逸，
安睡在摇篮里，温暖又安逸。
睡吧，睡吧，被里多温暖。
睡吧，睡吧，我亲爱的宝贝，
爸爸的手臂永远保护你。
世上一切幸福的祝愿，
一切温暖全都属于你。

6. 波兰《肖邦摇篮曲》

这首曲子非常经典，旋律简单，但扣人心弦，广为流传。

除了上述这些世界经典的摇篮曲外，我们还可以选择其他经典名曲，例如《平湖秋月》《弦乐小夜曲》等，或者自己创作。

第 67 问：怀孕后如何放松？

问：得知自己怀孕后，我经常容易半夜惊醒，总觉得家里还不够干净，忍不住打扫。老公说我过于紧张，其实我也不想这样，我也知道孕妇要好好休息，但就是停不下来，我这是怎么了？

从第一次孕吐到第一次听见宝宝的心跳，初为人母的你是不是每天都迫不及待地想知道，这个折腾人的小家伙是男孩还是女孩？像爸爸还是像妈妈？未来会成为什么样子？家里还缺什么？怎么样才能把世界上最好的爱都给他？

初为人母的你，每天脑子里都有很多问号，也有很多担心，既开心又焦虑，非常矛盾。放轻松一点，珍惜这几个月难得的独处时光，因为在未来的很长一段时间，你都很难再有这种可以随时决定自己想做什么就去做的机会。喂奶、起夜、上早教班、带宝宝出游……你的生活将会被这个小家伙填满，你会无比怀念此刻还可以说走就走的你。

漫长的孕期，漫长的等待。我们要充分做好生理上、精神上、心理上的准备，才能以最好的状态迎接新生命。

在漫长的等待过程中，我们可以享受放松的生活。过去，我们常常把时间和精力放在如何提高工作和学习效率上，不知道如何放松，如何让自己保持平静。

妊娠期到孩子三岁以前的这段时间，对于一个新手妈妈来说，最重要的一个育儿法宝就是耐心。如果你缺乏耐心，那很有可能会被这个小家伙“折磨”。刚开始，你可能会绞尽脑汁和他斗争，想将自己的意志强加给孩子，但最后你会发现，这些努力全部都是徒劳的。新生儿永远不可能围绕你的时间和计划转，他们永远只跟随自己的生长时间，他们的脾气可比你还要大，如果硬碰硬，最终妥协的那个人大概率是妈妈。

所以，放轻松，只有忍耐和等待，才有可能静待花开。

可以说，新生儿出生的那一刻，你的生活、你的时间、你的计划全部都会被打乱。你要24小时无条件地为一个新生命付出，很多时候你会觉得好像把自己弄丢了。这样的生活到底何时才是尽头？

这个时候，只有学会放松，短暂地休息，才能让自己满血复活，继续前行。

在漫长的孕期，你可以尝试各种让自己感到放松的可能性，探索让自己慢下来的方法，让自己脱离孕期焦虑。

放松的方式对于每个人来说都是不同的，有的人喜欢听音乐，有的人喜欢去公园散步，有的人喜欢按摩，有的人觉得看电影或者画画是最好的放松方式。

一个无法放松的人，就像一根一直被牵扯的橡皮筋，时间久了很难再自我回弹。

在过去的人生里，我们习惯了努力，却忘了放松会使我们在未来具有更大的能量。

在未来漫长的育儿过程中，你一定会感受到放松带给你的力量。你将经历无数个筋疲力尽的夜晚和心力交瘁的时刻，停下来，让自己放松一下，找一些除了刷手机之外能让自己真正感到快乐的事情，这是每个妈妈都应该学习的功课。

第68问：如何断舍离？

问：自从家里多了一个孩子，到处都是孩子的东西。孩子的玩具，孩子的衣服，孩子的尿不湿，孩子的绘本，孩子的滑板车、自行车、平衡车，家里都被孩子“霸占”了。每一次鼓足勇气进行大扫除，用不了两个小时就被“熊孩子”恢复原样，后来也就索性不再整理了，家里的杂物越堆越多。虽然我也不是一个有洁癖的妈妈，但是真的好怀念没有孩子之前房间干净整洁的样子，难道有了孩子之后就再也不能回到过去井井有条的样子吗？

家里即将迎来新生命，准妈妈需要做哪些准备工作呢？除了准备充足的新生儿用品外，你还应该立刻动手断舍离！这件事不仅你要做，而且全家都要一起来做。

家里即将增加一名新成员，如果不在他到来之前提前做好空间规划，那么很快，你的家就会被这个小家伙的东西填满。

从浴室、衣柜、客厅到厨房、书房、卧室，这个小家伙的东西无处不在，现有的抽屉柜子也将被这个小家伙一一打开，他还会把里面的东西扔得到处都是，例如地上、马桶里、水槽里，或是直接塞进自己嘴里。最糟糕的是，不知不觉中，宝宝的东西越来越多，很快便会占领家里的各个角落。等你发现家里已经被宝宝完全“占领”之后，再想整理已经无从下手了。你真的没有那么多的精力和时间来进行大扫除，你会感觉每天的生活一团糟。

从准妈妈到新手妈妈的转变，不仅仅是身份上和生理上的，更重要的是生活状态上的转变。每一次断舍离，其实都是一次对过去自己的告别。通过对家中物品摆设的调整，你的心态和生活状态也会发生变化。尤其是在宝宝刚刚到来时，他需要很大的互动空间来学习爬行、扶站、走路，父母要预留一定的空间，为宝宝的成长做准备。

就像家里要来客人时，你会提前收拾一样，趁着小宝贝还没出生，和家人一起动手来一场大规模的断舍离吧！会为你省去日后的许多烦恼。

接下来我们就来看一看，哪些物品是你可以断舍离的。

在新生儿到来的很长一段时间，你可能都不会有时间悠闲地在家喝下午茶，那些精美别致的玻璃杯的作用也就不大了，而且它们可能存在安全隐患，让宝宝受伤。因此，将这些看起来很美实际却不怎么实用，还有一定安全隐患的物品暂时从客厅移走吧！

打开你的衣柜看一看，把未来六七个月不需要穿的衣服收起来吧，只保留一些易搭配的单品，空出一块空间来专门放宝宝的衣物。相信我，方便实用最重要。

随着时间的推移，宝宝成长到一定阶段，会在客厅里和你一起吃饭，现在就可以想一想要购置什么类型的宝宝椅，可以提前把空间留出来。

清理即将过期的化妆品，留出空间放宝宝的东西，这样就不会每次给宝宝洗澡时到处找地方放宝宝的东西。

每个东西都应该有属于自己的地方，断舍离是给新生儿最好的礼物。

只会“买买买”，不懂断舍离的新手妈妈会逐渐发现：育儿是一种甜蜜的负担。家、生活、自己永远被塞得满满的，紧张又压抑。

断舍离是一次和过去的道别，也是和未来的握手，只有这样，你才会有足够的精力来应对全新的挑战。

第69问：待产包怎么准备？

问：还有一个月就要生产了，最近一直在准备待产包，突然发现要准备的东西真的很多。有哪些是必须要带的吗？有什么好的建议？

待产包是产前需要准备物品的总称，是入院生产和产后前几周宝妈和宝宝需要使用的所有必需品。待产包准备得充分，会让妈妈在产后更加得心应手地应对宝宝的“突发情况”，同时可以节省很多时间，保证产后的休息。

实际上，待产包清单并不是单一且具体不变的，不同时期的待产包清单不一样，如产妇入院时与坐月子时所需要的东西肯定有所不同，而冬季时分娩与夏季时分娩，待产包清单也肯定不一样，因此，需要根据具体的情况与自身需求准备待产包，深入了解待产包清单的分类就非常必要了。

下面我们就来看一看，待产包里究竟需要准备哪些东西吧！

医院空间有限，有时好几位妈妈需要同住一个房间，所以待产包并不是东西越多越好，必需品即可。入院前，可以把待产包的东西装进行李箱和背包，开始宫缩后可以直接拎包去医院。

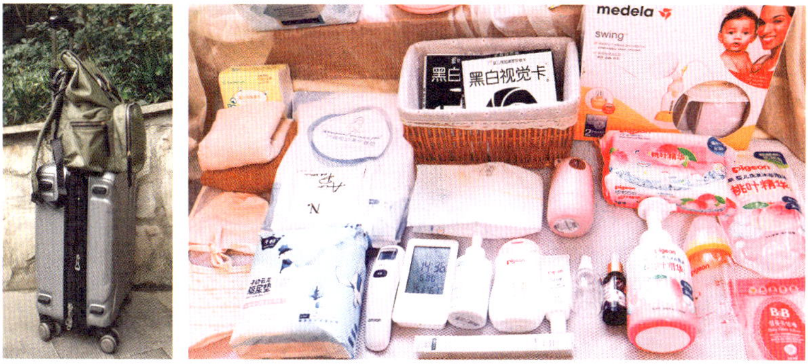

待产包（部分）

先把妈妈用品和宝宝用品分别放在不同的小包，再一起放进一个大包，另外，贵重物品要放在随身携带的小包。

下面列出了基本的入院物资清单和坐月子物资清单，可根据个人实际情况具体增减。

入院

类别	用品	数量	说明
妈妈用品	一次性内裤	一包	产后恶露多，一次性内裤方便卫生
	产妇护理垫	10 片	在最初的几天隔恶露，保持床单干净
	拖鞋	2 双	选择鞋底柔软、防滑的拖鞋
	产妇卫生巾	20 片	产妇卫生巾会比普通的卫生巾更大、更宽
	洗漱用品	1 套	牙刷、梳子、小镜子、脸盆、香皂、洗衣粉等；毛巾要准备 4~6 块，分别用于擦洗身体不同部位

类别	用品	数量	说明
妈妈用品	一次性吸管	1 包	产后不能起身时，可用吸管喝水、喝汤
	产后食品	若干	红糖、巧克力等
	出院衣服	1 套	出院当天穿的衣服，宽松、舒适
宝宝用品	新生儿衣服	3 套	宝宝连体服，住院时替换
	纸尿裤	30 片	新生儿一天大概用 8~10 片 NB 码纸尿裤，可以先带一提到医院，出院以后还可以接着用
	奶瓶刷	1 个	海绵刷头的奶瓶刷，加上奶瓶清洁剂进行涮洗
	抱被	2 条	小毯子、小被子都可以
	玻璃奶瓶	4 个	无论是母乳喂养还是奶粉喂养，都用得上
	配方奶粉	1 罐	虽然新生儿最好的食物是母乳，但一些妈妈产后奶水不充足，可以准备一罐奶粉备用（需遵医嘱）
	纱布	5 条	宝宝洗澡、擦脸时用
其他用品	入院证件	1 套	父母双方身份证、产检病历及围产卡、准生证、医保卡、生育保险凭证等
	手机	1 部	方便和家人联系（不要忘记带充电器）
	银行卡和现金	足量	两者都需要准备，一定要准备现金，有的小商店只能用现金支付

月子中

类别	用品	数量	说明
妈妈用品	吸奶器	2 个	手动吸奶器或电动吸奶器
	防溢乳垫	1 包	有的妈妈产后溢乳严重，需要准备
	一次性产褥垫	2 块	防止弄脏床或衣物等
	月子服	2~3 套	产妇应穿长袖长裤，以防受凉或寒气侵体，夏天可选择薄的长袖长裤，春秋可选择稍厚一点的月子服
	月子帽或头巾	2 顶 / 块	戴月子帽或头巾可防止冷风侵入头脑，以免产妇以后头疼
	一次性内裤	若干	方便、干净
宝宝用品	婴儿洗发沐浴露	1 瓶	其实，新生儿洗澡用清水即可，如果沾到难以清洁的脂溶性污迹，可用婴儿专用沐浴品进行清洁
	婴儿润肤露、护臀霜	各 1 瓶	天然无刺激
	指甲钳	1 把	婴儿专用的指甲钳
	口水巾	10 条	在宝宝出生后的几个月都会用到
	奶瓶消毒锅	1 个	每次奶瓶洗干净后都要进行消毒，宝宝的碗、玩具等也可以放进消毒锅进行消毒，非常实用
	温奶器	1 台	使奶保持恒温

Part2　和新生儿的相处之道

第70问：新生儿的秘密：如何对待新生儿？

问：我家孩子已经2个月了，家里老人帮我带孩子，月子里我们就因为宝宝“盖被子”的事情吵起来了，孩子的奶奶说天气太冷，总是给孩子盖很厚的被子，晚上睡觉的时候还担心孩子踢被子，总是把孩子裹成“蜡烛包”。我们应该这样带孩子吗？新生儿是不是需要穿很多的衣服才有安全感？

当宝宝睡着后，我们可能会惊讶地发现，他居然会突然伸展自己的胳膊和腿，感觉像是抽动，但这种现象很快会消失。有的妈妈担心宝宝睡觉时没有安全感，就将宝宝裹成“蜡烛包”。一位家长跟我说，她担心宝宝感冒，因为晚上宝宝会踢被子，她不得不用包被把宝宝包裹成的“蜡烛包”。

我们想一想，如果我们被包裹得严严实实，我们的感受是怎样的？我们会感到不舒服，何况是刚刚出生的小婴儿。在母亲的肚子里，宝宝可以自由伸展自己的小胳膊小腿儿，但是出生后却被裹得严严实实的。其实，新手妈妈完全可以选择那种背心式的睡袋代替“蜡烛包”。

蒙特梭利说：“无论我们多爱新生儿，从他出生的那一刻起，我们都会本能地提防着这个小家伙。”成人一方面担心孩子的健康，另一方面，担心孩子生病给自己带来麻烦。

一位妈妈说："记得孩子刚出生的那几天，我们真的又爱又忐忑，用毯子给她包裹得严严实实的。孩子出生第8天，我发现，她的指甲有点长，虽然是夏天，但我还是给她戴上了小手套，因为担心她用指甲抓伤脸。我坐月子期间，经常担心宝宝感冒，就要求护士给宝宝戴上小手套，这样一来，就阻断了儿童对外探索和学习的通道。"

我们总以为自己很关心宝宝，但是常常用错误的方式来表达关心。有的妈妈说不敢碰新生儿，因为不知道怎么抱才好，于是干脆请有经验的月嫂照看宝宝。孩子需要的温暖不是来自这些经验丰富的育儿嫂，而是那个陪伴了他十个月的妈妈。

新生儿不需要被包裹得严严实实的，这样不但不会让他们感觉安全，反而会阻止他们探索这个世界，不利于宝宝发展。

作为父母，我们要了解新生儿的真实需求。孩子出生前，我们可能会给孩子准备精美的玩具、漂亮舒适的衣服等。对于新生儿来说，他需要的并不多，只是一个安静的、光线柔和的、温度适宜的环境。

蒙特梭利说："新生儿的需求和病人的需求是不同的，他最大的需求就是让自己的身心尽快适应新环境。"

很多新手爸妈对待新生儿就像对待病人一般，照顾着他的日常生活，关心孩子是不是吃饱了，担心孩子是不是呼吸困难等。妈妈们应该知道，我们还应该多关注新生儿的思想和感情。

第71问：如何做一位善于观察的妈妈？

问：我在坐月子时，家里请了一位月嫂，宝宝一哭闹她马上能明白宝宝想表达什么意思。自从月嫂走了以后，家里人手忙脚乱的，经常搞不清楚宝宝究竟为什么哭闹。请教了那位月嫂，才知道要学会观察宝宝。那么，如何才能成为一位善于观察的妈妈呢？

1. 了解宝宝真实的需求

2020年4月，一则"女婴趴睡窒息死亡"的消息令人伤心。几个月大的女婴独自待在一个房间，不断发出哭声并且扭动自己的身体，然而婴儿的亲生母亲却站在门外，守着监控观察她的反应，迟迟不进门，眼睁睁地看着自己的宝宝动作幅度越来越小，哭声越来越弱，直至死亡。

背后的原因让人大吃一惊。这位母亲参加了所谓的“睡眠引导”培训群，当天晚上她不断在群里求助，可是大家认为不合格的妈妈才会去干预，这样会拖孩子的后腿，对不起孩子，导致培训“前功尽弃”。所以，她一直坐在冷冰冰的监控显示器面前观察宝宝的行为，而不是及时救助可怜的宝宝。

这件事情让我们不禁深思：

当时女婴的真正需求是什么？

我们应该怎样观察婴儿？坐在屏幕面前观察还是当面观察？

作为0~1岁婴儿的父母，我们需要重点观察什么？

如果平时这位妈妈善于观察孩子的哭声，悲剧还会发生吗？

2. 观察的重要性

“没有人真正地理解我，我一直指向儿童，而人们一直在谈论我的教具，教具不是根本，儿童本身才是根本。请看看孩子们，观察他们，满足他们的需求！”

——玛利亚·蒙特梭利

蒙特梭利的理念风靡全世界，很多人想学习其精髓，蒙特梭利却说：“我的方法无他，唯观察而已。”观察可以让我们准确了解孩子，理解孩子，明确孩子的需求，进而支持孩子的发展。

新手爸妈在面对新生儿时，会有很多纠结：

孩子哭了，我应该做什么？

我还应该给孩子提供什么？

孩子半夜为什么哭闹不止？

其实，当我们不知所措时，除了学习或者请教专业人士外，还可以做好最基本，也是最重要的一个环节——用心观察宝宝！

如果不观察，就无法得知宝宝到底发生了什么。通过观察，我们可以更加理性地认识宝宝，满足其发展需求。

蒙特梭利说，观察婴幼儿要细腻，要具备一双鹰的眼睛——不仅要观察婴幼儿的外在表现，更要看到其内心深处。

晨晨妈妈是一位全职妈妈，家里有两个儿子，大儿子阳阳6岁，小儿子晨晨11个月。成为全职妈妈之前，她曾是一位麻醉师。

在一次读书会上，她分享自己的观察心得："虽然我已经当过妈妈，但小儿子晨晨出生后，我还是手忙脚乱，甚至一度焦虑，因为每天孩子有'吃喝拉撒睡'等各种需求。晨晨和哥哥不同，他每天哭闹很多次，有的时候睡梦中突然哭泣。后来，也许是因为'职业病'，我开始每天用小本子记录他的各种哭声，以及我的应对方法。一天晚上，晨晨一边哭闹，一边抓挠自己的耳朵和摇头，我意识到他的哭声有些异样，于是马上带他去医院，医生诊断是中耳炎，幸好及时发现，没有影响孩子的听力。"

3. 对于0~1岁的婴儿，我们需要观察什么？

· 生理需求

宝宝出生后，大多数新手妈妈已从喜悦、疼爱、不敢摸、不敢动到"顺其自然"，逐渐进入母亲的角色，逐步学会如何满足孩子的"吃喝拉撒睡"等生理需求。大多数妈妈认为婴儿的需求其实很简单："婴儿饿了就哭，饱了就睡。"其实不然。宝宝从出生到满月，渐渐地有了多重需求，例如尿湿后自己觉得不舒服，就会以哭声来告诉父母："我要换尿布。"

细心的家长会发现，宝宝的不同哭声有着不同的含义。

（1）新生儿的啼哭。新生儿的第一声啼哭是响亮的，这代表孩子安全降世，有利于肺部的发育。

（2）睡醒后的啼哭。新生儿睡醒后的哭声通常是有节奏的，音调柔和，声音不嘶不哑，这对于新生儿的肺部舒张和呼吸肌的锻炼有益。此时孩子脸色红润，呼吸正常。

（3）宝宝饿了时的哭声。当婴儿饿了时，他的啼哭声音急促，节奏紧密，如果母亲用奶头或者手指触摸婴儿的小嘴，他会立刻做吸吮的动作，哭声停止。

（4）宝宝不舒服时的啼哭。当婴儿不舒服时，例如衣物过紧、感觉太热、被蚊虫叮咬等，都会发出哭声。这种哭声一般是断断续续的，不急促不剧烈，如果没人关注其需求，他的哭声会越来越大。

（5）健康的啼哭。宝宝正常的啼哭声不刺耳、节奏感强、抑扬顿挫，这其实是宝宝运动的一种方式。这种哭声不会伴随着其他特征，不会影响孩子吃奶、睡觉和玩耍，每次哭的时间很短。如果朝他笑一笑，或者抱抱他，他会立刻停止哭泣。

婴儿用哭声表达自己，接近这个世界。

细心观察，会让你在育儿的道路上事半功倍。

· 心理需求

我们必须研究儿童的心理需求，并且针对其需求，准备适宜的环境。

——玛利亚·蒙特梭利《童年的秘密》

大部分家长都很重视婴儿的生理需求，但是容易忽视其心理需求。

蒙特梭利经过观察发现，只有孩子的生理和心理需求同时被满足，才能达到自我的满足。值得注意的是，当孩子的心理需求得到满足时，良好的行为才能显现。

那些家境富裕的父母依然为孩子准备华丽的摇篮和绣着花边的小衣服。按照这种对孩子的着装标准，如果鞭笞（过去用于鞭打的工具）仍然流行的话，他们一定会给孩子买来一条金把手的鞭子。这种奢侈只能表明他们完全忽视了孩子的心理需求。

——玛利亚·蒙特梭利《童年的秘密》

蒙特梭利认为，成人不仅要关注孩子的生理需求，还要关注孩子的心理需求。孩子一出生，其实就已经具备心理活动，在成长的过程中，孩子的心理会逐渐发生巨大变化。蒙特梭利将婴儿的心理和生理发展概况成三个字——“实体化”，它能给新生儿弱小的身体带来活力，促进孩子成长。

蒙特梭利博士说：“正在实体化的儿童是一个精神的胚胎，他需要自己特殊的环境。”实体化的过程，就是一个人心理和生理形成的过程，也是一个人性格形成的过程。

很多新手爸妈感叹：“养孩子太不容易了，1岁以内的宝宝不会说话，我们怎么关注他的心理需求啊？”

婴儿对本能的满足感和安全感具有强烈的需要。儿科医生和儿童心理学家称之为“情感依附”。这些需要构成了婴儿的心理需求，具体包括被拥抱、被爱抚、被安慰、与人玩耍、成为人们关注的中心。

简而言之，要让孩子感受到来自照料者的爱，尤其是父母的爱。

第 72 问：月子中，妈妈如何进行时间管理?

问：生孩子时，我选择了剖宫产，我至今都还记得当我被推出手术室的那一刻，我强忍着伤口的疼痛要求家人把宝宝抱到我的床边，强撑着要给宝宝喂母乳。在接下来的几天，我感觉自己就像“母牛挤奶”一样被围观，每一个来探望我的人第一句话都是：“你的奶水多不多？”我感觉这个时候的自己没有一点点尊严，母乳的疼痛已经远远超过了伤口的疼痛，我只想休息，没有力气再为自己做任何辩解。以前一直以为生孩子的那一刻是最痛的，生完孩子才知道，那只是痛的开始，月子里的每一天都足以让人崩溃。现在怀了二胎，有没有什么好的方法，可以让我坐月子时感觉轻松一点?

坐月子对于每一位妈妈来说都是一段难忘的记忆，无论是顺产还是剖宫产，无论是母乳喂养还是奶粉喂养，在这一个月里你都要经历吃不好睡不好，身体和精神上的双重折磨。

月子中的妈妈们几乎过着与世隔绝的生活，有整整一个月的时间不能出门活动，还要频繁起夜，一天的时间完全被打碎，苦不堪言。

如果你不想一整个月的时间都被宝宝牵着鼻子走，那么，就要学会和宝宝一起找到属于你们两个人共有的生活频率。

我们把宝宝出生后的几个月称为“共生期”，可以理解为宝宝虽然通过生产脱离了妈妈的身体，但是宝宝仍需要几个月才能

真正地从孕期中的时间作息过渡到一天24小时的生活作息。

很多妈妈没有办法找到和宝宝共有的时间频率，总是试图从宝宝一出生就把他的生活作息调整为24小时模式，可发现每到了晚上自己会无比地痛苦。因为当宝宝还在你的肚子里时，他们就过着自由自在的生活，想玩就玩，想睡觉就睡觉，这样的生活节奏已经伴随了他们整整十个月。

妈妈们真正要做的，是先找到和宝宝的“共生频率”，再逐渐把频率间隔拉长，直到每次时间间隔在八小时以上，基本上就达到了可以睡整夜觉的时长。

接下来我们就来看一看如何找到“共生频率”。宝宝喝奶、睡觉的时长我们无法把控，所以，我们可以以事件为具体的划分节点。无论宝宝属于什么气质类型，他一天有大部分的时间都在睡觉，剩下的时间还要喝奶、玩耍、哭闹等。我们再来看一看照护新生儿的成人一天需要做哪些事情：喂奶、打扫清洁、一日三餐、休息……

我们可以清楚地看到，喂奶是妈妈和宝宝需要配合完成的事情，宝宝睡觉时，妈妈完全可以支配自己的时间来处理其他的事物，当宝宝的哭声响起，再次需要喝奶时，我们又进入了新一轮的循环，这就是我们所说的“共生频率”。

有一些妈妈会问，为什么我们不是以宝宝开始睡觉的时间为起点计算？因为宝宝睡觉中间醒来的频率和原因无法预测，但是上一顿奶和下一顿奶之间是需要一定的时间来消化的。无论你是母乳喂养还是奶粉喂养，尽量让宝宝一次吃饱，他完全消化需要两个半到三小时的，奶量可以根据宝宝的体重等指标来估算。

新手妈妈与宝宝的共生日记							
日期：____月____日			体重：____kg			出生：第____天	
宝宝						妈妈	
吃奶			活动	睡觉时长		家庭事务	个人事务
次数	母乳时长	奶瓶奶量	大便/小便/玩耍	开始时间	结束时间	是否可以交由家人完成?	是否有半小时以上休息时间?

当我们把一天的事务记录在这个表格中时，你就能够清楚地了解宝宝的生活节奏。强烈建议白天把可以交给家人完成的事情都交给家人，例如换尿片、洗澡、做饭、推宝宝出门散步等。保证自己有充足的休息时间，只有精神充足，才能应对宝宝哭闹、起夜等这些别人无法代替你的事情。

月子里要养成良好的记录习惯。宝宝需要有规律的生活。长期坚持，等宝宝长大了，也会更容易养成规律的生活作息和良好的生活习惯。

第73问：要不要使用安抚奶嘴？

问：听说宝宝经常使用安抚奶嘴对牙齿发育不好，但是不用安抚奶嘴宝宝就一直吵着要妈妈抱，寸步不离，该如何正确地使用安抚奶嘴呢？

奶嘴，通常又被叫作“安抚奶嘴”，顾名思义，其最核心的功能就是能稳定宝宝的情绪。对于习惯母乳的宝宝来说，安抚奶嘴可以暂时让宝宝情绪稳定，父母可以乘机休息。

有很多妈妈从孩子一出生就给他们提供奶嘴，但是关于要不要给孩子使用安抚奶嘴这个问题至今都有很大的争议。安抚奶嘴对于宝宝自身的发育有利有弊，一些宝宝特别迷恋奶嘴，睡觉时也会含着，若是不小心奶嘴掉了就会惊醒大哭。

接下来，我们就来详细看一看安抚奶嘴对于婴儿的发展到底有什么利弊？

先说说优点：

（1）很多宝宝喜欢含着奶嘴睡觉，这样有助于他们睡眠稳定，不容易突然惊醒。

（2）宝宝刚开始长牙，牙齿会感觉痒，安抚奶嘴可以帮助宝宝舒缓这种不舒适的感觉。

（3）帮助宝宝学会稳定自我情绪。

（4）和吃手的作用类似，吃奶嘴时，宝宝上下颚以及脸部肌肉等可以得到良好的锻炼。

（5）吃了奶嘴的宝宝吃手的频率会降低，奶嘴相比较手而言更容易保持清洁。

（6）吃奶嘴入睡的宝宝不得不用鼻子呼气，使自己保持仰睡的姿势，可以降低窒息猝死的风险。

我们再来看一看使用安抚奶嘴的缺点：

（1）增加口腔感染和中耳炎的发生率。宝宝在使用安抚奶嘴时，奶嘴经常会掉到床上甚至地上而被污染，加上宝宝的免疫力很低，病毒和细菌就会通过奶嘴袭击宝宝从而致病。

（2）长期使用可能引起牙齿长得不整齐。如果你的孩子是一个安抚奶嘴的“痴迷者”，那就要小心他的牙齿了。特别是宝宝使用的安抚奶嘴质量不合格，很可能引起宝宝牙齿长得不整齐。

（3）部分宝宝可能对安抚奶嘴有成瘾性。由于安抚奶嘴与妈妈的乳头有相似的形状和口感，再加上高频率使用，可能会引起宝宝对安抚奶嘴形成条件反射而产生对安抚奶嘴的依赖性。

其实，父母可以视情况决定是否使用奶嘴。毕竟很多时候，成人不得不去处理工作上的事或者想要安安心心地烧一顿饭，而家里又没有其他可以帮忙的人，安抚奶嘴是一种不得已的选择。

如果你选择给宝宝使用安抚奶嘴，下面几个方面一定要特别注意：

（1）不要在宝宝一出生就开始使用奶嘴，因为乳头和奶嘴的吮吸方式是不同的，需要口腔不同的肌肉群配合。不建议过早使用奶嘴，至少要在宝宝一个月以后才考虑是否使用。

（2）每天用婴儿专用清洗剂清洗安抚奶嘴，保证奶嘴清洁卫生。

（3）不要一听到宝宝哭就拿安抚奶嘴塞住宝宝的嘴，要先判断宝宝哭的原因，避免发生意外。

（4）不要在安抚奶嘴上系绳子，以防将孩子的脖子、胳膊绕住。

（5）一次使用奶嘴时间不能太长，一岁半以后应该逐渐停止使用奶嘴。

（6）宝宝熟睡后把奶嘴拿掉。

（7）要根据宝宝的发育情况及时地更换安抚奶嘴以及调整其大小。

（8）如果孩子总是咬安抚奶嘴，提示宝宝快要长牙齿了，要给他准备磨牙的玩具。

一些宝宝很依赖安抚奶嘴，如何才能帮助他们摆脱这种依赖？

最佳的方法是转移宝宝注意力，可采用抱抱他、和他说话、陪他玩游戏等方法来转移孩子的注意力。在临睡前，可给孩子讲故事，让他暂时忘记安抚奶嘴。父母应多花时间陪伴宝宝，尽量满足宝宝的合理需求，给宝宝安全感。

引导宝宝戒除安抚奶嘴，千万别用恐吓、处罚或强制等手段，否则可能会给宝宝带来心理上的负面影响。

总之，在衡量利弊后，如果要选择让宝宝使用安抚奶嘴，一定要挑选符合国家安全检验标准、无毒、无害、触感柔软、软硬适中、耐咬、不易破裂、耐高温、不易变形的奶嘴，而且一定要重视上述的注意事项。

一个小小的安抚奶嘴竟然蕴藏了这么多学问，养育一个宝宝真的是一件很需要耐心和智慧的事情！

第 74 问：母乳喂养、奶粉喂养还是混合喂养？

问：真的很羡慕那些奶水充足的妈妈。每一次家里有人来探望宝宝，第一时间就会问我奶水多不多？是不是母乳喂养？尤其是老人，看到我们给宝宝喝奶粉，就会不停地夸耀自己以前奶水多么充足，宝宝喝都喝不完。休完产假，每天既要忙工作，又要考虑喂奶的事情，真是心力交瘁。好想混合喂养，但又担心宝宝母乳喝得少会影响健康，到底应该怎么办？

关于喂养模式的问题，一直以来都有不同的声音，有些专家强烈建议妈妈们纯母乳喂养，认为只有纯母乳最有营养，而且妈妈和宝宝的联系才会真正紧密。而有的专家又建议混合喂养，认为营养更均衡，而且使用奶瓶喂奶更容易计算宝宝的奶量。

那么，对于新手妈妈而言，哪一种喂养方式才是最友好的呢？其实，宝宝和妈妈之间的亲密感是与生俱来的，母乳不是衡量母爱的唯一方式。不管你选择哪一种，都不必因为不能为宝宝提供纯母乳而感到愧疚。很多愿意母乳喂养的妈妈都曾患过乳腺炎或是因为身体原因不得不停止母乳喂养改用奶瓶。并不是每一个妈妈的奶水都很充足，能够让宝宝吃饱，有的时候宝宝只能勉强喝几口母乳，如果不给宝宝喝奶粉，补充营养，宝宝就会饿肚子。

很多从一开始就想尝试纯母乳喂养的妈妈会因为不能顺利产奶而焦虑，而身边的亲戚朋友也可能会不断地给她们施加压力：为什么别的妈妈都可以你却不可以？更有甚者，会直接拉起新手妈妈的衣服进行指导，这不仅会让妈妈们压力倍增，还会感到很尴尬。

母乳喂养本身对妈妈的子宫恢复是有好处的，但是每个妈妈对于疼痛的耐受力都是不同的。有一些妈妈真的无法忍受母乳痛，或是产后身体非常虚弱的妈妈，母乳未必是最好的选择。要知道，不管你采用何种喂养方式，都是你和宝宝之间的事，如果宝宝一直因为喝不到奶而急得哇哇大哭，没有一位妈妈可以在这个时候心情愉悦地哺乳。

所以，与其纠结哪种喂养方式最好，不如换一个角度思考这个问题：哪一种喂养方式最适合自己？让自己和宝宝都舒服的喂养方式，才是最好的喂养方式。

第75问：宝宝哭了就要立刻抱吗？

问：无论是在家里还是在外面，只要怀里的小宝宝突然哭闹，妈妈就会本能地产生一种自责感，仿佛只要宝宝哭了就是自己没有照顾好。如果这个时候有人走过来询问宝宝为什么哭，妈妈内在的焦虑会立刻飙升。很多妈妈只要一听到宝宝的哭声，大脑就仿佛瞬间功能失灵，本能反应就是放下手中的一切事情飞奔到宝宝身边，把他抱起来或者拿一个奶瓶把宝宝的嘴巴塞住。宝宝的哭声为何如此惹人恼怒，让人心神不宁？除了把宝宝抱起来，我还能做些什么？

新生儿的哭声为何会让妈妈焦躁不安？这其实是一种生物本能，对于没有独立行动能力的新生儿来说，哭是他们唯一寻求帮助的方式。很多妈妈对自己孩子的哭声特别敏感，一听到孩子的哭声，大脑中的原始记忆就会被唤醒，驱使着自己立刻放下手中一切事务跑到宝宝身边，直到确认宝宝是安全的那一刻大脑的警报才会解除。

婴儿无法通过语言或者肢体动作来表达各种不满和需要，因此哭就变成了唯一的表达方式。所以，我们要明白，婴儿的哭是一种自我表达方式，而不是在控诉妈妈做得不好，更不是表示你是一位糟糕的妈妈。

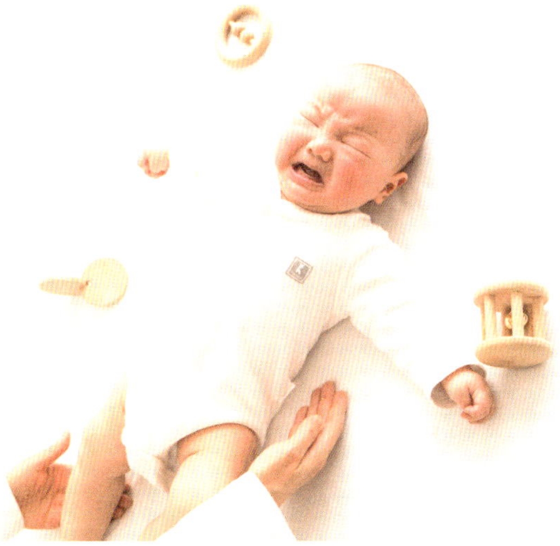

宝宝哭了以后要立刻过去抱他吗？关于这个问题有各种各样的回答。有人建议不要一听到孩子哭就立刻去抱他，这样会使孩子养成坏习惯，以后就总是要你抱；也有人建议，听到孩子哭就立刻去抱，这样才有助于孩子心理安全感的建立。

首先，母爱是一种天性，不必刻意去压抑自己真实的感受，不用为了验证某些专家的理论，宁可在一边偷偷流泪也要忍住不去抱孩子。

其次，在不能判断宝宝因何种原因哭闹时，听到孩子的哭声后要第一时间回应，这种回应包括声音的回应："妈妈听见了，知道你需要帮助，妈妈正在过来。"当我们走到宝宝身边的时候，并不一定要立刻把孩子抱起来，可以先检查一下是不是尿不湿让宝宝不舒服？是不是太冷或是太热了？是不是宝宝听见了什么声音感到害怕了？是不是肚子胀气了不舒服？是不是有发热等身体不舒服？是不是不喜欢现在待的地方？是不是困了想睡觉？

很多妈妈习惯一听到宝宝哭就赶紧塞一个奶瓶到宝宝嘴里，殊不知宝宝常常是因为吃得太多而消化不良，撑得难受才大哭。

当我们听见宝宝哭的时候，第一件事情应该是找宝宝哭的原因，然后再帮助宝宝解决问题，而不是第一时间想怎么才能让宝宝立刻闭嘴，或自责。

通过一段时间的磨合，你会慢慢学会解读宝宝哭声背后的含义。当你学会听到宝宝的哭声停下脚步来分析宝宝哭声背后的原因时，你就不会为了"是不是要立刻把宝宝抱起来"这个问题而纠结。

随着宝宝月龄的增长，哭也将不再是其表达需求的唯一方式，宝宝也会慢慢摸索出自我安慰，缓解焦虑的方法。随着能力的增强，他们会逐渐掌握更多帮助自己解决问题的办法。

在此之前，妈妈还是需要多一点耐心，如果不能确保自己正处于理性的状态，可以先寻求家人的支持，让他们先去看一看宝宝，当自己冷静后再去处理宝宝的问题。当你被这哭声弄得心情烦躁时，是没有办法准确地分辨哭声背后的意义的，宝宝反而会用更激烈的哭声回应你，亲子关系在这个时候是很容易被破坏。

如果想成长为一名从容淡定的妈妈，就要学会在面对哭声时先回应宝宝的哭声，让自己保持冷静，再分析宝宝哭声背后的原因，最后帮助宝宝解决问题。这确实是一件很磨人心性的事情，但也是新手妈妈成长蜕变必须要经历的。

第76问：宝宝只黏妈妈怎么办？

问：家里明明有很多人，为什么宝宝总是黏着妈妈一个人不放？谁抱都不行，只要妈妈抱就不哭了。有的时候感觉真的筋疲力尽了，想找个人来接替自己，好好休息，但还没有离开宝宝多久，就忍不住担心，宝宝会不会哭？别人不了解宝宝，万一照顾不好怎么办？宝宝想妈妈了怎么办？一想到这里就觉得，还是再坚持一下吧，宝宝真的离不开妈妈！

“我的孩子很黏我，时时刻刻都要我陪着怎么办？”这可能是每个妈妈都会遇到的问题，但是别担心，宝宝不会永远黏着你。宝宝两岁半以前喜欢黏着大人，因为那时的宝宝还没有发展出伙伴游戏的社交需求，他们只认准身边的某一个人作为自己生命的重要他人，而这个人通常就是妈妈。

但如果从宝宝一出生开始，就是以老人或者是阿姨为主要照顾者，宝宝也会特别黏那个人。心理学家海灵格曾说过一句话：“你和妈妈的关系，决定了你和世界的关系。”对于两岁半以前的宝宝来说，妈妈就是他们的全世界，他们的全世界就是妈妈。当他们和妈妈在一起时，才会感受到这个世界是温暖的，是安全的，是有趣的。宝宝会把自己的心理安全感建立在某一个他认定的重要他人身上，当宝宝看不见那个人时，他就会感觉焦虑不安。

在这个阶段，宝宝的心理安全建设得越好，在两岁半以后当他们有了自己的同龄伙伴之后，会表现得更加独立和自信，同时这种心理安全感会伴随孩子的一生。很多人成年以后，依然会有强烈的心理不安全感，很大一部分原因是童年时期没有得到足够的亲密和信任，他们成年以后在交友的过程中会发现，自己很难和他人建立很强的信任感，也很容易不自信。

当然在这个过程中，新手妈妈们会觉得十分辛苦，尤其是在宝宝刚刚学会走路以后的一段时间，他们真的可以无论吃饭、睡觉还是上厕所，时时刻刻都想黏着你。

如果你觉得很累，最好的办法是让家人带宝宝出去转一圈，转移宝宝的注意力，只要环境改变了，宝宝的注意力就会转移到新的环境上。给宝宝提供一些可以替代自己的安抚物，让宝宝学会自己安抚自己的情绪。选择一些适合这个年龄宝宝的玩具，例如视觉追踪物，让宝宝逐渐地学会从独自玩耍中获得乐趣。

宝宝五六个月之后就能够区分不同的人，在宝宝心情好的时候，可以让家里的其他成员也抱一抱他，像用奶瓶喂奶这样的工作也可以请家人代劳。宝宝认识人也需要一定的时间，多次接触以后，宝宝也会慢慢地适应其他人，这对于结束了产假就要立刻返回工作岗位的妈妈来说是很有必要提前思考和准备的事情。不要等到自己上班那一天，才让宝宝觉得要长时间与妈妈分开，而措手不及。

第 77 问：如何给宝宝释放正确的睡眠信号？

问：宝宝出生后，睡觉总是很容易惊醒，只有抱着他一边走一边轻轻摇晃，他才能睡着。而且不能坐下，一坐下他就会醒。本来以为这种情况过两三个月，宝宝稍微大一点就能好转，可现在孩子五个月了还是如此。老人有时候会说，那就不要管他，让他自己在床上哭哭就睡着了，不能抱着，一抱着就放不下来了。有几次我累得话都不想说，真的想把宝宝自己一个人放在床上，让他哭，哭几次就习惯了。但是每次只要听见宝宝的哭声，不到三分钟我这心里就受不了了，又再把孩子抱起来。宝宝越来越重，我抱着也觉得越来越累，真不知道这样的日子还要忍多久才能结束？

宝宝睡眠的问题绝对是影响家庭生活幸福感的第一大问题。每夜要被宝宝的哭声惊醒三四次的爸爸妈妈常常痛苦不堪，白天的工作质量常常大打折扣。如何才能尽早地帮助宝宝养成自主睡眠的习惯呢？

为什么有的宝宝可以很快习惯自己睡整夜觉，而有的宝宝必须被奶睡，有的宝宝必须抱着才能睡着，有的宝宝无论用什么方法都免不了一夜惊醒几次？

宝宝的自主睡眠能力要从一开始就培养，不良的睡眠习惯可能是因为你给了宝宝错误的睡眠信号。

你是否从一开始就帮助宝宝建立了正确的睡眠信号？判断正确睡眠信号的能力是需要宝宝通过后天习得的。

就拿那些喜欢被抱着才能进入深度睡眠的宝宝来说，抱着摇晃就成为他的睡眠信号，而这个信号显然是错误的。但是如果你仔细回想一下宝宝是如何养成了被抱着才能睡着，一放下就会醒来的睡眠习惯，你就会发现：从一开始你就是如此帮助他进入深度睡眠的，从他出生开始一直都是这样。在一次一次的强化中，宝宝自动地把“抱着”这个信号解读为自己的睡眠信号，并且这样的习惯还将在未来的几个月里不断地被反复强化，直到有一天你彻底厌倦了这样的哄睡模式，你开始抱怨：“为什么我家的宝宝就不能自主入睡呢？”

另外，例如习惯了被奶睡的宝宝，会把乳头作为自己的睡眠信号，并且这样的习惯会被反复强化，最后，一旦没有这种模式，宝宝就无法进入自主睡眠状态。有的时候，宝宝明明已经很困了，却仍然无法自主睡眠，不得不用大哭的方式来宣泄焦虑的情绪。

那么，那些释放了正确的睡眠信号的妈妈都做了什么呢？

（1）从一开始就要告诉宝宝，床才是他睡觉的地方。不要在宝宝已经完全睡着以后才把宝宝放下，而是要在宝宝刚有睡意的时候就和宝宝一起躺在床上，轻轻地拍拍宝宝，让宝宝进入放松的状态，让宝宝觉得在床上睡觉是安全的、舒适的。不要每次宝宝一睡着就立刻“逃走”，要多陪伴宝宝。很多宝宝就是因为知道他的妈妈经常在自己睡着以后“偷偷溜走”，所以只有自己被抱着的时候才能进入深度睡眠。

（2）宝宝睡觉的地方最好是固定的，不要一会睡在沙发上一会睡在大床上，要有固定的位置。当宝宝三个月以后，可以逐渐地帮助宝宝在安抚物的陪伴下进入自主睡眠。常见的安抚物包括奶嘴、小毛巾、小玩偶等，安抚物一旦确定了就不要再更换。随着宝宝月龄的增长，他在安抚物的陪伴下进入自主睡眠的速度也越快，逐渐地过渡到不需要妈妈的陪伴也能够进入自主睡眠状态。

无论你用什么样的方式将宝宝哄睡，都要记得在宝宝完全睡着以前就要把他放到床上去，告诉他如果困了想睡觉就要躺在床上睡，这样，躺在床上睡才会变成宝宝的睡眠信号。

第 78 问：什么时候适合断奶？

问：在产假结束以后，我们一直采用混合喂养的方式。现在宝宝十个月了，最近频繁地被宝宝咬，我开始考虑是不是要断奶了。但是每当我和家人说到这件事情的时候，他们总是劝我再坚持一下，说母乳的营养好，吃母乳时间长的宝宝身体棒，断了母乳以后宝宝容易生病。到底什么时候才是适合的断奶时间？如果太早断奶了会不会对宝宝的身心发展有影响？

什么时候可以给宝宝断奶？一般来说，六个月之后宝宝开始摄取辅食，摄奶量逐渐减少，宝宝一岁之后就可以逐步从婴儿辅食向半流质食物过渡。你是妈妈，你有权决定什么时候断奶，不用过于考虑别人的看法和感受，其实“断奶”只是一件关于宝宝和你两个人的事。

当宝宝到了一定的年龄，我们就需要给宝宝断奶，但是断奶并不是一件容易的事情，那么，宝宝什么时候断奶好?

断奶是与宝宝对营养的需求以及辅食添加同期进行的，是需要分阶段实行而不是短时间内就能快速完成的事，同时还要配合宝宝的身体情况来开展。

在六个月之后，宝宝开始逐步增加辅食的摄入量，最先给宝宝摄入的是像含铁米糊这种专门为这个月龄的宝宝而设计的辅食，逐步地向米粥、菜汤、菜泥等过渡。根据宝宝对辅食的接受程度，可以逐渐增加辅食的添加量和添加种类，每次只添加一种新的食物，确保宝宝没有过敏之后再添加新的品种。

当宝宝添加辅食以后，对于喝奶的需求量自然会下降，这个就是断奶的前期准备。有的妈妈会给自己设定一个断奶时间，例如一两周内必须完全断奶，甚至为了断奶还会和宝宝分开几天，让宝宝完全无法喝奶，这样的做法对妈妈和宝宝来说都是有很大伤害的，完全没有必要这样。一定要按照正常的步骤，有计划地分步断奶。

在宝宝七八个月，已经适应辅食之后，可以慢慢地固定每天给宝宝添加辅食的时间，同时也可以添加更多的辅食种类，例如面包、饼干、鸡蛋、水果等。这时候，宝宝对各种各样的味道越来越敏感，每一种食物的添加都是一种新的尝试和体验，对于母乳的依赖性会逐渐减弱。

当宝宝十个月左右，已经养成每天在固定的时间辅食母乳的习惯，同时，宝宝的夜晚睡眠时间将更长。除了可以减少白天的喂奶频次之外，晚上也可以相应地减少夜奶次数，直到宝宝完全戒断夜奶。一般来说，宝宝一岁以后，可以逐渐戒掉夜奶，保持整夜睡眠状态。

只要宝宝戒断夜奶，新手妈妈们就可以好好地睡一个整夜觉了。所以，断奶这个问题，真的不是停止母乳这么简单，而是需要有计划、有步骤地执行，与宝宝的生活习惯的改变息息相关。

在宝宝一岁以后，你只需要选择一个宝宝身体健康的时间，再逐步减少白天喂奶的频率，这个过程可能需要1~2周甚至更长的时间。每天逐渐减少母乳喂养次数，一段时间后，就可以轻轻松松地完成断奶的工作，实现自然离乳。

很多妈妈之所以反复断奶，很大一部分原因在于妈妈而不是宝宝。很多妈妈很享受母乳时和宝宝的亲密感，如果给宝宝断奶，会担心别人觉得她是一个“偷懒妈妈”。真的完成断奶以后你会发现，宝宝并不会特别地留恋母乳，反而是妈妈心里会有一点点小失落，是妈妈需要从心理上真正地接受断奶这件事。

关于断奶，妈妈一定要有正确的认识，应该认识到母乳喂养是第一选择，因为母乳营养最全面，同时母乳喂养是母亲与婴儿情感交流的重要时刻。断奶需谨慎处理，时机和方法都需要根据婴儿的身体情况来选择。不当的时机和方法会给孩子无论是身体还是心理上都会造成一定的影响。正确、合理、科学地断奶，不仅让宝宝在断奶过程中轻松，也对孩子今后饮食习惯起到相当重要的作用。

从年龄上，断奶的最佳时机是1~1.5岁，有些母亲由于奶水严重不足，可适当提前，但也要尽量在5个月之后。宝宝0~5个月这一期间，母乳营养价值极高，它能给婴儿提供很好的保护作用，是宝宝抵御各种疾病强有力的“武器”。断奶最好选择气候适宜的季节，避免在夏季炎热时断奶，选择春、秋、冬三季较为理想。体质特别虚弱的宝宝也要尽量避免在严寒的冬季断奶，以防止宝宝疾病反复的情况发生。

一岁以后要开始尝试鼓励宝宝学习扶站，学习自己吃饭，从一个小婴儿向着更加独立的自己成长，妈妈也要和宝宝一起为迈向独立而努力。

第79问：谁才是家里的“主人”？

问：在刚结婚的那几年里，感觉婚姻生活很幸福。在工作之余，可以和爱人一起度假、看电影、逛书店，结婚几年也没有发生过什么大的摩擦。但这一切在有了宝宝之后都变了，我们已经不知道有多久没有单独出门了，彼此也从有很多共同语言，无话不谈到现在三句话离不开宝宝。虽然我们每天生活在一起，但总觉得彼此的距离很远，由于育儿理念分歧而导致的夫妻矛盾也越来越多。为了避免在宝宝面前争吵，我们现在都把矛盾和不满默默地放在心里，家庭氛围变得越来越沉闷。现在我的购物车里几乎都是宝宝的东西，有时候遇到节日也会想送礼物给对方，但每次都会被数落浪费钱，他认为现在有了孩子，开销大，应该把这些钱省下来。我觉得我们的婚姻出现了问题，但又不知道是哪里出了问题。如果才能把我们的关系恢复到生宝宝之前？感觉真的很头疼！

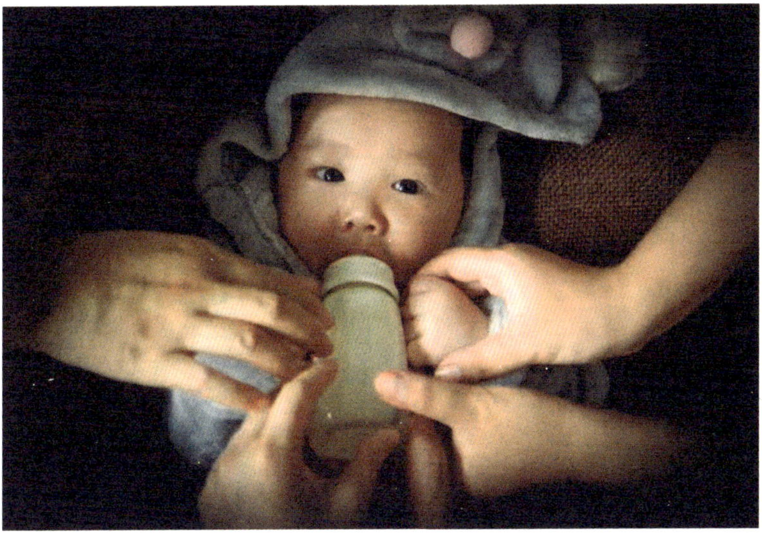

有的家庭因为新生命的降临，家庭成员之间的联系变得越发紧密，这时候，孩子成为维系家庭的纽带。而有的家庭因为有了孩

子，家庭成员之间的关系日益紧张甚至夫妻感情破裂，这时候，孩子成了导火索。不能在育儿问题上达成一致意见时，所有关于孩子的问题，都可能成为父母争吵的内容，久而久之，夫妻双发已经遗忘了最初迎接新生命的快乐，只希望能尽快从这无边深渊中脱离。近几年来，离婚率有所增长，但是离婚本身并不解决任何问题，只是结束了一段关系而已。我们要做的，是团结起来，齐心协力解决家庭的难题。

为什么同样是迎接新生命，有的家庭其乐融融，而有的家庭却矛盾重重？这就涉及“谁是这个家的‘主人’”这个问题。究竟是成人还是孩子？当有新成员加入的时候，家庭的排序会发生怎样的变化？对于幸福家庭中的夫妻双方来说，他们明白孩子是夫妻双方爱的结晶，他们要先爱彼此，才会有足够的爱延续到下一代。但这一点在实践过程中常常被忽略，因为新生儿的需求如此旺盛，足以消耗家里每一个人的精力，新手爸妈甚至连让自己喘气的时间都没有，又何来精力再像过去那样关心彼此？

正是因为新手爸妈常常忘记要先爱彼此，所以常常抱怨。爸爸会觉得自从有了孩子，妻子再也不像过去那样对自己充满耐心，一醒来就能吃到热腾腾的早餐。妈妈会抱怨，为什么爸爸明明知道宝宝尿湿了，却不能动手给宝宝换，而是把宝宝抱到自己面前，难道妈妈天生就会换尿布吗？谁不是从零开始学的！

育儿这件事情如此困难，新手爸妈一定要联起手来，而不是留下妈妈一个人独自面对新生儿。我们应该学会彼此协助，把对方当作战友而不是对手，只有这样，我们才能把原本就真的很艰难的日子，努力活出色彩。

育儿不是一件轻松的事情。困难对任何一对夫妻来说都是一样的，不同的是你对待伴侣的态度。若是战友，你就自然会明白作战是有分工的，要做自己更擅长的事而不是要求对方一定要和自己做一样的事，将更多的精力放在合理分工上而不是吵架上。若是对手，就会一刻不停地比较，谁做得多谁做得少，若是此刻自己做得比对方多，就感觉受到了莫大的委屈。妈妈要学会告诉身边的人具体而准确的要求，例如让爸爸换尿片，给宝宝洗澡，加热辅食时要注意什么，有什么要求。不要期望身边的人总能知道你心里在想什么，主动提出做什么，要直接告诉他们你需要他们做什么，相信他们会乐意完成这些事。不要对新手爸爸抱怨带孩子很累，而要直接告诉他，请你抱一下宝宝，我需要休息。

无论是父母还是孩子，我们都是一家人，彼此之间都有一个共同的目标，那就是希望每一个家庭成员都能感受到快乐。更好地照顾新生儿的前提，是夫妻双方彼此关爱，你们是新手爸妈，但你们还是你们，成年人也有权利和宝宝一样得到家人的关爱，不是吗？

夫妻关系应该大于亲子关系。每一个家庭成员都有权从家庭中获得快乐。新生儿不能也不应该成为家庭的主人，夫妻双方才是！一起携手并肩作战吧，把育儿当作一场战役，孩子才是你们两个人共同的“对手”。

Part3　新手妈妈不焦虑

第80问：总想给孩子最好的，花销严重超支，怎么办？

问：没生孩子之前只听别人说孩子的开销很大，那时候还不理解，一个孩子一个月能花多少钱？现在自己生了孩子才知道，育儿的道路上处处都可以很费钱。就拿小小的一桶奶粉来说，精装进口的就要400多元，同样是尿片，价格的差距也很大。其他的，如玩具、衣服、亲子乐园、早教课、婴儿辅食，只要是和孩子沾边的东西就没有不贵的。初为人母总想样样都给孩子最好的，别人家孩子没有的，自己家孩子要有；别人家孩子有的，自己家孩子要最好的。在家庭收入有限的情况下，只好尽量先满足孩子的需求，压缩自己的生活成本，但即使是这样，家庭开销也会严重超支，到底应该怎么办？

常常会听到很多妈妈一边不停地抱怨育儿的成本太高，一边忍不住不停地“买买买”。是时候冷静下来想一想，真正造成你育儿成本激增的原因，到底是孩子真的需要，还是商家告诉你孩子需要？

妈妈眼中最好的东西，很多时候并不是宝宝真正需要的，育儿切忌攀比！

我们不妨来做一个小实验，把你最近一周买的与宝宝相关的东西都拿出来，看一看哪一些是宝宝需要同时又急需的？你会发现真的很少，绝大部分的东西都是不急需的，是可有可无，可买可不买的，或者即使需要也没有必要买那么贵的。

在我们小时候，父母的育儿压力之所以没有现在这么大，是因为老人会告诉他们，孩子长得快，没有必要样样都买新的。尤其是新生儿的头一年，很多东西根本就用不了多久。例如温奶器、辅食机、摇篮、新生儿浴盆等，这些东西都只是短暂地被需要，买起来却又都不便宜，这些东西完全可以考虑买二手的或者用亲戚朋友的。

尤其是玩具，我去过很多有新生儿的家里，发现几乎每家都被孩子的玩具堆满，有的人家甚至连落脚的地方都没有。当家里堆了太多的东西，除了费钱外，妈妈一天清洁的工作量也会大大增加。

有的妈妈喜欢囤货，看见便宜的玩具就想买，打算等孩子以后长大了再拿出来用。真的是这样吗？真正等到孩子长大了，你早就忘了自己已经买过类似的玩具，又忍不住买新款的玩具。

所以，不是育儿本身费钱，而是没有规划的育儿费钱。一个聪明的妈妈永远都会把钱花在刀刃上。

不建议囤货，宝宝当下需要什么，再有针对性地购买。宝宝成长的速度很快，产品的更新速度也很快，宝宝发展到什么阶段，就买适合这个阶段的玩具。

最贵的东西并不一定是最好的。如果你希望在有了孩子之后依然能够维持过去的生活水平，那就不能想买什么就买什么。在育儿的诸多陷阱里，攀比是最费钱的一种，别人有的你没有，那是因为你此刻不需要，等你真正需要的时候再买吧！

有一个非常实用的节省开销和空间的方法，就是永远只留下需要的，不需要的可以转卖给其他人。我见过很多妈妈“只进不出”，家里堆满了东西。孩子都已经上幼儿园了还留着婴儿时期的物品，最后孩子连活动的地方都没有。赶紧把这些无用的东西转给真正需要的人吧！

与大家分享一个小窍门，那就是要学会“共享育儿”，并不需要购买所有的育儿物品。就拿绘本来说，进口原装的绘本价格很高，没必要购买太多系列，可以和其他妈妈约定，大家买不同系列的书交换，这样等于花一本书的钱看了三本书，甚至五本书。买玩具也是如此。小朋友总喜欢新颖的玩具，也可以像交换绘本那样，定期交换玩具，这样不仅可以节约育儿成本，还能有效地促进小朋友之间的社交关系，可谓是一举两得。

第 81 问：有新生儿的家庭如何进行角色搭配？

问：在没生孩子之前就听过“丧偶式”育儿这个说法，生了孩子以后才真正体会到这个说法的意思。虽然爸爸并没有推卸责任，但是和宝宝的相处过程会让他产生很强的挫败感，不知道如何与这么小的孩子沟通，孩子情绪失控的时候他也很容易崩溃，遇到这种情况该怎么办？

很多妈妈生了孩子以后非常不理解，为什么无论孩子爸爸原本是一个多么有责任心，多么以家庭为中心的人，在育儿这件事情上他们始终觉得自己只适合“打下手”。例如给宝宝洗澡，爸爸会说“如果你今天很忙，我也可以帮宝宝洗澡”；如果家里被宝宝弄得很乱，他们第一反应绝对不会是自己把房间收拾整齐，而是会说：“要不要我帮你把家里收拾一下？”“如果你真的很累，那不如我们请个阿姨吧，这样可以减轻你的负担。”

也就是说，只要你呼唤我，我也可以帮你，如果我今天哪也没去，只是在家照顾孩子，而你加班，那么你还应该感谢我帮你分担。天呐！不是说好男女平等吗？女人赚钱养家的时候可没有说我是在帮你养家，怎么现在却变成了你帮我带娃？那我在帮谁生儿育女呢？遇到这样的老公，应该怎么让他摆正态度呢？

现代社会，女性的收入并不一定比男性的低，但女性依然被默认需要承担更多的育儿工作，这让新手妈妈们觉得十分不公平。现代女性在职场上辛苦打拼，下班回家后还要一秒钟变回那个耐心有爱的妈妈，真的非常累。职场中没有人会因为你是新手妈妈就迁就你，家里也没有人会因为你要工作而认为你可以不用带娃。一些老人甚至很自然地觉得是在帮妈妈带孩子，而爸爸们工作、加班都是天经地义的，如果妈妈下了班还不回家就是对孩子不负责。

女人在成为妈妈的一刻，就要考虑如何兼顾事业与家庭，而男人成为爸爸的那一刻，只要他愿意，甚至可以过没有孩子之前的生活。如果现实就是如此，那新手妈妈们到底应该如何应对？

你既是新手妈妈，也是家庭育儿主管。不要等到孩子出生的那一天才去思考这个问题，刚开始怀孕时就让准爸爸也进入“备孕状态”，一起讨论家庭分工。要知道，如果你不说，很多爸爸的确不知道照顾一个新生儿原来是如此复杂的一件事。这个世界上没有人天生就会育儿，即使是妈妈也需要从零开始，一边实践一边摸索，这个过程对于爸爸来说也是一样的。

即使爸爸们知道孩子非常可爱，需要成人的悉心照料，但若是他们没有真正地参与育儿过程，没有给宝宝洗过一次澡，换过一次尿片，喂过一次奶，那他们的父爱和责任感就无法被真正地激发。因此，如果你不想在有了孩子之后再抱怨为什么照顾孩子变成了你一个人的事，请在孕期就告诉孩子爸爸他需要做什么。把自己的角色设定为“家庭育儿主管”，是不是听起来还不错？永远不要指望孩子爸爸主动来问你，你需要什么帮助，他们真正需要的是你主动地、明确地、具体地告诉他们，他们需要做什么。

两个人的沟通，有一种最大的障碍，叫作你以为他知道但实际上他并不知道；有一种委屈，叫作他以为你知道他不知道。

例如，换尿片、喂奶、洗澡、擦润肤露等，这些具体而固定的事情可以直接分派给孩子爸爸，告诉他们这是他们的工作，而不是一边抱怨爸爸们不靠谱，一边大包大揽，把所有工作都完成了。

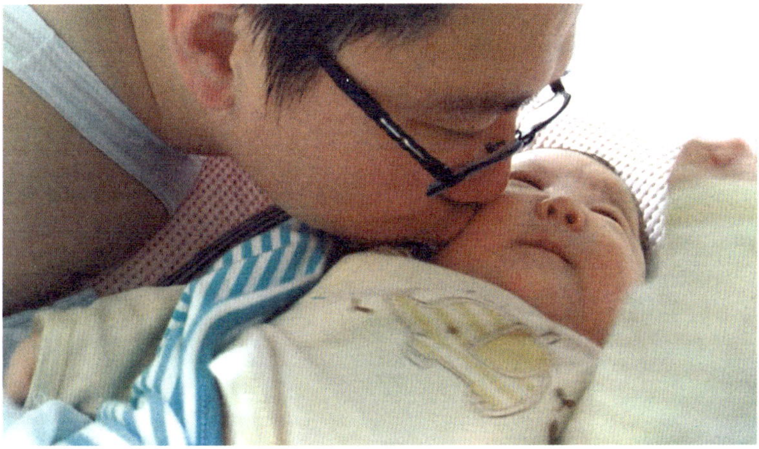

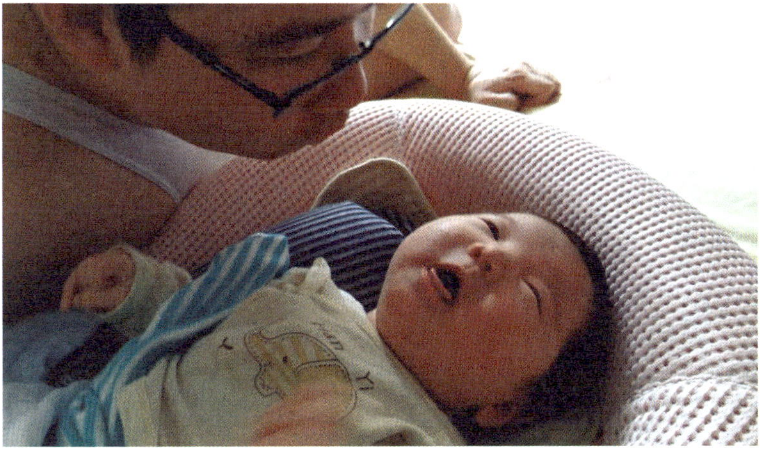

如果平时宝宝是跟着妈妈睡的，那么，每周至少固定一个晚上，让宝宝跟爸爸睡，至少保证一周能有一天晚上你可以安安静静地睡一觉。切记，一定要从孩子出生起就要求爸爸参与整个育儿过程，如果孩子已经三四个月了，家庭的育儿分工无形中已经固定，那时候，孩子爸爸连一块尿布都没有换过，你还能要求他做其他的事情吗？

第 82 问：男宝女宝有哪些不同？

问：我们家的宝宝从出生开始就和邻居家的宝宝一起玩，我们家是男宝邻居家是女宝。在婴儿时期并没有发现两个宝宝有什么太大的不同，两个宝宝都属于急性子，不爱哭闹，胃口都不错。但是随着两个孩子年龄的增长，我们逐渐发现他们的发展步调开始不一致。女宝宝一岁多已经会叫叔叔阿姨了，我家男宝这个时候还只会叫妈妈；男孩已经开始在学扶站了，女孩还只会爬。两个宝宝的兴趣爱好也有所不同，男宝宝更喜欢车子这样会动的东西，而女宝宝更喜欢小玩偶、小娃娃等玩具。总体感觉邻居家的女宝宝各方面的发展都要比我们家的男宝宝快一点，也更乖更听话，这是普遍现象吗？

男宝女宝生而不同，养育方法上需要区别对待，但不要盲目比较。

男宝女宝除了生理上的性别差异以外，其实最主要的是大脑结构上的差异。

现代的早期育儿模式中，婴儿的气质被广泛地作为不同脾气、不同性格的宝宝的分类标准，但是男孩和女孩的性别差异所对应的差异化养育方式却并没有被重视。

理论上，在对待不同性别的宝宝时，我们应该采取不同的养育方式，但事实上，孩子上高中以前，大部分家长评价不同性别的孩子的方法大同小异。这种养育模式会导致什么结果呢？最明显的结果就是现代社会男性越来越多地呈现出阴柔的气质，男孩子的责任感和担当意识越来越弱，而女孩子的性格偏向中性化。

我们常常说要跟随孩子的步伐，尊重孩子的特性。男宝女宝看起来差不多，但实际上他们是来自两个完全不同星球的天使。

例如男宝宝天生就需要更多大肢体运动来消耗他们过剩的精力，我们应该为他们提供更多的活动空间，让他们的四肢可以得到充分的发展，而不是丢给他们一些漂亮的洋娃娃。

5

宝宝长大以后，对玩具的喜好差异越来越明显。女孩子更喜欢玩“过家家”或“梳妆打扮”的游戏，而男孩子更痴迷于车子、飞机这种交通工具类的玩具。为男孩子选择的玩具不要女性化。男孩和女孩性别不同，性格和喜欢的东西也会不同。

孩子不断成长，女孩依然和妈妈保持着亲密无间的关系，有什么小秘密都喜欢和妈妈分享，而男孩一旦找到了自己的玩伴就会立刻和对方玩得不亦乐乎，忘记妈妈的存在，甚至不希望妈妈过多地参与。

这也是为什么从一开始我们就应该鼓励爸爸参与整个育儿过程。如果男宝宝的身边的玩伴都是女宝宝，那么他们只能从女性照顾者身上学习如何与女宝宝相处。一个男孩一生中第一个真正崇拜的人应该是他的爸爸。有研究表明，在孩子的养育过程中，有爸爸参与的孩子，长大以后会更加自信，更敢于表达自己的想法，性格也会更加阳光、开朗。

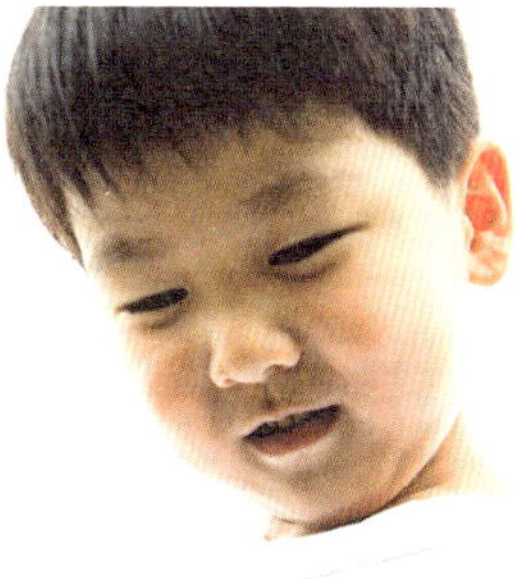

有一些家庭同时有男宝和女宝两个孩子，养育上的差别感受会更加明显，只有当我们充分尊重孩子的个性和性别差异，采用

不同的方法进行养育时，孩子才能按照自己的节奏发展。每个孩子都有自己的成长节奏，我们只有跟随孩子的发展步伐，才能真正地帮助他们更好地发展，成为他们自己希望成为的人。

第83问：对孩子发了脾气很后悔，但又克制不住自己？

问：有多少妈妈像我一样，每一次对孩子发完脾气后都很内疚？尤其是晚上发脾气，我做梦都会想到孩子刚才担惊受怕的样子。我也不明白自己怎么会变成这个样子，孩子还那么小，会不会留下心理阴影？可是有的时候又实在忍不住，觉得他每天都在挑战我的底线。都说好习惯要从小养成，现在不管岂不是在纵容他犯错？以后长大了还得了！一想到这里，就觉得自己今天又要失眠了，我真的不想让孩子觉得我是一个可怕的妈妈，可有时候又控制不住自己，怎么办？

每一个人都会有不同的爆点，而每个孩子引爆妈妈的爆点的方式也是完全不同的。例如，有的妈妈可以充满耐心地应付晚上一次次起夜，但若是白天孩子不能好好吃饭她就会立刻发怒；有的妈妈对孩子哭闹有很强的忍耐力，但若是她发给孩子的指令没有及时得到回应就会立刻发脾气；还有的妈妈只要看见孩子没有把玩具放回原位也会立刻发怒。

先找到自己的爆点，才能学会熄火。

如果你仔细观察就会发现，每一个妈妈的引爆点都是不同的。也就是说，即使孩子做了同样的事情，不同妈妈的反应是完全不同的，发怒的程度也不同。

也就是说，你暴怒的原因不仅是孩子的行为，还有你的过往的生活经历、你的价值观，以及你的原生家庭的养育模式。

这其实是一个很有趣的问题，也许连你自己都不知道会被哪些事情真正地触怒。所以，从某种角度来说，育儿的过程也是重新认识自我的过程。下一次在你暴怒之后，不妨拿出纸和笔记录一下，把事情的经过和你发怒的原因记录下来，然后进行分析：我为什么会发怒？孩子没有及时回应，其实只是表面现象，我生气，可能是觉得自己作为父母的权威受到了挑战。

通过几次记录你会发现，哪一些事情特别容易令自己发火，找到发怒的原因。这样，下一次要发怒时，可以先自我预警，实在无法控制，就暂时离开，待处理好情绪再回来。

在几次记录之后你就会发现，其实真正可以激怒你的事情并不多，而且翻来覆去就是那几件，当我们找到了自己的爆点之后，就可以有针对性地找到让自己平息的方式，毕竟我们都不希望孩子看见自己因暴怒而扭曲的脸。

那些明明不想对孩子发火，每次却又忍不住的妈妈，其实是因为没有真正地找到自己的爆点。不仅是妈妈，爸爸们也经常会有这样的困扰。很多时候人最难了解的就是自己，这时候可以找爸爸来帮忙，一起来分析发怒背后的原因，互相支持。例如爸爸了解妈妈的爆点之后，每一次在妈妈彻底被激怒之前出面调解，缓和气氛，待妈妈冷静后再处理问题。

当你真正暴怒的时候，孩子被惊吓到大哭，完全不会记得妈妈为何会发脾气，妈妈自己也不会冷静思考自己为何会发脾气，所以，孩子下一次再犯同样的错，导致妈妈发脾气的概率非常大。

我们想要达到的目的，是纠正孩子的行为，而不是恐吓孩子，不是吗？所以，妈妈们，先处理自己的情绪，再纠正孩子的行为，才会真正地达到目的。

第 84 问：有新生儿的家庭如何保持整洁？

问：在整个新生儿养育的过程中，我个人最不喜欢的环节应该就是永无止境地整理收纳，每天都要花很多精力打扫，但是过不了多久宝宝就会弄得一团糟。好几次都忍不住想发火，后来房间弄乱了也不想整理，感觉就是在做无用功。但当自己冷静下来时，看见乱糟糟的房间，心情又会变得很差，好怀念那个干净的、整洁的、有序的家，我该怎么办？

仅仅是照顾一个新生儿已经让妈妈们焦头烂额了，每天还要收拾凌乱不堪的家，心情更是糟糕到不行。随处都是宝宝的奶瓶、尿布和数不清的玩具、衣服。自从家里多了一个小家伙，再爱整理的妈妈也只能妥协，能够维持家庭表面的整洁已经是非常困难的事情了，更别说像过去那样井井有条了。

不是新手妈妈们不想整理，而是想整理却感觉无从下手。最难的是，常常好不容易挤出大半天时间专门整理，只要爬行期宝宝一出现，不出半个小时，家里又变得一团糟。这难免让妈妈们觉得辛苦整理都是徒劳，久而久之就放弃了让家庭保持整洁的念头。

难道有了新生儿，家里就只能这样了吗？这里与各位新手妈妈们分享一个非常简单又实用的小方法，那就是千万不要一次把所有玩具都拿出来，一次性给宝宝太多的选择等于没有选择！

如果我们仔细观察就会发现，虽然满屋子都是玩具，但是宝宝每天玩的玩具数量有限，每天看见这些堆在外面的玩具反而会降低玩耍的兴趣，会觉得没有新鲜感。当我们明白这样一个简单的道理之后，每周或者每隔三四天拿出几件新的玩具给宝宝，他喜欢的玩具可以继续留下，那些暂时不想玩的玩具可以先收起来放在储藏室。

不要小看这一个小小的改变，通过这样一个小方法，我们会发现每天需要整理的量大大降低，妈妈也不会觉得无从下手，宝宝也玩得很尽兴。如果把玩具全都堆在外面，就连妈妈都很难收拾，更不用说教宝宝从小养成归纳收拾的好习惯。

“每天只拿出几件。”就是这么一个小小的方法，就能帮助新手妈妈保持家庭的整洁，是不是非常简单又实用呢？

第 85 问：家人不支持你的教育理念，怎么办？

问：自从怀孕开始，我就关注了很多教育理念，看了很多书，学习了很多新的知识，但家里人不仅没有跟着我一起学习，反而觉得我把育儿这件事情搞得太复杂了，这样的态度让我觉得很无奈。毕竟再好的教育理念，如果家人不配合，那就很难实施，我该怎么办呢？

很多妈妈在产假结束后就要重返职场，宝宝每天的主要照顾人就从妈妈变成了老人或者阿姨。无论是老人还是阿姨，他们最喜欢包办宝宝的一切，对卫生要求比较高，最好宝宝每天除了睡觉和喝奶外，不乱动也不乱摸。

虽然很多妈妈会告诉老人这样不好，但没办法，想要老人改变真的很难，毕竟他们年纪大了，带孩子已经很辛苦了，没必要再因为育儿理念引发家庭冲突，不少妈妈会选择为了家庭和谐而默默忍耐。即使这样，时间久了还是容易引发矛盾。

难道这样的难题就无法解决了吗？

我们很高兴地看到，现在有越来越多的学校、社区除了开设家长讲座以外，还会开设专门的老人育儿讲座，通过第三方的方式把正确的育儿观念传递给老人，很多老人感觉受益良多。如果身边有这样的学习机会，不妨让老人多参加。要相信，家里的每一位成员都深深地爱着这个刚出生的小宝贝，大家互相支持，共同养育这个小生命。不要把自己和家人对立起来，也不能一味地对照顾者提要求，要和他们站在一起，共同想办法帮助宝宝更好地成长。不仅是隔代人之间，夫妻双方因为教育理念的不同而爆发矛盾也是常有的事情。

有人做过一个形象的比喻，把养育孩子看成经营一家公司，家庭的每个成员都是公司的成员，只有大家各司其职，相互配合，才能把孩子养好。妈妈在这个公司通常是担当了CEO的角色，你的工作是调配其他的人员来配合你。就像在公司也会遇到不听从指挥的员工一样，在家里也会遇到这样的情况。如果在公司里，你都可以冷静地、耐心地和同事沟通，那么在家里，也要有这样的耐心才可以。此刻，你是宝宝生命中最重要的人，同时，你也是你的家人生命中非常重要的人，他们对你来说都是很重要的人。作为公司的CEO，你要全面地看待育儿这件事情，而不仅仅是拿对错作为评判标准。

书上说的不一定全对，老人说的也不一定全错，只有大家都从爱宝宝的角度出发，才有可能一致前行。无论哪种育儿理念，只要方向是对的，最终都会到达光明的彼岸。

第 86 问：是否应该当全职妈妈？

问：一个从出生开始有妈妈全天陪伴的孩子，无论是安全感、自信心还是各方面的能力都会发展得更好。要不要为了孩子停工一两年，全心全意回家带娃，等孩子大了再出来工作？但是如果自己几年不工作，再回到工作岗位还能胜任吗？真的好纠结！

如果一个孩子能够从出生开始，在生命中最重要的前三年由妈妈作为主要照料者进行照顾，当然是非常幸运的事情。但是在你做这样的选择之前，请一定要想清楚：全职妈妈可不是什么轻松的工作，全职妈妈的生活绝对不是每天轻轻松松喝喝茶、逛逛街，可以说，“全职妈妈”就是一份全天候24小时，全年无休且没有任何薪酬的工作。

从早上一睁开眼睛开始，就要不停地忙碌，考虑孩子吃什么、玩什么，什么时候给孩子换尿布、洗衣服。宝宝还会时不时地闹点小情绪，制造一点小麻烦。好不容易把他哄睡着了，你也不能休息，还要打扫卫生，准备一日三餐。还要定期带宝宝打疫苗，上早教课。就这样，好不容易熬过了三年，孩子上学了你却“失业”了。

你也许会看见很多全职妈妈晒出悠闲生活的照片，但请相信我，那些只是照顾孩子之余偶尔的放松，绝对不是生活的日常。或者说，这些妈妈想让你看到她生活的样子，但这并不是她生活全部的样子。

如果你选择了暂时放弃工作成为全职妈妈，那么意味着你同时选择了暂时放弃你现有的收入、你现在的生活节奏、你的社交圈、你可能的职业晋升机会，还要接受来自家人或者朋友的压力。

这个话题有一点沉重，当妈妈选择把世界上最美好的一面带给孩子的时候，她却不得不独自面对残酷的一面。很多新手妈妈不得不在产假结束后返回工作岗位，趁着工作间隙躲在厕所里吸奶。

在杰西妈妈身边的确有很多人以带娃的名义选择暂别职场，但却很少有人成为真正的“全职妈妈”。他们中的大部分只是选择了在带娃的同时经营一份时间更加灵活的副业，或者选择趁着这两年的时间进修一些新的课程。

工作不仅仅是一种在这个社会上生存的手段，还是一种自我价值体现的方式。

虽说为母则刚，但是育儿并不是一件只有妈妈参与的事情，爸爸的参与、其他家人的支持同样重要。你不必独自一个人承担全部的育儿重担，育儿应该是全家人的事情。

如果你计划成为全职妈妈，那么请你告诉你的家人，你为什么这么做，你需要得到哪些支持，这样你的家人才能及时地为你提供你所需要的帮助。对于一位全职妈妈来说，最辛苦的事情不是身体上的疲劳，而是你已经为孩子付出了那么多，家人却不能理解你，甚至因为孩子的一点磕碰而苛责你。对于没有在家全职带娃经验的人来说，确实不能理解全职妈妈一天的辛劳，会觉得全职妈妈非常轻松。所以，事前的沟通真的很重要。尤其是孩子的爸爸，每周至少要安排一天的时间让爸爸独立带娃，他才会真正地理解全职带娃这份工作比任何工作都要辛苦。

要不要停工成为全职妈妈？杰西妈妈的建议是可以成为全职妈妈，但不要停工，更不能停学，把全职妈妈作为一份工作来规划，而不是突然中断了自己与外界的一切联系。在成为全职妈妈之前，请先问自己："你是想做一段时间的全职妈妈，还是一辈子的全职妈妈？应对这两种不同的选择，你需要做的准备也是不同的。

没有做好全职准备的妈妈也不需要过于焦虑，因为陪伴孩子最重要的是质量而非时长，提高陪伴的效率才是最重要的。如果无法做到每天抽出固定的时间陪孩子，那么至少以周为单位，留出专门的时间，不刷手机，不做任何其他事情，只是陪孩子。

只要不停学习，人生就不会静止。

第 87 问：育儿，需要的是队友还是对手？

问：同样是生孩子，我发现身边有些朋友和没生小孩子之前的状态差不多，虽然有了宝宝，生活也依然丰富多彩，经常看他们晒出去旅游或者和朋友聚会的照片，她们还经常带宝宝出去玩或是上早教课。为什么我每天下班都感觉筋疲力尽，回到家恨不得直接躺在床上，可每天还是要硬着头皮，坚持给宝宝读绘本、唱儿歌、做游戏，好想知道其他妈妈到底是怎么做到的！

很多妈妈生了宝宝以后喜欢亲力亲为，宝宝吃什么、用什么，要求特别高，家人想帮忙却很难插得上手。这样不仅容易让家庭关系变得紧张，好像身边的家人都在无形中变成了自己的“敌人”，妈妈自己也会感觉很累。

育儿不是百米赛跑，而是马拉松。在育儿的道路上，不要做一个孤军奋战的勇士，要学会整合资源，让自己身边的人都变成自己育儿道路上的帮手，不用事事亲力亲为。比如说换尿片、冲奶、洗奶瓶这些事情，如果有家人愿意帮你，可以把你的要求告诉他们，让他们完成。

当然，你也不要忘记经常表达对家人的感谢，因为他们也需要经常被鼓励、被感谢、被认可。有些妈妈会觉得，孩子是自己生的，孩子是属于自己的，但是请别忘了，你和爷爷奶奶外公外婆一样，都是孩子的家人，家人排名不分先后。

每一个人的成功，都离不开家人的支持与帮助。例如有的人创业成功了，但子女教育却很失败，那是因为人的时间和精力是有限的，如果没有家人帮助你完成育儿这件事情，你又怎么可能把绝大部分的精力投入到创业中呢？人们往往容易看到成功的表面，却容易忽视那些在背后默默付出的人。没有人可以离开家人的支持独自育儿，生育的本身就是一种生命的延续。孩子的人生就是你生命的另一种可能形式。

不要把自己活成一座孤岛，育儿真的不是一个人的战斗，爱应该在家人之间自然地流动。也不用觉得请求家人的帮助有什么不好意思的，还记得有一段时间我的心情非常差，正好有朋友邀请我一起出去旅游。我犹豫了很长时间，我担心自己不在家，家人不能照顾好宝宝，我也担心自己一个人和朋友出去旅游，家人不理解、不支持。生完孩子以后，第一次独自出游，心里总有一种愧疚感，但我的身体和精神都告诉我，你真的需要休息。最终，我还是鼓起勇气和家人提出要出去旅游的事情，没想到他们非常支持。这件事情让我感动了好久，让我明白了家人的意义，就是当你需要的时候，他们真的愿意给你提供无条件的支持。

请记住，经常把感谢挂在嘴边，把你的家人、朋友、老师都变成你育儿道路上的队友。如果他人在协助的过程中有让你不满意的地方，也请尊重他们，用建议代替指责，用感谢化解危机。

如果我们希望孩子成长后受朋友、同学、同事欢迎，暖心又懂事，那么，我们在与家人相处的每一天中的言行举止就是最好的示范。

第 88 问：产假结束返工后，如何平衡家庭与事业？

问：产假还有半个月就要结束了，说实话，现在挺焦虑的。在过去的五个月里，每天24小时都和宝宝待在一起，所有事情都亲力亲为。工作以后，白天只能让老人带孩子，不知道宝宝能不能习惯，会不会想妈妈。自己的工作还是很不错的，领导都对我很不错，不想因为有了宝宝而放弃工作。几个月没上班了，重新返回职场，前期工作量也会比较大，需要一段时间才能把工作理顺。

一想到这些就觉得头疼，很羡慕那些能够同时平衡事业与家庭的女性，也希望能够成为她们那样的人，但是当自己真正要面对这样的处境时才知道，平衡真的是一门艺术。无论是工作还是带娃，每一样都让人筋疲力尽，我到底应该如何做，才能平衡工作与家庭？

没有人可以真正地平衡事业与家庭，每一个成年人都在一边取舍，一边收获。

要解决这个问题，请先告诉自己，无论最终你的选择是继续留在家里做全职妈妈，还是在产假结束后立刻返回职场，你都不必产生任何的负罪感，因为这个世界上根本就没有能够同时完美地平衡事业与家庭的妈妈。每个人都是平等的24小时，在这24小时里，无论你在哪一件事情上付出了更多的精力，那你一定就会在那件事情上收获更多。

所谓的平衡，绝不是如何完美地把一天24小时平均分割，12小时给工作，12小时给家庭。所谓的平衡，指的是以一段时间为基本单位，可以是一周、一个月，也可以是一两年，有侧重点地把精力合理地投放在自己认为的更重要的事情上，正确取舍，让事业和家庭达到相对平衡的状态。

为什么说要以一段时间而不是以一天为基本单位计算呢？

随着孩子年龄的增长，他的独立性会越来越强，他并不总是像婴儿期一样时时刻刻地需要妈妈，工作也是如此，是有一定周期性的，并不是时时刻刻都处于升职加薪的关键时期。

很多妈妈之所以愿意选择放弃一段时间的工作，留在家里全心全意地陪伴宝宝，是因为他们知道对于新生儿来说，生命中的前三年对一个人一生的发展来说至关重要。

有一些妈妈，她们在前期的工作中付出了大量的时间和精力，生育时刚好是升职加薪的关键期，如果错过了这次机会，也许下一次还要等很久，也许再也不会有机会。同时，养育宝宝的经济负担重，让她们觉得，只有更好地工作才能带来更丰厚的收入回报，未来才能给孩子提供更好的教育机会。

还有一些妈妈，选择放弃自己的睡眠时间，每天早上四五点起床，先完成一部分工作，然后照顾宝宝，再去上班，晚上回来后先陪伴宝宝，宝宝睡觉后，再加班到深夜。

那些看起来事业有成，孩子很优秀，同时自己的兴趣爱好也能兼顾的妈妈，一定是一个非常擅长切换任务模式的高手，想要把生活的方方面面照顾得都很周全，就必须像游乐场的“丢球小丑”一般勤劳，时刻保持自己的手上有球，还要不停地切换手中的球。

人们常说：“妈妈的潜能都是被孩子激发出来的。”这句话一点都没错。没有孩子之前，你可以自主地分配自己的时间，甚至可以只有工作和休息两种生活模式。但是自从孩子降临的那一刻，妈妈们不得不学习多种技能，切换到多任务工作模式，你再也无法把一天的时间全部用来做一件事。

选择全职在家陪孩子的妈妈，可以给自己安排一些在家进行的副业；而选择留在职场的妈妈，可以在周末时安排一

些家庭亲子活动，不要一直待在家里，也不能把所有的时间都放在工作上，要陪娃和工作两者兼顾。

人类已经掌握随时切换工作模式的能力，女性的大脑即使在休息状态依然有百分之三十五以上的区域是处于活跃状态的，大胆地开启你的多工种作业模式吧！成年人的世界里没有完美的生活，只有一边取舍一边收获，想要保持平衡，就要勤快地切换。人生是一个篇章到另一个篇章的过程，每个篇章的重点不同，细细品读每一个篇章，便能不负此生！这就是保持平衡的秘密。

第89问：白天上班被工作掏空，晚上回家无力陪娃怎么办?

问：没有父母是不爱孩子的，但对于双职工父母来说，每天下班都已经筋疲力尽了，只想好好休息，但还要强撑着精神陪宝宝玩，给她讲故事、洗澡、喂奶。说实话，有一段时间真的觉得日子太苦了，真的快要撑不下去了。老人心疼我们，几乎包揽了所有的家务，想让我们多休息，可是真的休息时，心里又会觉得愧对孩子，担心陪伴孩子的时间不够。真的好难，我该怎么办?

对于职场妈妈和职场爸爸来说，由于白天的时间全部都要用来工作，晚上回家后只想倒在沙发上休息。但是又不想错过孩子的成长，想培养良好的亲子关系，明明已经累到不行，却不得不强迫着自己拖着疲惫不堪的身体，强打起十二万分的精神去陪

娃。尤其是看到别人家的爸爸妈妈不是带娃出游就是陪娃读绘本、学英语，总觉得自己也必须做点什么才能不焦虑。

在这样的身体和精神的双重折磨之下，常常就会上演一边刷手机一边看娃的一幕，自我心里感到安慰了，但焦虑感却一点都没有少。每天重复这样的戏码，身心俱疲，但又实在没有什么解决办法，只能用一句“中年危机”安慰自己。

这里要给各位辛苦的职场爸妈分享一个简单实用的高效陪娃秘籍，那就是要提高陪孩子的质量，而不要一味地拉长陪孩子的时间。首先你要明白，我们是人不是机器，一定要有足够的休息，才能更好地开展第二天的工作，如果没有规划地陪孩子，那么很可能一个晚上都是一边刷手机，一边“陪”孩子的状态，时间就这样被消磨。这样的结果只能是自己得不到休息，也没有好好陪孩子，日复一日恶性循环，自己的事情越积越多，越来越没有时间去做。

那么，当了新手爸妈以后，如何还能拥有属于自己的可以独立支配的时间呢？那就一定要做到对自己的时间心中有数。

我们可以把工作和陪孩子的时间以周为单位计算，把陪孩子也当作一项工作去开展，给自己设定一个基础的高效陪孩子的时间，比如一天半小时到一小时，在这个时间段里，全身心地陪孩子，不刷手机不做其他的事情，只是陪孩子做一些他喜欢的事情，比如洗澡、亲子共读、聊天、玩游戏。只有互动式的陪伴才是高效的。如果偶尔工作忙，回家晚又太累，也不要勉强自己必须陪孩子，可以把这段“工作”时间先攒着，周末找时间补回来，这样以周为单位来计算时间，全职爸妈就可以灵活地安排。

为什么要把陪孩子当作一项特殊的“工作”开展呢？就是不论你的心情如何，都要进行，不是想陪就陪，不想陪就不陪，高效陪娃的工作需要长期开展。另外，值得注意的是，如果是工作，那就有上班和下班时间，陪孩子也是一样，你应该告诉孩子你陪伴他的时间，让他知道什么时候开始，什么时候结束。比如你可以告诉孩子：“从现在开始直到晚上八点半，你想要做什么妈妈都会全心全意地陪着你。但是妈妈明天还要工作，晚上也要好好休息，八点半之后妈妈就要做一些自己的事情啦！”

这样有开始也有结束的陪伴模式，既可以让自己全身心地投入到每一件事情中，也可以让自己好好休息，得到放松。这样无论你是想刷手机或者做一些自己想做的事情的时候，心里都不用愧疚。好好休息，明天又是满血复活的一天！

第 90 问：到底要不要生多胎？

问：我是独生子女，从小就特别羡慕那些有哥哥姐姐的朋友，一个人长大其实是一件很孤独的事情，从小就幻想如果自己也能有兄弟姐妹该多好。现在长大了，到了生儿育女的年龄，却发现养育一个孩子几乎耗尽全家人的精力，更不用说两三个孩子了。可是如果不生又会觉得未来孩子养老的压力真的很大。就拿我自己来说，现在夫妻双方要负责六个老人的养老，老公经常需要出差，老人的事情就落在我一个人身上，几乎每个月都要陪不同的老人去医院。这个时候觉得如果有兄弟姐妹就好了，即使他们可能不在我身边无法给我实际的支持，但只要一通电话，给我一些鼓励和支持，也能让我感觉到力量。到底要不要生二胎呢？真的是太纠结了！

生还是不生？如果拿这个问题去问我们祖父母那一代的人，他们一定会说："生啊！谁家不是三四个娃？我们那时候条件这么差都能养得起，你们现在条件这么好，当然生了！"

虽然现在经济条件好了，但是育儿成本也高了。很多"80后""90后"的父母把生活品质作为一个很重要的生活指标，不想因为家里又多了一个孩子而降低家庭的整体生活品质。

其实，生二胎除了要考虑经济条件外，有没有人支持，或者帮助你一起抚养孩子也很重要。甚至在生孩子这件事情上，人力的重要性远超过经济条件。例如有的人家庭经济条件不错，但是夫妻双方工作都很忙，双方老人也无法支持，生了二胎或者三胎基本上靠阿姨抚养。如果阿姨负责任还好，但阿姨毕竟不是家

人，能给予的支持有限。也有不少家庭经济条件中等，但是双方的老人都非常乐意帮忙带孩子，家庭关系也很融洽，多添一两个家庭成员，也是其乐融融的事情。

因此，在决定要不要增加家庭成员之前，我们一定要好好考虑清楚。

多胎家庭的优点：

一般来说，在多胎家庭长大的孩子社会交往能力会更强，懂得如何与他人相处，矛盾纠纷的处理能力更强，不会一味地以自我为中心，更能包容他人，更容易受人欢迎。

家庭育儿上的投资可以分摊，降低单个孩子的育儿成本，例如玩具、衣服、婴儿床等，都可以再次使用。

在孩子的整个人生中，兄弟姐妹是能够陪伴对方时间最久的人，即使将来父母不在了，还有兄弟姐妹在身边。

减轻单个孩子的养老压力，独生子女常常要考虑三四个老人的养老问题，还要负责养育孩子，中年以后生活压力会更大。多一个孩子，就能多一个人分担压力。

一般来说，二胎家庭的老大就是榜样，老二的学习成长速度会很快，情商也相对比较高，养育起来更省心。

多胎家庭的缺点：

家庭支出增加，可能会降低家庭的整体生活品质。

妈妈面临二次职场冲击。家里两个甚至三个孩子，妈妈很难全身心投入工作，可能会与一些好的工作机会擦肩而过。

家庭人均使用面积减少，大宝和二宝之间常常发生摩擦。

父母个人时间几乎全部被工作和家庭占用。

教育成本直线上升，可能需要重新规划孩子升学路线。

生育第二个孩子时，因为老人年龄的增加以及体力、精力降低，给予的支持有限。

到底要不要生多胎？多胎家庭养育孩子的辛苦是多倍的，付出是多倍的，但收获的快乐和幸福感也是多倍的。不要太在意身边人的想法，毕竟孩子生出来，很大概率需要你自己带。

生或者不生，尊重自己内心就好。

Part4　你先是自己，然后才是妈妈

第 91 问：为孩子我付出这么多，却没有人懂？

问：我老公在外地工作，周末才回家，带孩子这件事情基本帮不上忙。家里虽然有老人和阿姨，但我心里总是不放心，事事都想亲力亲为。但是因为宝宝还小，夜里又要起夜好几次喂奶，白天也没法好好睡觉，每天都觉得好累，也说不上来有哪里不舒服，就是累。老公很不理解我，觉得家里明明有老人和阿姨，如果觉得累为什么不找他们帮忙，每次听到这种话我心里都有说不出的委屈。为了孩子我付出了那么多，老公还觉得我的累都是自己造成的，他根本就不能理解我。家人也觉得我现在这样都是自己造成的，育儿这个事情不需要搞得这么复杂，他们也是愿意为我分担的，但我心里总是觉得不放心，我这是怎么了？

在整个育儿过程中，真正让妈妈们觉得累的，不仅仅是身体上的疲劳，还有来自心理上的付出感，尤其是当自己的付出不被家人理解的时候，才是最累的。

当了妈妈以后，如果你和别人吐槽累，别人会觉得你娇气，你矫情，全天下的妈妈不都是这样吗？大家都是这么熬过来的。一句当妈的都这样，足够让任何原本坚强的妈妈崩溃。

难道因为当了妈妈，就连觉得累的权力也没有了吗？不是这样的！一些教育理念不仅没有给新手妈妈们带来实实在在的帮助，反而把她们架在了道德制高点。我还记得生完孩子后第一次去健身房锻炼，下课出门时，老师站在门口和学员鞠躬道别，和大家说辛苦了，我当时听见这句话眼泪夺眶而出。

那一刻我才深刻地体会到，妈妈们真正想要的，不过是一句“你辛苦了”。但是在育儿的前两年里，没有任何一个人曾经和我说过这样的话。因为你是妈妈，你的付出都是理所应当的，你不该抱怨，你现在感觉到累，也是因为你自己一会要这样一会要那样造成的。那个一直默默付出的妈妈没有得到认可，反而成为做错事情的小学生，内心满是说不出的委屈却又无力反驳。

想成为一个好妈妈没有错，当你觉得委屈，不被家人理解时，可以找一些相同育龄的妈妈倾诉，效果可能会好一些。你的家人也许无法理解你，但是和你身处相同育儿阶段的其他妈妈一定可以理解你。育儿也是分阶段的，每个阶段所面对的问题完全不同，身处同一育龄阶段的妈妈一定也会遇到和你类似的问题。通过和这些妈妈的交流，你会发现你的困惑原来很多妈妈都有，你们可以分享经验，无论成功的还是失败的。新手妈妈们可以彼此打气，相互鼓励，这种被理解的感觉，会真真实实地给你带来很多的力量，支撑你继续前行。

第92问：成为妈妈的同时，我为什么感觉失去了自我？

问：今天参加了大学同学聚会，这也是自从怀孕以后，宝宝一岁以来第一次不带宝宝出来和朋友聚会。朋友都说我憔悴了好多，怎么生了小孩就从以前一个爱打扮，活泼的女孩变成了大T恤一套就能走天下的中年妇女？难得和朋友见面，要么三句话不离孩子，要么沉默寡言，朋友们关注的话题都插不上嘴。好不容易出来一次，因为喂奶时间快到了，又不得不着急忙慌地往回赶。回家的路上我哭了，我也不知道自己怎么就变成了这样。自从有了宝宝，过去自己喜欢的健身、旅行、和朋友喝下午茶这些活动都没法继续了，因为母乳喂养，好多喜欢吃的东西也不敢碰，真不知道这样的生活什么时候才到头？一点都不喜欢现在这样的自己！

怀孕之前，我不能理解为什么很多妈妈特别喜欢在朋友圈晒娃。从早上到晚上，宝宝吃饭、宝宝喝水、宝宝剪指甲……那时候就很纳闷：怎么成了妈妈以后人会变成这样？自从自己当了妈妈之后才理解，首先因为身体的激素水平发生变化，有时确实会母爱爆棚；其次，很多人当了妈妈以后，几乎一天全部的时间都被宝宝占满了，除了宝宝，她的世界里再没有其他。

在宝宝出生后的前两个月，宝宝和妈妈处于共生期，宝宝天然觉得妈妈就是自己的一部分，这个时候的宝宝还没有形成自我概念，觉得只有和妈妈在一起的时候，才是安全的、快乐的。

但是和宝宝不同，妈妈作为一个成年人，是有着非常明确的自我存在感的个体。但是作为新手妈妈又不得不和宝宝完全绑定在一起，这个时候内心的“本我”“自我”“超我”不停地斗争。每个新手妈妈都有一个阶段感觉到和本我失联，深陷妈妈的角色无法自拔，甚至变成了自己完全不能接受的样子。每一个成年人都有天然的社交需求，需要通过和其他人的交流来互通信息，获取新的资讯，找到自我的定位。这个诉求在刚刚出生的新生儿那里是无法实现的，面对新生儿，妈妈更多的是单向付出，偶尔得到有效反馈。

虽然有一些育儿专家会建议在宝宝出生后的前两个月，妈妈和宝宝从早到晚都待在一起，这样的作法虽然对新生儿的安全感发展有利，但是对于新手妈妈来说却是一种巨大的挑战。

这里要和新手妈妈们分享的是，育儿是一件分阶段的事情，在新生儿的这个阶段，如果可以，尽量多陪伴宝宝，但这并不意味着你的生活一直都是这样。你不是失去自我，只是暂时和自我失联。随着宝宝的成长，新手妈妈们要学会随时调整自己的生活节奏，你还是可以回到原来的生活轨道，重新找回自己的。不要因为有了宝宝，生活里就一直全部都是宝宝，你之前的朋友也是需要经常联系来维系感情的，你之前的爱好也是可以继续的，只是频率上没有办法像过去那么高。

在育儿的过程中，我们会不断地和未知的自我相遇，育儿的过程，也是重新认识自我的过程。只要坚持自我成长，总有一天你会发现，这个世界上最美的风景，就是和自己相遇！

第 93 问：怎样才能成为完美的妈妈？

问：结婚之后生活并没有发生多大的变化，但自从有了孩子以后，家里的分工就发生了巨变。爸爸还是如往常一样地上班、下班，但妈妈就必须同时喂奶、做饭和上班，好几份工作同时落到了妈妈的头上。有时候很想抱怨，但又告诉自己不要做一个“怨妇”，为什么有的人生了孩子以后可以事业家庭两不误，每天打扮得美美的，孩子也都那么优秀，而自己却做不到呢？到底是自己不够努力还是自己不够优秀？

你见过那种事业和家庭平衡得很好，让人羡慕的职场妈妈吗？就是那种在公司衣着得体、叱咤风云，到家里又能秒变成温柔的妈妈，喂奶、做家务、陪孩子玩游戏等样样不落，把家里打理得井井有条，让人羡慕不已的妈妈。

如果你见过，我也劝你别做，不是别人能做到的事情你也要做到，而是你根本不知道哪一件小事就能让这样的完美妈妈全线崩溃。

这个世界上从来就没有完美的妈妈。每一个女性都要面临残酷的取舍，当你选择母乳喂养的时候，你就不得不起夜喂奶。试问一个晚上要起床喂奶两三次的母亲，又怎么可能在白天的时候还像过去一样满血地工作奋斗？

真正聪明的妈妈，都知道“取舍”的重要性。不要把自己想得太坚强，在做事情的时候可以力求完美，但是在做妈妈这件事的时候，千万要放过自己。因为只是把孩子养大，就要耗费极大

的心血。每一个妈妈都是孩子心中这个世界上最好的妈妈，千万不要去和别人家的妈妈相比，也不用自卑，为什么别人可以做到的事情自己做不到。

你刚刚孕育了一个新生命，这已经是这个世界上人类所能做到伟大的事情，足够让自己感到骄傲。你不需要做其他更多的事情来证明自己是一个多棒的妈妈。经历艰难的生产成为妈妈，就已经是一件很棒的事情了，比你过去人生中做过的任何一件事情都要棒！

不要想着成为一个完美的妈妈，因为这个世界上根本就不存在完美的人。新生儿本就难以自控，情绪化，时常会发生各种突发状况，没有人可以预期将会发生什么，也没有办法做好万全的准备，保证万无一失。新手妈妈出门后常常被一些突发情况弄得手足无措，感觉窘迫、丢脸、尴尬，这些都很正常，这不是你的错。

不要做完美的妈妈，要做懂得取舍的聪明妈妈。

真正聪明的妈妈都知道，孩子0~3岁是人生中最重要的时期，在这段时间里，如果有可能，调整一下生活重心，多花时间陪伴孩子，在孩子大一点后，再把重心放到工作上。当然，在这个过程中，你可能会失去一些很好的工作机会，但是有舍才有得，虽然错过了一些好的工作机会，但你也获得了亲密无间的亲子关系，不是吗？

永远别忘了，你是妈妈，是妻子，是员工，你也是你自己！我们每个人同时扮演多种角色，但最重要的一个角色，是自己。没有人可以替另外一个人生活，只有先做自己，才能把其他的角色扮演好。过分沉溺于某一种角色，只会把真正的自己弄丢，永远不要忘了，爱自己，才是爱一切的源头！

第94问：有了孩子以后，如何经营好和另一半的关系？

问：在没有宝宝之前，我和老公的感情非常好，我们有很多共同的朋友，也有很多共同爱好。结婚前几年都没有打算要孩子，就是担心这种难得的幸福时光会被育儿的烦琐打破，但是越是担心什么越是会发生什么。刚知道怀孕的时候，我们的确欣喜了好长一段时间，非常期盼孩子的到来。但孩子真的到来了才知道，养儿方知父母恩，育儿的前几个月实在是太辛苦了。白天要工作，晚上要喂奶，还有很多琐事要处理。老公看我太辛苦，也主动承担了很多照料的工作，比如给孩子洗澡、换尿布等，这样我可以多一些时间休息。宝宝出生后的第三个月，我们因为一件很小的事情而爆发了激烈的争吵。也是这次争吵让我突然意识到，我们虽然每天都生活在一起，但自从有了宝宝之后每天的时间几乎都被排满，几乎没有时间可以坐下来聊聊天，关心彼此。我们怎么会变得无话可说了？好怀念过去快乐的二人世界，我该怎么办？

无论你和另一半之前的关系怎么样，当新生命降临后，你和另一半的关系都会发生变化。有的家庭因为新生命的到来而建立了比过去更强的关系纽带，这个时候你和另一半的关系从夫妻升级为无法分割的家人。有的家庭因为新生命的到来，而出现了过去在二人世界里不曾遇到的问题，彼此的关系从过去的亲密无间变得疏远，变成了很多人口中的“凑活着过”的关系。

为什么有了孩子之后，夫妻二人的关系会发生这么大的变化？每个人的时间、精力都是有限的，过去，除了工作以外，你可能会把剩余的百分之五十的时间和精力都花在对方身上。即使有摩擦，你们也有足够的时间去修复关系。你会为对方提前一个月就开始精心地准备生日礼物，会为了出去约会而花上半天的时间打扮自己，你会记得对方的爱好口味，在只有两个人的世界里，你们会觉得彼此就是自己的全世界。

但是，当这个世界里多了一个人之后，你们需要花大量的时间和精力在这个新生命的身上。你们需要面对一系列既不浪漫又非常让人疲惫的琐事，这些琐事正在逐渐消磨你们过去积累的对彼此的爱。

有了孩子之后，因为时间和精力有限，很多夫妻已经没有更多的精力再考虑夫妻关系了。这不是爱不爱了的问题，而是你们不再像过去那样，有那么多的时间来关注彼此，互动变少，尤其是妈妈，会感觉另一半没有过去那么爱自己了。

很多新手妈妈会把全部的时间和精力都放在新生儿身上，因为哺乳、缺乏睡眠、激素水平变化等一系列原因，性格变得暴躁易怒。她们不仅需要来自另一半的支持，也需要另一半的关心和爱护。

那么，在双方精力有限的情况下，如何才能维系好夫妻关系呢？有一个简单的好方法与大家分享，那就是以周为单位，设定一个“二人世界时间”。比如周五的晚上、周末的早上，抽出哪怕两三个小时的时间，让家人帮忙照看宝宝，你们可以一起出门散散步、看看电影、聊聊天，做任何你们过去喜欢一起做的事情。在这个宝贵的“二人世界时间”里，你们约定好不聊任何关于孩子的话题，只聊彼此近期感兴趣的事情，充分地表达对彼此的关注和认可。可以对过去一周发生的矛盾进行梳理反思。

这个世界上没有任何一种关系是不需要经营的，一周哪怕只有两三个小时的“二人世界时间”，也足够帮助你们化解很多本不应该发生的矛盾。

要相信，你们本来就是关心彼此的，只是因为没有机会表达而渐渐变得沉默。新手父母只是你们诸多身份的一种，好的关系真的需要花时间和精力来经营。要相信，宝宝也会很乐意看见快快乐乐的爸妈。爱，真的需要不断表达。

第95问：成为妈妈以后，要关注自己身体和心理的哪些变化？

问：如果要说有了宝宝以后最困扰我的事情，那肯定是体重了。因为怀孕体重增加了30斤，生完宝宝后，体重降了20斤，之后就再也没法恢复到过去的体重了。虽然我也知道熬夜对身体不好，但是因为白天要上班，晚上要照顾宝宝，好不容易等宝宝睡着了我才有一点点自己的时间，实在不忍心拿来睡觉，这时候一边刷手机一边吃宵夜就成了我一天中最快乐的时光。但长期维持这种不健康的生活习惯的最终结果，就是体重直线上升，并且例假也经常不正常。一次，三个月例假都没有来，我去医院检查才发现，自己竟然得了“多囊卵巢综合征”。这件事情让我开始意识到身体健康的重要性。为了保持健康，我连自己最后的一点快乐都要失去了吗？

成为妈妈以后，几乎每个妈妈都会遇到体重问题，很多人会习惯性地把生活中的各种压力转化成吃的动力。这里并不是说要妈妈们苛刻地对待自己，明明心情不好却不能吃好吃的缓解，只是想提醒各位妈妈，重视体重变化带来的身体的其他变化。

比如体重明显增加、月经不规律时，可能要考虑是不是多囊卵巢综合征或者其他身体原因。这个疾病在产后妈妈的人群中发生率极高，而且潜伏时间特别长，往往发现的时候已经持续了很长一段时间。原因是很多妈妈都把月经不规律当作是一件很正常的事情，并不会专门去医院看病。会把体重的增加归因为吃得多运动得少，是自己偷懒造成的。这里要说的是，如果你明显感觉自己变“懒”，做什么都容易累，容易发脾气的话，那可能真的是身体向你发出信号，提醒你要关注一下身体健康了。

长时间的疲劳感不完全是累造成的，身体气血不足也是很重要的原因。尤其是很多妈妈没有办法保证睡眠时间，人体自身的造血功能没办法正常维持，再加上生育本来就会造成气血不足，脾胃功能下降，发胖只是最后体现出来的结果之一。所以，体重变化不容忽视，它很可能是身体健康的最直接的反映。如果发现了体重波动异常，疲劳感特别强，而且持续时间特别长，建议尽早去医院进行相关检查，同时配合中医调理气血，恢复元气。

这几年产后妈妈熬夜刷手机导致猝死的新闻时有出现，对新手妈妈来说也是一种警示。如果想要刷手机、看书，做一些自己的事情，最好的办法是早起而不是晚睡。我身边有一些多胎妈妈，甚至已经五六年了都没有好好地睡一觉。疾病不是忽然来的，一定是和生活习惯有关系。

老话说得好：“早睡早起身体好。”想要身体好、心情好，就从早睡开始吧！

第 96 问：如何避免产后抑郁？

问：每一次和家里人说带孩子很辛苦，他们就会开导我说每个妈妈都是这样过来的，每次听到这样的回应，我都怀疑是不是我自己的问题，是不是我太娇气了？有的时候真的觉得好累，好想好好地睡一觉，但只要宝宝一哭或者哪怕哼唧一下我又会立刻醒来。每天都处在睡不醒的状态，做什么都打不起精神。是不是当了妈妈就不能再抱怨？如果你抱怨了别人就觉得你不是一个好妈妈，这一切都是理所应当由你来承担的？我也很想努力地让自己变得积极、乐观一点，很怕自己的情绪影响了宝宝，可我好像真的快乐不起来。一天，我端了一盘水果，不小心把盘子里的葡萄撒到地上了，我一边蹲着捡葡萄一边掉眼泪，觉得自己好没用，什么事情都做不好。我很想扮演好一个坚强妈妈的角色，但是我真的快扮演不下去了，我该怎么办？

成为妈妈是一件幸福快乐的事，但很多新手妈妈因角色转变深受精神问题困扰。产后抑郁一般是指产后6周内抑郁发作，尤其是产后2周内发生的不伴有精神病症状的抑郁，临床表现主要为持续和严重的情绪低落以及一系列征候，比如动力减低、沮丧、哭泣、烦躁、失眠等，甚至有自杀倾向。其中部分产妇可在3个月到6个月内自行恢复，但是仍有15%至30%的产妇抑郁状态可持续1年至2年甚至更长时间。产后抑郁不是娇气，而是一种精神心理疾病，产妇和家人要正视孕期及产后的心理问题，选择正确的应对方式。每一个人的成长环境和心理承受能力都不同，一些人会患上产后抑郁症，一方面，生产后雌激素水平下降；另一方面，角色转变暂未适应，家庭不和或人际关系压力大等。其中，意外怀孕的女性、心智不成熟的女性、脾气暴躁的女性、夫妻关系不好的女性以及有遗传风险及心理疾病的女性易患产后抑郁。

现代人的生活水平虽然提高了，但是生活和工作压力却是前所未有的大。家里多了一个人，整个家庭模式会发生很大的变化，摩擦在所难免。很多妈妈对育儿的关注度非常高，不想让孩子输在起跑线上，追求完美，甚至钻牛角尖，导致自身压力增大。

当新手妈妈出现情绪问题时家人要及时干预，防止发展为产后抑郁症。产后抑郁症不仅对新手妈妈的身心造成巨大危害，同时也不利于新生儿生长发育。

接下来，杰西妈妈与大家分享一些可以帮助新手妈妈们有效避免产后抑郁的方法。

（1）寻找同频共振的朋友。在生产之前有意识地加入一些同月龄的孕期论坛或者社群，分享育儿知识，生产后还是可以保持联系，交流育儿经验，互相倾诉，缓解不良情绪。

（2）保持良好的运动习惯。运动是一种很好的能够帮助你释放压力的方式。一个人慢跑或是参加一些团体项目都可以。最好在户外进行，可以一边运动一边晒太阳，有助于心情和精神的恢复。

（3）保持充足的睡眠。很多妈妈在生完宝宝的前几个月都是处于严重缺觉的状态，容易引发焦虑。建议新手妈妈每天下午给自己安排一到两小时固定的补觉时间。在这段时间里，尽量不要做任何家务，也不要刷手机聊天，就是强制自己休息。睡眠是最简单也是最有效的身体修复方式，但很容易被各种事情干扰。这个习惯最好从宝宝出生就开始培养，每天下午宝宝睡觉的时候，一定要强制自己补一觉，只有当你睡醒的时候，才有足够的精力应付晚上的起夜。

（4）坚持做自己。照顾新生儿会面对很多烦琐的事，常常从睁眼开始不停地忙碌，晚上还要起夜喂奶。日复一日，很多妈妈会突然发现，现在的生活完全被宝宝填满，没有自我，无比怀念过去的生活，甚至有时候会想逃离现在的生活。当你孕育了新生命的那一刻，你成了新手妈妈，但请不要忘记，你还是你。每周可以安排一小段时间，哪怕只有两三个小时，请家里人照顾一下宝宝，你一定要离开家，做任何你想做的事情，呼吸一下新鲜空气，晒晒太阳，补充了能量再回来。这个世界上没有宝宝离开妈妈两三个小时就活不下去的，你可以放心地出门，做任何与育儿无关的事情，当自己完全放松后再回来时你会发现，你照顾孩子的耐心又重新回来了。

每当看见产后抑郁的妈妈做出一些令人心痛的行为就忍不住难过，如果身边有更多的人能够给新手妈妈一些关怀和鼓励，而不是站在旁边指手画脚地说风凉话，或许悲剧就可以避免。

请记住，你先是自己，然后才是妈妈，要先爱自己，才能爱孩子，妈妈快乐，全家都快乐。

第 97 问：产后应该怎样运动？

问：随着宝宝的长大，我越来越觉得自己的体力没法跟上宝宝的活动节奏。孩子的精力旺盛，一整天可以不停地活动。我很想多陪宝宝一起玩，一起互动，但身体真的不允许，心有余而力不足，我该怎么办？

自从有了宝宝，已经很长时间没有运动了。原本做好的运动计划，稍微有一点事情就容易被搁置，一搁置就很难再重启，然后就陷入恶性循环，越来越不想动，也越来越动不起来。

如果食物为我们的身体正常运转提供了必要的原料，那么运动就是保障身体这台机器能够正常运转的加工过程。运动就像吃饭一样，是生活必需品，你不会一天不吃饭，因为一顿饭不吃，身体就会发出信号，让你感觉饿，知道自己需要进食了。而缺乏运动对身体的影响不是及时的，一段时间后，人们才会感觉身体的变化。

当我们觉得肩颈不舒服的时候，当我们觉得肠胃不舒服的时候，当我们觉得不快乐的时候，我们应该意识到：应该运动起来了！当你运动的时候，身体肌肉得到锻炼，身体各个部位相互配合。在这个过程中，储存在身体内的压力可以得到有效释放，内分泌系统会逐渐恢复正常，肠胃可以更充分地消化食物，睡眠也会得到很大的改善。

运动会让我们的头脑更加清醒。

《运动改造大脑》这本书提到，运动不仅会让孩子变得更聪明，也是在我们成年之后为数不多能够改变成年大脑的方式。运动会促进大脑神经元的生长，不是一天中可有可无的事情，而是保持身体健康的重要原因。

有运动习惯和没有运动习惯的人，在三四十岁后，从精神状态到外貌身材都会有着非常明显的差异。随着年龄的增长，身体的代谢机能会逐渐下降，想要身体正常运转，运动就是最好的方式。

在产后的很长一段时间里，身体都会处于比较虚弱的状态，你会觉得做很多事情都力不从心。产后适当的运动对于身体恢复大有好处，通常产后运动可以在产后7天开始（剖宫产在产后10天）。不过运动中不要过分用力，不要企图产后“马上”恢复体形和状态。你不需要一开始就跑步，可以从散步开始，让身体慢慢适应，然后逐渐增加运动强度和种类，最后找到适合自己身体运动频率的方式并坚持下去。

游泳、力量训练、瑜伽、跑步、轮滑、划船，团体操，运动的形式是多种多样的，总有一种适合你。只有当你的身体充满能量的时候，你才有足够的精力去应付生活中的一切无常。

在成年人的世界里，压力就是一种日常真实存在的东西，一味地告诉自己不要发脾气，要保持冷静，要有耐心，是自欺欺人。当你心情低落的时候，当你感觉压力剧增的时候，最简单有效的方法，就是通过运动释放压力，缓解不良情绪。每一次运动之后你都会有一种被重启的感觉。

运动绝对不是生活中可有可无的事情，而是和吃饭一样，是生命的必需品。要想有好的精力育儿，先通过运动重建一个好的身体吧！

第98问：产后情绪低落，怎么办？

问：产后很长一段时间情绪都很低落，但并没有发生什么不开心的事情，有时候前一分钟还好好的，下一分钟就突然不开心了，有没有什么好方法让情绪保持稳定？

“压力”有点像空气中的湿气，所谓的抗压能力就像一台抽湿机，有的人容量大可以多抽一点，但是不管你有多大的容量，总会有满的一天。用过抽湿机的人都知道，抽湿机有自动排水和手动排水两种模式。所谓的自动排水，就是在抽湿机的后面接一根管子，连到下水道，这样水就可以自动排走。手动排湿就是当抽湿机的储水槽满了，或者还没有满的时候，手动地把水槽拿出来，把里面的水倒掉。

压力渗透于我们日常生活、工作的方方面面，运动、和朋友聊天、散步等就像是给身体插上了自动排水管，日常积累下来的压力可以通过身体的自我调节释放。但现代社会，很多妈妈工作和育儿压力大，没有办法及时地缓解压力，久而久之，这些压力就可能变成各种情绪炸弹，影响身心健康。

情绪低落时，我们往往会出现过激行为，胡思乱想，那么，应该如何调整自己的心态，不被情绪所主导，不影响自己的生活、工作或者学习呢？可以试一试以下几种方法。

（1）情绪不好的时候，避免和人争执。恶语伤人通常都是人在心情不好的时候的无意行为，但是往往会给彼此带来更多误解和伤害。所以在自己情绪低落时，尽量独处，也可以跟周围人表明自己状态不好，需要静一下。

（2）找一两个知心朋友倾诉心中的苦闷。情绪低落时，朋友是不错的倾诉对象。很多时候，压力聚集过多，就会导致心情不快，这个时候就可以找朋友来，一吐心中不快，效果立竿见影。

（3）运动。运动有助于减轻压力，对于身心都有极大的帮助。虽然情绪低落会影响运动的动力和体力，但却是值得一试。你会发现慢步走比其他运动来得容易，也就是一只脚越过另一只脚那样走，尽力就好。

（4）别太在乎别人的评价。在现实生活中，不管你做事还是不做事，也不管你多做事还是少做事，也不管你做什么事，都会招来别人的议论和评价，这些评价往往有很大差别，甚至截然相反。因此，我们既应该多听听别人的意见，又不要太看重别人的评价。

（5）采用情绪放松技术。放松技术有很多，利用放松技术可以使人从紧张、抑郁、焦虑等不良的情绪中解脱出来。下面介绍一种想象放松法，其要领有两个：一是在整个放松过程中始终保持深慢而均匀的呼吸；二是要能体验到随着想象有一股暖流在身体内运动。现在，请将四肢伸展放平，使其感觉舒适，同时闭上眼睛，配合缓慢而均匀的呼吸，认真想象和放松。

（6）转移注意力。当某些事情导致我们情绪低落的时候，我们不要一直将注意力放在这件事情上，这样容易使我们的压力变大，而且可能产生一些副作用，像头晕等，可以将注意力放在其他地方，可以听听歌，看一部电影转移注意力。

除上述六种方法外，情绪低落的时候，可以试试“芳香疗法”。1937年，雷内·莫里斯·加特福斯首次提出“芳香疗法”，他认识到芳香精油不仅有杀菌功效，而且还有缓解疼痛的作用。其实，“芳香疗法”在中国古时曾风靡几个朝代。芳香药剂在古文中就有薰疗、艾（草）疗、酿制香酒等芳香药物治愈病痛的记载。至于佩戴香囊、香料沐浴、外敷草药等则为一般人所熟知。《神农本草经》记载的芳香植物就有360余种。

“芳香疗法”是整体疗法，是利用花草、药草之精华，透过人的嗅觉(吸嗅）、触觉（按摩）、听觉、味觉和视觉等五感疗法，使人体各个部位获得助益，进而达到预防和治疗，是治未病

和帮助身、心、灵平衡和提高生命质量的好方法。

“芳香疗法”与传统中医有许多相通之处。中医芳香疗法以其独特的医理和安全性、享受性得到人们的认可，尤其是现代社会，快节奏、高压力，芳香疗法更为大家所喜爱。

“芳香疗法”并不是单一地运用香气使人心情愉悦，而是一门与医疗紧密结合的严谨学科。每一种精油，都含有几十到几百种不同的有机化学分子，而每一种分子，都有一定的生理或心理疗效。有兴趣的妈妈们可以看一下《芳香精油宝典》这本书，里面对每种精油的功效、使用方法都有详细的介绍。

“芳香疗法”在日常生活中的应用非常广泛，例如香薰机、精油皂、精油按摩等，除了放松以外，精油还有助眠、调节内分泌、帮助皮肤修复等多种功效。

有不少妈妈睡前有泡脚的习惯，可以在泡脚的同时加入几滴精油，深度自我放松。

第 99 问：新手妈妈如何通过服饰切换多种身份？

问：刚刚当妈妈时，我一度怀疑自己的能力，非常不自信。同样是当妈妈，我的好闺蜜Linda白天能在职场游刃有余，晚上喂奶、陪睡样样到位，身材和精神依然能保持非常好的状态，而我每天却是蓬头垢面，无精打采的，她那样的妈妈到底是怎么做到的？

不得不说，照顾宝宝真的是一件非常耗费精力的事情，每天要处理很多重复琐碎的事情，很多原本很爱美的妈妈也因为没有时间而忽略了打扮，无论上班还是带娃都是一套衣服走天下，这样看起来节省了穿搭的时间，但实际上却增加了妈妈在不同身份之间切换的难度。

很多妈妈会选择在早上出门前喂一次奶，有时候着急上班，也顾不上T恤上的奶渍，奔跑的路上还得往嘴里塞个包子。一路堵车，终于到公司了，休息好一会才能进入工作状态。工作没多久，又到了中午吃饭时间，吃两口饭又要急着吸奶……这是很多新手妈妈第一年的日常，也是我刚当妈妈第一年的日常。看着镜子里的自己，觉得憔悴了好多，我一点也不喜欢这样的自己。我告诉自己，需要做一些事情来改变现在的生活节奏。

把所有的衣服都拿出来，把原本一件一件单一的衣服搭配成一套一套的，然后分季节、分功能挂好，这样，只需要根据场合换上衣服就可以出门了，减少穿搭时间。

通过不同服饰的切换实现一天中不同角色的切换，是每个新手妈妈的必修课！

可不要小看这样小小的改变，带给我们的生活可是大大的改变。当我们把衣服分开的时候，我们的生活也掌控在自己手中。例如，当我们现在要去工作时，可以换上适合上班穿的套装，这样，当我们踏出门口的那一刻，身心就已经不自觉地进入工作状态，当我们到达工作岗位时，就可以立刻开始工作。

当我们回到家需要哺乳的时候，可以换上适合哺乳的衣服；带宝宝外出玩耍的时候，可以换上适合外出的休闲服；如果约了朋友，可以换上美美的衣服，好好打扮自己。

不同服饰的切换可以帮助我们快速地实现日常生活角色的切换，这对于妈妈们来说是开启工作与家庭平衡的第一步。毕竟没有谁相信连自己的仪表都打理不好的人在职场上能胜任高难度的工作。有的时候并不是别人想要戴有色眼镜看待职场妈妈，而是一个人流露出的状态影响了别人对自己能力的判断。

在没有成为妈妈之前，我们每个人也都是多面的，有多种角色，成为妈妈之后，你依然是你，只是需要比过去多扮演一个角色。

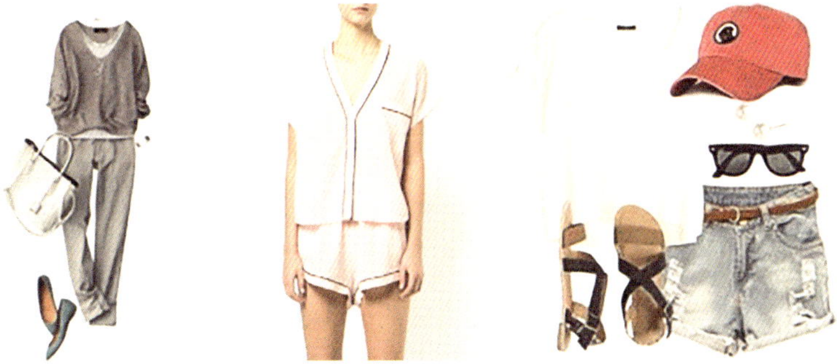

从一件衣服、一个衣架变成一套衣服、一个衣架，这样会比过去更节省时间。把衣服进行分类，每一个类别2~3套，随时替换就可以了。当我们把衣服按照这样的方式整理之后，会清楚自己缺少哪些类别的衣服。在带娃不方便外出的日子，妈妈们可以动手操作，这也是日常放松的好方法。

工作中一板一眼容不得沙子的你，带娃时蓬头垢面的你，运动中活力四射的你，和朋友在一起大哭大笑的你……每一个妈妈都有很多面，真实就好。

生活丰富多彩，通过不同服饰的切换，可以快速地帮助我们进行不同角色的切换，在每一个角色里，我们都要全身心投入。工作时，穿着打扮得体，全神贯注；带娃时，选择方便、舒适的衣服，不过度考虑款式；和朋友聚会时，保持活力的状态，美美地做自己。这就是别人眼中超人妈妈的样子。

有了孩子以后，如果你感到自己的生活已经完全被工作和孩子霸占了，那不妨先从整理自己的衣柜开始。

第100问：产后如何重建你的生活节奏?

问：自从有了宝宝，我觉得每天的时间都不够用，忙忙碌碌的，但又说不出到底忙了什么，一天就这样过去了。最近，记忆力下降得厉害，有一次去冰箱里拿牛奶，也不知道怎么了，打开冰箱门竟然忘了自己要拿什么，想了半天才想起是要拿牛奶。有时候明明想好要去做的事情，因为宝宝，我不得不中断手中的事情，等安抚好宝宝回来，大半天已经过去了。有人用“一地鸡毛”来形容中年妇女的生活，上有老下有小，确实是这样。我不想过这样的日子，但在现实面前又觉得心有余而力不足，我该怎么办?

四季交替，新的生命萌芽、成长、成熟、凋零。到了冬天，有的动物开始冬眠；到了惊蛰，有的虫子开始活跃。我们人类也有自己的生活节奏。

日出而作，日落而息，按时三餐，适当运动，就是美好的一天。但是这样的生活节奏，因为生活的压力被打破，有的人深夜才能回家，周末还要加班。超长的工作时间打破了原本适合人类生存的生命节奏，这几年，不同行业的人猝死的事情时有发生。仔细分析，发现他们都有共同的特点，那就是精力过度消耗、熬夜、经常需要应对突发性事件。当你的生活有节奏的时候，身体会处于一种舒适的工作状态，但是压力、突发事件、熬夜会让身体时刻处在备战状态，身体和精神都无法得到有效的放松，相当于一台机器一直在加班，机器尚且需要加油，何况人呢？

孩子的到来，不仅仅意味着家里多了一个人，也表示整个家庭的节奏都要调整。一首交响乐要演奏得动听，需要中音、低音、高音之间不同区域的配合，有节奏的生活也是如此。那些固定的、每天都发生的事情就像是生活的中音，比如吃饭、睡觉、运动，这些事情成为我们生活节奏的主旋律。当生活有了基本节奏之后，当我们再应对一些突发事件才会变得游刃有余。没有节奏的生活很容易让人失去信心。生活中，如果一味地追求“高音”，寻求高光时刻，会让生活失衡。生活，既需要挫折让我们自省，也需要“高音”让我们明白生活的意义，更离不开那些“中音”，这样构建起来的生活，才是健康的。

我观察了很多新手妈妈，发现那些工作效率高、生活井井有条的妈妈都有一个共同的特点，那就是早起。不要小看早上早起的这一个小时，这可能是一天中效率最高的一个小时。

早上早起的这一个小时里，你可以安安静静地思考一天的行程，罗列出一天中重要的事情，准备好早餐，如果还有多余的时间，还可以做自己喜欢的事情，比如跑步、看书、追剧。把原本习惯于晚上做的事情改到早上，你会发现非常高效。

为什么特别强调准备早餐？现代社会生活节奏加快，很多人常常忽略早餐，经常不吃早餐或者匆忙地在上班路上解决。“一日之计在于晨”，早餐对于一整天的能力供应是极其重要的。只要早起一会，就可以做到在家安安心心地吃一顿早餐，同时和家人简单地交流当天比较重要的事情。

不要小看这每天一顿的家庭早餐，早起1小时，一天的生活节奏由你来掌控。

第 101 问：如何做一个幸福的妈妈？

问：在过去35年的人生里，我一直都是“别人家的孩子”，父母对我的要求很高，工作以后我对自己的要求也很高，事事都想追求卓越，做到极致。我一直都是自己人生的“掌舵者”，很清楚自己想要的是什么，我要为之付出怎样的努力，我的生活一直都是井井有条的。在我35岁这一年，这看似完美的一切在我有了孩子之后就终结了。我感觉无法再掌控自己的生活，无法让孩子按照我的计划节奏发展，事实上孩子根本就不听我的话。无论我是耐心地好言相劝，还是歇斯底里地大发脾气，宝宝都不会按照我计划的时间表来做。反而很多时候，我不得不因为宝宝突如其来的情绪而被迫终止自己正在进行的工作。当妈第一年，我感觉自己糟透了。35年来，我第一次如此强烈地感受到自卑，我觉得自己很努力却离自己心中的好妈妈标准差得太远。我要如何才能重新回到自己人生的“舵手”的位置？好怀念过去那个自信、从容、淡定、完美的自己。

你要明白，当宝宝从你的肚子里出来的那一天开始，他就是一个独立的人。如果你把孩子当作自己的附属品，那么你和孩子永远都不可能真正获得自由，你也永远无法掌控自己的生活。很多新手妈妈都会抱怨“自从有了孩子以后，我的生活发生了翻天覆地的变化，常常让我焦头烂额”，孩子不能如自己计划的步调发展时，就会表现出极大的负面情绪。

蒙特梭利说：“跟随孩子的步伐。”就是在告诉家长，想要孩子跟随你的计划成长，那你一定会常常碰壁。因为孩子有自己的发展规律，只有当成人跟随孩子的成长规律为孩子提供他们成长所需要的帮助时，亲子关系才会真正变得和谐。

想要做个幸福的妈妈，就要先学会掌控自己的生活！

新手妈妈首先要明白，育儿不是一场一个人的战斗，而是整个家庭的团队合作，要学会把家人当成战友和伙伴，要了解每个人的特点以及时间，给他们安排合适的“工作”，而不是把所有的事情大包大揽。也许你并不擅长管理工作，但是在育儿过程中，你一定要成为家庭的育儿主管，不仅要学习育儿知识，还要负责家庭经济支出、家庭分工、家庭活动的整体管理和安排等。

每一个人都有权力从家庭中获得安全感和快乐，不仅仅是新生儿才需要，你和家人也同样需要。把新生儿当作家庭的一员，当作独立的个体看待，只有全家配合，你才会真正从育儿这件事情中获得快乐和成就感。

孩子是成人之父，因为孩子，我们变得更好；因为孩子，我们开发出了前所未有的潜力。当我们生活的航道发生变化的时候，你依然可以重新扬帆，再次启航，永远把生活的主动权掌握在自己手上，成为一个幸福的妈妈！

摄影工作室
I AM
5
YEARS
OLD!

参考文献

[1]珍妮特·冈萨雷斯-米纳，黛安娜·温德尔·埃尔. 婴幼儿及其照料者：尊重及回应式的保育和教育课程【M】. 张和颐，张萌，译. 北京：商务印书馆，2016.

[2]达娜·萨斯金德，贝丝·萨斯金德，莱斯利·勒万特-萨斯金德. 父母的语言：3000万词汇塑造更强大的学习型大脑【M】. 任忆，译. 北京：机械工业出版社，2017.

[3]黛博拉·卡莱尔·所罗门. RIE育儿法【M】. 邢子凯，译. 北京：北京联合出版公司，2018.

[4]玛利亚·蒙特梭利. 童年之秘【M】. 李田树，译. 台北：及幼出版社，2018.

[5]玛利亚·蒙特梭利. 新世纪的教育【M】. 郭景皓，译. 北京：中国发展出版社，2015.

[6]玛利亚·蒙特梭利. 家庭中的儿童【M】. 郭景皓，郑艳，译. 北京：中国发展出版社，2012.